U0896959

见微知著

广州仲裁委员会微信订阅号
2019～2021年度文章精编

广州仲裁委员会 主编

清华大学出版社
北 京

图书在版编目(CIP)数据

见微知著：广州仲裁委员会微信订阅号2019～2021年度文章精编/广州仲裁委员会主编．—北京：清华大学出版社，2023.2

ISBN 978-7-302-62449-3

Ⅰ．①见… Ⅱ．①广… Ⅲ．①仲裁法－中国－文集 Ⅳ．①D925.704-53

中国国家版本馆CIP数据核字(2023)第009446号

责任编辑：李文彬
封面设计：傅瑞学
责任校对：欧 洋
责任印制：丛怀宇

出版发行：清华大学出版社
网 址：http://www.tup.com.cn，http://www.wqbook.com
地 址：北京清华大学学研大厦A座 **邮 编**：100084
社 总 机：010-83470000 **邮 购**：010-62786544
投稿与读者服务：010-62776969，c-service@tup.tsinghua.edu.cn
质量反馈：010-62772015，zhiliang@tup.tsinghua.edu.cn
印 装 者：三河市东方印刷有限公司
经 销：全国新华书店
开 本：170mm×240mm **印 张**：18.75 **字 数**：353千字
版 次：2023年3月第1版 **印 次**：2023年3月第1次印刷
定 价：76.00元

产品编号：094675-01

卷首语

袁枚在《随园食单》中讲，学问之道，先知而后行。人之一生，短暂又漫长，万物皆可匆匆而过，唯有真理与梦想不可辜负。

光阴虚度，学问毫无，是自误也；

置身法界，贻误争纷，是误人也。

误人误己，又岂吾辈本心所愿乎？

又一载春秋鸟飞兔走，在过去的几百个日夜里，我们守着微信公众号这片天地，或深稽博考，废寝忘食；或闲话家常，坐看云舒。竭尽所能，集百家之众长，窥学问于万一。

法学是一片汪洋，一碧万顷，无边无际。我辈之于其中，不过沧海一粟，微乎其微。然真理无穷，进一寸自有进一寸的欢喜。书中所记，即便不能成为一艘大船，越洋涉海，也愿成为一叶扁舟，载您乘风破浪，一往无前。

日月如磨蚁，万事且浮休。樵柯烂尽，弹指之间，陵谷变迁，不过转瞬。万物沧海桑田，唯真理永垂不朽。学海无涯，苟能抱定宗旨，爱惜光阴，则其造诣，容有底止。

积土成山，风雨兴焉；

积水成渊，蛟龙生焉；

积善成德，而神明自得，圣心备焉。

——《劝学》

愿诸君皆能学有所得，不忘初心，前途似海，来日方长。

目　　录

仲裁理论

中国仲裁取证制度面临的挑战及对策 …… 3

仲裁地及其法律意义 …… 7

案外人以虚假仲裁为由申请不予执行的实证分析——基于100份案例样本 …… 15

无涉外因素约定境外仲裁的仲裁协议是否无效？——基于司法案例 …… 20

境外仲裁机构在中国内地做出的裁决是否为“非国内裁决”？ …… 23

从《民法典》看不安抗辩权与预期违约的衔接（上） …… 27

从《民法典》看不安抗辩权与预期违约的衔接（下） …… 31

被撤销的裁决能否在他国得到承认与执行？ …… 35

无权代理人签订的仲裁条款效力分析 …… 39

仲裁实务

仲裁一定是“一裁终局”的吗？ …… 45

仲裁调解书可撤销吗？ …… 48

仲裁员与当事人关系探讨 …… 58

当事人可否在仲裁程序中提出行为保全？ …… 60

公告送达在仲裁送达中是否必要？ …… 65

裁决做出前，仲裁申请人撤回仲裁申请？ …… 68

裁决生效后，当事人是否可以基于新的证据再次申请仲裁？ …… 73

民商事理论与实践

继续性合同的解除问题探究 …… 79

合同到期后双方继续履行原合同,原合同中的仲裁条款是否仍然有效? ········ 83
双方互负到期债务,债权诉讼时效期间届满的一方能否主张债务抵销?
——兼评(2018)最高法民再 51 号案 ········ 86
你在微信上打的每个字都有可能成为"呈堂证供"(包括语音) ········ 90
金融借款中的"服务费"该如何处理? ········ 95
承诺函或安慰函,是否构成担保法意义上的保证? ········ 99
建设工程承包人应以何种方式行使优先受偿权? ········ 103
转包与挂靠在法律后果上的区别 ········ 107
未经配偶同意,夫妻一方擅自承诺以共有财产为他人提供担保,该如何处理?
········ 110
不动产抵押未办理登记,抵押人应在抵押物价值范围内承担连带清偿责任? ··· 113

房地产纠纷实务

房屋买卖合同解除后能否同时主张违约金与赔偿损失? ········ 119
不动产抵押权的善意取得如何认定? ········ 123
从 75 个案例出发探讨侵害承租人优先购买权的损害赔偿问题 ········ 127
违反房屋规划用途订立的租赁合同是否有效? ········ 137
购房指标转让协议效力该如何认定? ········ 140

公司纠纷实务

股权让与担保的法律效力认定问题探讨 ········ 147
公司注销后发现遗漏债权,股东能否作为主张债权的主体? ········ 151
实务中,夫妻公司的对外债务纠纷应如何处理? ········ 155
公司未经依法清算注销后,以公司名义签订的合同中的仲裁条款对
公司股东是否具有约束力? ········ 159
隐名股东的债权人能否申请查封隐名股东被代持的股权? ········ 162
关联交易内部赔偿,不是想要就能要
——兼谈对《公司法司法解释五》第 1 条的思考 ········ 165
公司股东兼具监事的身份,能否直接以股东身份提起股东代表诉讼? ········ 171
有关股东代表诉讼的法律适用问题辨析——以(2014)民提字第 170 号为例 ········ 175
"对赌协议"中的业绩补偿与股份回购可否同时适用? ········ 179

“战疫”法律专栏

合同履行受到新冠肺炎疫情影响，是该继续履行还是解除合同？ …………… 187
新冠肺炎疫情形势下企业运营法律风险提示 ………………………………… 193
如果我是租客，能否以受新冠肺炎疫情影响为由，要求房东减免房租？ ……… 201
因新冠肺炎疫情导致境内外游不能实现，能否要求旅行社全额退款？ ……… 208
从实例出发探讨涉新冠肺炎疫情案件是否可适用不可抗力 …………………… 214
“逾期索赔失权”是否适用于因新冠肺炎疫情导致的工程索赔？ …………… 223

法律法规解读

对《中华人民共和国仲裁法》（征求意见稿）亮点解读及相关建议 ……………… 229
《民法典》解读｜关于情势变更的立法沿革和规定变化 ………………………… 234
仲裁机构约定不明的情形及解决思路
——兼评《中华人民共和国仲裁法（修订）（征求意见稿）》第 35 条 ……… 239
由《民法典》第 552 条看债务加入与保证担保的区分 …………………………… 243
最全的新旧对比｜《最高人民法院关于民事诉讼证据的若干规定》 ………… 249
除了“996”，还应关注《上市公司章程指引》的“338” ………………………… 277
从《九民会议纪要》看上市公司对外担保规则 …………………………………… 283

仲 裁 理 论

中国仲裁取证制度面临的挑战及对策

此前的微信文章中我们探讨了仲裁当事人及仲裁庭在取证过程中可能面临的难题,要么是证据是掌握在对方当事人或案外自然人、组织手中,要么是证人不愿意出庭作证。在当事人无法取得相应证据,但该证据又是认定案件事实重要依据的情况下,仲裁庭可以依一方当事人的申请或自行决定进行调查取证。然而基于仲裁机构的民间性以及仲裁权力来源的契约性,仲裁庭只能传唤自愿作证的证人,只能提取有关单位或个人自愿提供的证据。如果控制证据的第三人不积极配合提供证据,或者当事人不遵守仲裁庭披露证据的命令时,仲裁庭自身所能采取的制裁措施是有限的(例如不利推定、不利讼费令)。为了获取证据,查明案件事实,保障最终裁决的准确性,许多国家和地区的民事诉讼法或仲裁法确立了法院协助仲裁取证的制度。

各国及地区法院协助国际商事仲裁取证的立法考察与分析

德国

《德国民事诉讼法典》第1050条规定,“仲裁庭或仲裁庭同意之下的当事人可以要求法院协助那些仲裁庭没有权力实施的取证,除非法院认为请求不可接受,法院将依据其取证规则执行该请求。仲裁员有权参与任何司法取证并且进行询问。”依据《德国民事诉讼法典》,法院协助仲裁可以采取的取证措施包括:强制那些拒绝出庭或作证的证人(包括专家证人)提供证言,协助执行证人、专家以及当事人的宣誓。法院可以命令不配合的证人承担因拒绝出庭或作证产生的费用,甚至处以罚金,如果仍得不到执行的话,对方将可能面临因藐视行为而受到监禁。在2002年修订《德国民事诉讼法典》后,法院可以命令当事人或第三人提交在其控制之下的、任何仲裁当事人提及的文件或记录。对于协助请求,德国法院享有一定的自由裁量权,如果“认为请求不可接受”,可以拒绝提供协助。

美国

《美国统一仲裁法》第 17 条规定，“仲裁员可以传票传唤证人出庭，出示记录和其他证据，并可主持宣誓作证。传票须以民事诉讼中送达传票的方式送达，并且经仲裁程序的一方当事人或仲裁院向法院提出，以民事诉讼中执行传票的方式执行。”美国《联邦仲裁法》第 7 条规定“不论是否依照本法案所指定的仲裁员全体或者过半数，都可以用书面传唤任何人出席作证，并且可以命令提出被认为是案件实质证据的簿册、记录、证件或者文件……如果被传唤作证的人拒绝或者拖延出席，仲裁员全体或者过半数所在地区的美国法院，根据请求，可以强迫他出席，或者按照美国法院关于保证证人出席或者处罚拖延、拒绝出席的规定，给予处罚。”根据美国法院判例，“任何人”解释包括仲裁当事人以及第三人。如果他们不遵守仲裁庭披露证据的命令，将会被认定为藐视法庭。

英国

英国法院支持仲裁程序的权力较为详细地载于 1996 年《英国仲裁法》第 42～44 条，并与第 38 条仲裁庭命令当事人或证人作证的权力衔接。依据《英国仲裁法》第 38 条，仲裁员可以命令当事人提交书证，可以指令当事人或第三人在宣誓或不宣誓的情况下作证。如果当事人拒绝承认仲裁庭的这些权力，那么根据第 42 条，仲裁庭或者当事人经仲裁庭同意后可以向法院提出申请，法院可以发出命令要求当事人遵守仲裁庭做出的强制性裁定。但前提是法院认为申请方对不遵从仲裁庭裁定的行为已用尽了其可以利用之仲裁程序，否则不应做出命令。如果第三人拒绝出庭，仲裁程序的一方当事人可以采用如同诉讼中使用的法院程序保证证人出席开庭，以便其可以提供口头证言、文书或其他重要证据。此种做法须满足以下三个条件：(1)仲裁庭准许或其他当事人同意；(2)证人在联合王国；(3)仲裁程序是在英格兰和威尔士，或者北爱尔兰进行。另外，根据第 44 条为仲裁程序的目的，法院有权就仲裁程序事项包括获取证人的证据、证据保全、就任何关于仲裁程序之标的或在程序中任何问题所涉及的有关财产事项做出发布命令，如同它为诉讼目的对与诉讼有关的事项做出裁定，除非当事人另有约定。当事人也可以根据第 44 条向法院申请“搜查令”(也称为“安东・皮勒令”)，要求一方允许已查明身份的人进入房屋，并搜查和扣押证据。

其他国家和地区

其他一些国家关于法院协助仲裁取证的立法采纳或仿效了联合国国际贸易法委员会《国际商事仲裁示范法》第 27 条的规定，包括《加拿大商事仲裁法》第 25 条、《韩国仲裁法》第 28 条、《瑞典仲裁法》第 26 条、《葡萄牙仲裁法》第 18 条、《荷兰民事诉讼法典》第 1041 条都肯定了法院协助国际商事仲裁取证的实践。特别要说明的是，在我国的香港、澳门、台湾地区的仲裁制度中均也包含了此等规定。（见《香港仲裁条例》第 45 条和第 60 条、《澳门核准仲裁制度》第 25 条、“台湾地区仲裁法”第 26 条和第 28 条）

从以上各国及地区的立法可以看出，仲裁实践活跃的国家及地区都规定了法院对在本国及地区进行的国际商事仲裁提供取证的协助。尽管其提供支持的方式、时间和程序等方面的规定不尽相同，但具备以下共同特点：

首先，法院协助当事人或仲裁庭取证的方式主要有两种——一是以法院取证的方式协助仲裁庭收集证据；二是在仲裁程序中根据仲裁庭或当事人的申请，命令证人出庭作证或要求相关仲裁当事人提供某些证据。

其次，协助取证的申请需要由仲裁庭向法院提出或者由当事人经过仲裁庭的同意后向法院提出。而法院对于提供仲裁取证的协助享有自由裁量权，并受到本国法院程序规则的影响。比如《德国民事诉讼法典》第 1050 条赋予德国法院如果认为协助请求不可接受可以拒绝的权力。《英国仲裁法》第 42 条，法院发出命令的前提是申请方对不遵从仲裁庭裁定的行为已用尽了其可以利用之仲裁程序。另外，《加拿大商事仲裁法》和《瑞典仲裁法》都规定了法院根据其职权并按照其取证规则满足协助请求。《瑞士联邦私法典》第 184 条第 2 款也规定，“法院协助仲裁取证，应适用自己的法律”。这样的规定试图缓和各国及地区民事诉讼制度与协助请求之间可能的冲突，给司法主权的行使留下足够的缓冲空间。

小结与思考

中国目前的仲裁取证制度并不完善，无法为仲裁当事人收集证据提供较好的方法。为了提高仲裁的公正性，保障仲裁当事人的合法权益，发挥仲裁制度在解决社会纠纷、稳定社会秩序方面的作用，我们有必要在修订仲裁法的过程中对仲裁取证制度的完善给予足够的关注，结合境外已有的实践和我国目前的立法框架，可以从两个方面入手：

首先，完善仲裁当事人相互获取证据的规则。解决这一问题的方法是建立不利推定制度，即当仲裁庭有理由相信某些影响案件事实查明的关键证据置于一方当事人的控制，该当事人拒绝执行仲裁庭发出的提交证据命令时，仲裁庭可以推定申请该证据的另外一方当事人依据该证据所主张的事实成立。不利推定建立在高度盖然性的基础上，其结论通常是准确的。从结果上来看，不利推定只产生证据上的效果，或转移证明责任，或减轻证明责任，不会加重当事人额外的举证负担，也不会与仲裁机构的民间性质形成冲突。

其次，完善向案外自然人、组织获取证据的制度和强制证人出庭作证的制度。仲裁庭无国家强制力赋予的调查取证权，被调查单位和个人没有配合的义务。即使被调查对象愿意配合，在涉及第三人信息时，调查对象也会因为所负的保密义务而拒绝仲裁庭的调查取证。因此，无论是强制证人作证还是向案外自然人、组织索取证据都需要得到法院协助。虽然申请调查取证和证据保全是有差别的，但是可以参照证据保全的规定，仲裁机构将当事人的调证申请递交法院，由法院依据申请进行调查取证。如此一来，不仅能实现调查取证的目的，仲裁机构和法院之间也可以建立良好的诉仲对接机制。

当然仲裁庭在进行调查取证的过程中需要处理好两对关系。一是仲裁庭与当事人的关系，当事人才是举证责任真正的承担者，因而其负有取证的义务，仲裁庭只有在其认为确有必要的情况才可以进行调查取证。仲裁庭在取证活动中应当保持中立公正的态度，谨慎行使取证权，避免当事人对仲裁庭取证过分依赖，将本应由自己承担的义务转嫁于仲裁庭。值得注意的是，上文所述仲裁庭行使不利推定的权力通常包含事实推定与法律推定两个步骤。其中事实推定将会直接影响到当事人的利益，推定的正确性在很大程度上取决于于仲裁员的专业经验。因此，为了保证推定的准确性，还必须严格仲裁员的选任，让那些具有丰富专业经验和高尚道德操守的人来行使神圣的裁决权。

二是要处理好仲裁庭与法院的关系。考虑到司法资源的紧张，如果通过法院的介入协助获取证据，难免会造成仲裁程序的拖延，也不利于仲裁独立性及自治性的充分实现。因此仲裁庭应该对是否提交法院进行协助进行仔细考虑，同时赋予法院是否提供协助的自由裁量权，从而在提高我国仲裁庭查清案件事实、公正解决争议能力的同时，最大程度地发挥仲裁制度相较于其他民商事争议解决方式的优势。

仲裁地及其法律意义

仲裁地是国际商事仲裁中的重要连接点，同时也是仲裁协议的重要组成部分。如何确定仲裁地、如何判定仲裁地在国际商事仲裁中的法律意义对于仲裁裁决的籍属认定、承认、执行、司法监督会产生重要影响。本文将以仲裁地的概念为切入点，分析梳理仲裁地在国际商事仲裁中的法律意义，并结合我国有关仲裁地立法与实践现状，提出可行的建议。

（一）仲裁地的含义

仲裁地(place of arbitration)作为国际商事仲裁中的概念，很大程度上并不等同于仲裁活动实际进行的地理地点(开庭地点、合议地点、裁决书发出地点等)，而是一个抽象的法律概念。一般情况下，仲裁地法指的是仲裁活动进行的地方，为支配、约束和监督仲裁程序的法。仲裁裁决视为在仲裁地做出。

大多数情况下仲裁地与仲裁机构所在地重合，但两者并非一一对应的关系，见下表。

概念	内涵	列举
仲裁地	法律意义上仲裁活动进行地。	《联合国国际贸易法委员会国际商事仲裁示范法》第20条：(1)当事人可以自由约定仲裁地，未达成此种约定的，由仲裁庭考虑到案件的情况，包括当事人的便利，确立仲裁地。
仲裁机构所在地	仲裁机构登记设立地。	《仲裁法》第58条：当事人提出证据证明裁决有下列情形之一的，可以向仲裁委员会所在地的中级人民法院申请撤销裁决。

许多国家和地区的仲裁机构在其仲裁规则中均明确了仲裁地的概念，并将之与仲裁庭所在地、开庭地、合议地、仲裁机构所在地等做了明确区分。

仲裁地是一个法律意义上的概念。一方面，基于商事仲裁充分尊重当事人意思自治的原则，当事人有权通过仲裁协议约定仲裁地。绝大多数仲裁机构的仲裁规则对当事人自由约定仲裁地予以尊重（如 UNCITRAL 规则第 20 条、LCIA 规则第 16 条）。在国际商事仲裁实践中，当事人大多在仲裁协议中约定仲裁地。

另一方面，在当事人未约定仲裁地时，主要通过以下两种方式确定仲裁地：

（1）仲裁机构所在地即为仲裁地。由于仲裁机构对于其所在地的法律体系制度更为熟知，将仲裁机构所在地作为仲裁地有利于提高仲裁审理的效率。许多仲裁规则规定了仲裁机构所在地为仲裁地。但同时也应看到，现实情况纷繁复杂，也有许多仲裁规则在采取仲裁机构所在地标准外，做了相应的变通规定，这也是仲裁灵活性的体现。

（2）由仲裁机构或者仲裁庭确定仲裁地。除（1）之外，国际国内许多仲裁规则同时规定了仲裁机构可以根据案件具体情况确定仲裁地，如 2017 年《广仲规则》第 7 条，除当事人另有约定外，本会或者分会所在地为仲裁地。本会可以根据案件具体情况，确定其他地点为仲裁地。2019 年《北仲规则》第 27 条，除非当事人另有约定，本会所在地为仲裁地。本会也可以根据案件具体情况确定其他地点为仲裁地。由仲裁机构确定仲裁地主要存在于实行机构仲裁制度的国家或地区。

也有一些仲裁规则规定由仲裁庭根据案件具体情况确定仲裁地，2016 年新加坡国际仲裁中心修订的仲裁规则删去了原版本第 18 条关于“当事人约定不成的，仲裁地应为新加坡”，即直接以仲裁机构所在地作为仲裁地的规定，修订后的第 21 条规定，“当事人未约定的，仲裁地由仲裁庭在考虑全部案情后予以确定”，确立了在当事人未约定仲裁地时，由仲裁庭确认仲裁地的原则。但无论如何，仲裁裁决视为在仲裁地做出是国际上通行的原则。

（二）仲裁地的法律意义

仲裁地有何法律意义，传统的仲裁地理论与后兴的非国内化理论对此做出不同回答。

为了更好地理解这一问题，首先需要廓清这两个理论内容。

传统仲裁地理论赋予了仲裁地以重要意义，在经约定或者确定了仲裁地后，有关国际商业纠纷案件的仲裁程序纳入到该仲裁地法的法律框架支配之内。由于仲裁的本质是裁决权，后者作为国家司法主权的一部分，实质上将仲裁程序置于仲裁地国内法的支配之中。而根据非国内化理论，仲裁裁决即使被一国法院撤销，并不影响在另一国得到承认与执行，因为仲裁裁决本身是无国籍的，其受到的并非仲裁地法支配，而是国际统一仲裁法的支配。这种裁决无论飘转何方，都应被执行。

	仲裁地理论	非国内化理论
内核	仲裁裁判权是国家司法主权的一部分。	当事人意思自治的扩大。
表现	仲裁与仲裁地所在国法紧密相关，仲裁裁决的效力本质上来源于特定国家的授权的认可。	仲裁程序应脱离国内法的支配，成为无国籍的“浮动仲裁”。仲裁裁决即使被一国法院撤销，并不影响在另一国得到承认与执行。
案例		“戈特韦肯案”

1. 传统仲裁地理论中仲裁地的法律意义

根据传统的本地化理论，仲裁地具有重要的法律意义，这体现在：

(1) 仲裁程序适用仲裁地法，当事人约定仲裁地意味着将纠纷置于该国该地的法律框架之内。从理论角度来看，仲裁的实质还是裁判权，其只有与所在国家法律体系连接，裁决效力才能得到保证。因此，仲裁程序适用“仲裁地法”与法院地法原则异曲同工。从实践角度来看，各国立法一般也规定了仲裁地为该国的仲裁程序应当遵守该国的仲裁法，《纽约公约》第 5 条第 1 款亦将仲裁庭的组成或仲裁程序与仲裁进行国法律不符作为拒绝承认和执行裁决的理由。因此，仲裁程序适用仲裁地法得到普遍的认可。同时，仲裁程序法律适用同时面临着仲裁地法与当事人选择法何者优先的问题，一方面允许当事人自主选择仲裁程序适用法律是必要的，很多国家规定在当事人未作约定时才适用仲裁地法，另一方面，许多国家对此也做了相应限制，即当事人的约定不得违反仲裁地法的强制性规定。

(2) 仲裁地影响仲裁裁决籍属认定。从各国各地区仲裁立法和国际条约的规定来看，关于仲裁裁决国籍的认定，主要依据仲裁地，其次依据仲裁适用的程序法。《纽约公约》第 1 条，即主要采用了裁决做出地标准。如前所述，裁决做出地与仲裁地实质上是一致的，裁决做出地一定程度上直接决定了裁决的国籍认定，因而仲裁地的确定直接关系到仲裁裁决籍属认定，后者不仅决定着仲裁裁决的法律效力来源，也影响着仲裁司法监督的管辖主体。

(3) 仲裁地法院对仲裁的司法监督。一般而言，仲裁地法院可以行使对仲裁的司法监督权的所有内容，其他法院仅能行使除撤销裁决权以外的其他司法监督权。对此，《纽约公约》第 5 条第 1 款规定，裁决做出地所在国和裁决所依据法律之国家的主管机关有权撤销仲裁裁决。如前所述，裁决做出地即为仲裁地，而同样根据传统的本地化理论，裁决所依据法律之国家应当是仲裁地国。从国际仲裁实践上看，仲裁地法院是行使排他的撤销仲裁裁决的司法监督权的主体。

2. 非国内化理论中仲裁地的法律意义

根据波尔森等学者于 20 世纪 80 年代末创立的非国内化理论，仲裁程序脱离仲裁地及其他任何国家法律的限制，由国际统一的仲裁法支配，仲裁裁决是无国籍的“浮动裁决”，在申请执行前不受任何国家法院的监督，在这一理论下仲裁地的法律意义被大大削弱。当下受该理论影响较大的国家是法国。作为新兴理论，非国内化理论尚未被国际社会广泛接受，而出于该理论存在的一些不足，即使在有支持性案例（如希尔马顿案）的法国等国该理论也很难被广泛接受。

（三）我国关于仲裁地的立法与实践现状

1. 立法现状

我国实行机构仲裁制度，我国《中华人民共和国民事诉讼法》（以下简称《民事诉讼法》）《中华人民共和国仲裁法》（以下简称《仲裁法》）中没有“仲裁地”的相关概念和规定。直至 2006 年颁布的《仲裁法司法解释》第 16 条第一次出现了“仲裁地”的表述，2010 年颁布的《涉外民事法律关系法律适用法》第 18 条使用了“仲裁地”的概念，但二者亦仅将仲裁地法作为仲裁协议效力准据法来源之一。

> 第 16 条　对涉外仲裁协议的效力审查，适用当事人约定的法律；当事人没有约定适用的法律但约定了仲裁地的，适用仲裁地法律；没有约定适用的法律也没有约定仲裁地或者仲裁地约定不明的，适用法院地法律。
>
> ——《最高人民法院关于适用〈中华人民共和国仲裁法〉若干问题的解释》
>
> 第 18 条　当事人可以协议选择仲裁协议适用的法律。当事人没有选择的，适用仲裁机构所在地法律或者仲裁地法律。
>
> ——《涉外民事法律关系法律适用法》

由此可见，我国立法对于仲裁裁决的撤销权主体、仲裁裁决的国籍均以仲裁机构所在地为判断标准，具体体现为：

（1）仲裁机构是仲裁协议有效的必要条件。《仲裁法》第 16 条规定当事人应当在仲裁协议中约定仲裁机构而非仲裁地。

【最高法公报案例·（2006）民一终字第 11 号】

裁判摘要：根据《仲裁法》第 18 条的规定，仲裁协议对仲裁事项或者仲裁委员会没有约定或者约定不明确的，当事人可以补充协议；达不成补充协议的，仲裁协议无效。根据最高人民法院《关于确认仲裁协议效力几个问题的批复》第 1 条的规定，在仲裁法实施后重新组建仲裁机构前。当事人达成的仲裁协议只约定了仲裁地点，未约定仲裁机构的，双方当事人在补充协议中选定了在该地点依法重新组建的仲裁机构的，仲裁协议有效；双方当事人达不成补充协议的，仲裁协议无效。依照上述规定认定仲裁协议无效的，当事人向有管辖权的人民法院提起诉讼，人民法院应当受理。

再如在旭普林案中，无锡法院即以仲裁协议未约定仲裁机构违反我国仲裁法为由判定仲裁协议无效；另外，当事人仅约定了适用的仲裁规则，且根据该约定的仲裁规则不能推导出唯一的仲裁机构，该仲裁条款应认定无效。

(2) 仲裁机构所在地法院享有撤销裁决权。《仲裁法》第 58 条规定撤销仲裁裁决案件的主管机关为仲裁机构所在地的中级人民法院，这与国际通行的仲裁地法院享有排他的撤销裁判权有较大不同；

> 当裁决对各方尚无拘束力，或已经裁决地所在国或裁决所依据法律之国家之主管机关撤销或停止执行时，法院应当拒绝承认和执行该仲裁裁决。
>
> ——《纽约公约》

> 当事人提出证据证明裁决有下列情形之一的，可以向仲裁委员会所在地的中级人民法院申请撤销裁决……
>
> ——《中华人民共和国仲裁法》

(3) 仲裁机构所在地作为判断裁决籍属的标准。结合我国《仲裁法》和《民事诉讼法》及司法解释的规定，在我国仲裁机构所在地是判断裁决国籍的标准，亦与国际主流上以裁决做出地作为标准不一致。

> 国外仲裁机构的裁决，需要中华人民共和国人民法院承认和执行的，应当由当事人直接向被执行人住所地或者其财产所在地的中级人民法院申请，人民法院应当依照中华人民共和国缔结或者参加的国际条约，或者按照互惠原则办理。
>
> ——《中华人民共和国民事诉讼法》

同时，我们也注意到 2009 年 12 月 30 日发布的《最高人民法院关于香港仲裁裁决在内地执行的有关问题的通知》，其中规定"当事人向人民法院申请执行在香港特别行政区做出的临时仲裁裁决、国际商会仲裁院等国外仲裁机构在香港特别行政区做出的仲裁裁决的，人民法院应当按照《安排》的规定进行审查。不存在《安排》第七条规定的情形的，该仲裁裁决可以在内地得到执行。"也即对于国外仲裁机构在香港做出的仲裁裁决的籍属时，采用了仲裁地标准。

结合以上，在我国现行立法中，仲裁机构所在地承载了仲裁地的法律意义，发挥了仲裁地的作用。

另一方面，我国主要的仲裁机构大多在仲裁规则中对仲裁地以专门条文形式进行了规定。

国内部分仲裁机构仲裁规则对仲裁地的规定

机构	时间（年）	内容
广州仲裁委员会	2017	第 7 条　仲裁地 （一）除当事人另有约定外，本会或者分会所在地为仲裁地。本会可以根据案件具体情况，确定其他地点为仲裁地。 （二）仲裁裁决视为在仲裁地做出。
中国国际经济贸易仲裁委员会	2015	第 7 条　仲裁地 （一）当事人对仲裁地有约定的，从其约定。 （二）当事人对仲裁地未作约定或约定不明的，以管理案件的仲裁委员会或其分会/仲裁中心所在地为仲裁地；仲裁委员会也可视案件的具体情形确定其他地点为仲裁地。 （三）仲裁裁决视为在仲裁地做出。
北京仲裁委员会	2019	第 2 条　本规则的适用 （一）当事人协议将争议提交本会仲裁的，适用本规则。当事人就仲裁程序事项或者仲裁适用的规则另有约定的，从其约定，但该约定无法执行或者与仲裁地强制性法律规定相抵触的除外。 第 27 条　仲裁地 （一）除非当事人另有约定，本会所在地为仲裁地。本会也可以根据案件具体情况确定其他地点为仲裁地。 （二）仲裁裁决视为在仲裁地做出。
上海仲裁委员会	2018	第 39 条　仲裁地 （一）除非当事人另有约定，仲裁委员会所在地为仲裁地。仲裁委员会也可以根据案件具体情况确定其他地点为仲裁地。 （二）仲裁裁决视为在仲裁地做出。
深圳仲裁委员会	2019	第 4 条　仲裁地 （一）当事人对仲裁地有约定的，从其约定。 （二）当事人对仲裁地没有约定的，以仲裁院所在地为仲裁地。仲裁院也可视案件的具体情形确定其他地点为仲裁地。 （三）仲裁裁决应视为在仲裁地做出。
武汉仲裁委员会	2018	第 75 条　仲裁地 （一）当事人对仲裁地有约定的，从其约定。 （二）当事人对仲裁地没有约定或约定不明的，本会所在地为仲裁地。 （三）仲裁裁决视为在仲裁地做出。

从上表可以看出,国内各主要仲裁机构关于仲裁地的最新规定均努力向国际商事仲裁的主流理论和实践靠拢。逐渐强调仲裁地的法律意义,在仲裁地确认上根据我国机构仲裁的仲裁特征,进行了相应的调整,赋予了仲裁机构确定仲裁地的权力。

2. 实践现状

如前所述,虽然在立法层面我国以做出仲裁裁决的仲裁机构国籍确定仲裁裁决国籍,但在实践层面对于仲裁裁决籍属标准的判断存在混乱。

在 DUFERCOS. A(德高钢铁公司)与宁波市工艺品进出口有限公司管辖权异议的争议中,双方当事人约定的仲裁条款为“一切因执行本合同或与本合同有关的争执,应由双方通过友好协商解决。如经协商不能得到解决时,应提交设在中国北京的国际商会仲裁委员会,按照《联合国国际货物销售公约》进行仲裁”,后国际商会仲裁委员会在北京对本案做出裁决,申请人请求执行该仲裁裁决。宁波市中院在 2009 年做出的裁定书中认定该裁决为“非国内裁决”,并以此适用了《纽约公约》,承认和执行国际商会仲裁委员会在北京做出的仲裁裁决。

这一案件体现了在司法实践中认定仲裁裁决籍属的仲裁机构所在地标准,但是近年来有所突破。

最高人民法院 2009 年发布的《关于香港仲裁裁决在内地执行的有关问题的通知》明确以仲裁地作为确认仲裁裁决籍属标准,顺应国际商事仲裁潮流。

在 Ennead Architects International LLP 与富力南京地产开发有限公司申请认可和执行香港特别行政区仲裁裁决特别程序一案中,南京中院执行贸仲香港中心做出的仲裁文书的执行依据是《最高人民法院关于内地与香港特别行政区相互执行仲裁裁决的安排》,肯定了贸仲香港仲裁中心的裁决是香港裁决。

> 本院认为,《最高人民法院关于内地与香港特别行政区相互执行仲裁裁决的安排》第 7 条规定,“在内地或者香港特区申请执行的仲裁裁决,被申请人接到通知后,提出证据证明有下列情形之一的,经审查核实,有关法院可裁定不予执行”。本案中,富力公司对涉案仲裁裁决并无异议,并已经履行裁决所确定的设计费本金部分,仅对仲裁裁决主文第 3 项逾期利息部分未予支付。本院经审查,涉案裁决亦不存在违反内地社会公共利益情形,故依照《最高人民法院关于内地与香港特别行政区相互执行仲裁裁决的安排》第 1 条、第 7 条之规定,裁定如下……
>
> ——(2016)苏 01 认港 1 号

再者,一方面,我国司法实践并未完全将仲裁机构所在地等同于仲裁地,而是允许当事人对仲裁地进行约定。另一方面,我国法院在港闸造船厂案等不止一次案件中根据仲裁地法认定临时仲裁有效，也充分表明我国在司法实践中并不因立法采用仲裁机构所在地标准而否认仲裁地的法律意义。

（四）小结

国内仲裁裁决与涉外仲裁裁决在处理上有诸多不同，由于司法实践中对于涉外仲裁裁决案件的理解和适用上存在差异，宜在立法上建立统一的仲裁裁决籍属确定标准。随着国际商事仲裁实践的发展，关于在我国立法上明确仲裁地的法律意义以及相关规制的呼声愈发强烈。最高人民法院发布的有关司法解释以及答复意见中一定程度上突破了《仲裁法》的规定，而我国主要仲裁机构在新修订的仲裁规则中对仲裁地做出了更接近国际通行实践的规定。从仲裁事业国际化发展的角度，宜改变现行立法的仲裁机构所在地标准，确立以仲裁地作为仲裁裁决籍属确定的标准。

案外人以虚假仲裁为由申请不予执行的实证分析
——基于100份案例样本

与虚假诉讼相比，虚假仲裁在案件类型、表现形式上都有很大的相似性，都是当事人利用合法的法律程序来达到获取非法利益的目的。根据我国仲裁法，仲裁协议只能约束签订协议的双方当事人，而不承认仲裁第三人，案外人无法介入仲裁程序中，且仲裁特有的保密性导致其很难知情，救济途径困难。因此，针对近年来虚假仲裁的问题，最高人民法院出台了《关于人民法院办理仲裁裁决执行案件若干问题的规定》（以下简称《规定》），自2018年3月1日起施行。其中第9条规定了案外人申请不予执行的程序要件，第18条规定了仲裁案外人以恶意或者虚假仲裁为由申请不予执行裁决的实质审查标准。

根据《规定》第9条，案外人申请不予执行的，应符合三个条件：

（一）有证据证明仲裁案件当事人恶意申请仲裁或者虚假仲裁，损害其合法权益；

（二）案外人主张的合法权益所涉及的执行标的尚未执行终结；

（三）自知道或者应当知道人民法院对该标的采取执行措施之日起30日内提出。

《规定》第18条：

案外人根据本规定第9条申请不予执行仲裁裁决或者仲裁调解书，符合下列条件的，人民法院应当支持：

（一）案外人系权利或者利益的主体；

（二）案外人主张的权利或者利益合法、真实；

（三）仲裁案件当事人之间存在虚构法律关系，捏造案件事实的情形；

（四）仲裁裁决主文或者仲裁调解书处理当事人民事权利义务的结果部分或者全部错误，损害案外人合法权益。

为了总结该项《规定》在人民法院的适用，2019年6月19日，笔者按照时间顺序对案例进行了检索，在“无讼”上输入关键词“关于人民法院办理仲裁裁决执行案件若干问题的规定”和“虚假仲裁”检索，共找到755个案例。

其中2018年做出裁定的有704个，2019年截至6月19日做出的裁定有41个，为了便于计算概率，笔者以2018年8月7日至2019年6月19日以来一年之内的100份案例为样本进行分析，总结归纳出法院在适用《最高人民法院关于人民法院办理仲裁裁决执行案件若干问题的规定》时的理由和不予执行的依据。

首先，在案件的地域分布上，浙江省独占鳌头，其中以杭州中级人民法院和浙江省高级人民法院为主要受理法院，而案件类型多为金融借款合同纠纷。

其次，在法院层级上，中级人民法院和高级人民法院不分伯仲，由于《规定》第2条规定了受理仲裁裁决执行的管辖法院级别为中级以上人民法院，因此统计数据中没有基层人民法院。

笔者统计的100份案例中，法院最终做出支持案外人执行异议的裁定结果较少，只占到9个，分别是下列案件：

序号	案号
1	(2019)宁执复27号
2	(2019)鄂05执异11号
3	(2019)彻执复97号
4	(2018)吉02执异212号
5	(2018)冀01执异314号
6	(2018)冀01执异312号
7	(2018)湘03执异17号
8	(2018)赣执复52号
9	(2018)冀01执异315号

剩下91%的裁定结果都是针对案外人申请不予执行标的的请求判决不予支持，且上述9件案例中只有7件是以当事人构成虚假仲裁为理由支持了执行异议，其中(2019)鄂05执异11号案件的裁判理由为“仲裁双方当事人之间并不存在真实的借款担保合同关系，足以证明宜昌仲裁委员会做出的(2015)宜仲调字第46号调解书是当事人采取虚列债务、虚构事实的手段虚假仲裁的结果。”

(2019)彻执复97号案由为商品房买卖合同纠纷，常德中院认定当事人的行为明显与交易习惯和社会常理不符，不能排除仲裁双方当事人之间存在虚构法律关系、虚假仲裁的合理怀疑，执行可能损害案外人的合法权益，据此裁定不予执行。

(2018)吉02执异212号案由同为商品房买卖合同纠纷，法院认为签订该合作协议的双方均属于不适格的主体，所签订的协议明显属于虚假协议，吉林仲裁委员会对此未予认真审查就做出调解书，据此裁定不予执行。

(2019)冀01执异312号、314号和315号为系列案件，法院认为异议人主张仲裁中所涉房屋系其所有，仲裁申请人申请仲裁时隐瞒了其与被执行人之间系借款合同的事实，仲裁申请人在仲裁时隐瞒真相、虚构法律关系，仲裁裁决严重损害了异议人的合法权益。从仲裁庭审查情况看，仲裁申请人请求裁决被申请人向其交付房屋办理申领产权证书相关手续以及支付违约金，并提交了相关证据，仲裁被申请人在仲裁庭开庭中主张本案实为借贷关系，签订《合同》并备案，为保证《借贷协议》的履行，不应将双方行为作为商品房买卖合同关系。而仲裁裁决主文处理当事人民事权利义务的结果错误，损害异议人的合法权益，据此裁定不予执行。

(2018)湘03执异17号案由为借款合同纠纷，法院认为本案仲裁所涉的借款合同履行过程中，申请执行人以明显虚高的价格抵债款，系与仲裁被申请人串通一气捏造案件事实。该行为降低了申请执行人向其债务人清偿债务能力，而案外人作为申请执行人的债权人，其权利也因该行为而遭受损害。据此根据《规定》第9条做出不予支持的裁定。

而另外的多数案件驳回执行异议的理由大同小异，基本上分为以下两种：一种是根据《规定》第9条第(一)项认为当事人不能提供证据证明该仲裁案件系当事人恶意申请仲裁或者虚假仲裁。且不符合《规定》第18条“仲裁案件当事人之间存在虚构法律关系，捏造案件事实的情形”，因此其所提异议不符合上述法律规定的案件受理条件，依法应予驳回。

另一种是根据第9条第(三)项规定“自知道对执行标的采取执行措施之日起三十日内提出”，例如在(2018)苏执复156号案中异议人主张提出执行异议的期限计算应当自复议申请人知道影响其合法权益的仲裁裁决书具体内容之日起计算，但无锡市中级人民法院裁判认为法院组织异议人进行债权人会议时就已经知晓仲裁裁决的存在且知晓裁决内容会对其权益造成影响，因此法院以当事人申请超过法定期限为由裁定驳回不予执行的申请。

为了进一步说明，此处选取了一个较为典型的案例：

曾某与中国民生银行股份有限公司广州分行

原案被执行人等金融借款合同纠纷执行裁定书

审理法院：广州中级人民法院

案号：(2018)粤01执异128号

申请人：曾某

被申请人：中国民生银行股份有限公司广州分行、刘某辉、刘某聪

案件事实：

中国广州仲裁委员会根据民生银行与刘某辉、刘某聪于2012年2月22日签

订的《个人最高额抵押、保证额度借款合同》中的仲裁条款，于 2016 年 9 月 13 日受理了民生银行提起的关于金融借款合同纠纷的仲裁申请。中国广州仲裁委员会组成仲裁庭经开庭审理后，于 2016 年 11 月 16 日做出(2016)穗仲案字第 9262 号裁决。后来案外人曾某以裁决结果错误，损害其合法权益为由向广州市中级人民法院申请不予执行该仲裁裁决。

原文节选：

> 首先，根据《关于人民法院办理仲裁裁决执行案件若干问题的规定》第九条规定，曾某主张仲裁裁决违法，裁决结果损害其合法权益，应举证证明案件当事人之间存在虚构法律关系，捏造案件事实的情形，现曾某并未对此予以举证，而涉案《个人最高额抵押、保证额度借款合同》明确约定涉案抵押担保范围包括了因拖欠借款本息所产生的各种费用，仲裁庭根据合同各方当事人的约定对本案进行裁决，不能认定为裁决错误损害了案外人的权益。曾某的上述主张依据不足，本院不予支持。
>
> 其次，关于曾某主张民生银行向仲裁庭隐瞒了足以影响公正裁决的证据，存在恶意串通、虚假仲裁的问题。根据《若干问题的规定》的规定，曾某应就其该主张予以举证证明，如提交仲裁当事人之间存在恶意串通、捏造案件事实的主观故意，且仲裁当事人之间存在虚构优先债权行为等证据，但曾某在本案中提交的相关证据材料并不足以证明民生银行存在恶意申请仲裁、与刘某辉和刘某聪串通进行虚假仲裁的主观故意和行为，也无证据显示民生银行与刘某辉、刘某聪之间存在虚构法律关系，捏造案件事实的情形，因此，本院对其该主张不予支持。
>
> 最后，关于曾某主张涉案仲裁裁决违反社会公共利益的问题。根据《若干问题的规定》第十八条的规定，违反社会公共利益不属于案外人申请不予执行仲裁裁决的理由，因此，本院对此不予审查。

最终，广州市中级人民法院驳回了申请人曾某的执行异议申请，维持了广州仲裁委的裁判。

从上述裁定书中可以看出广州市中级人民法院对于不构成虚假仲裁、虚构法律关系、捏造法律事实的理由进行了详细地阐释。首先，异议人应该举证证明仲裁双方当事人有相互串通的证据，其次异议人需要提供证据证明仲裁双方有捏造事实的主观故意。

《规定》第 9 条和第 18 条事实上赋予了案外人申请不予执行仲裁裁决和调解书的权利，《规定》将不予执行申请主体范围由当事人扩大到了合法权益受到虚假仲裁损害的权利主体，在相当程度上确认了我国仲裁领域的“第三人”制度，同时也明确了仲裁调解书的救济途径。

综上所述，通过样本概率对比可以发现，法院对于虚假仲裁的认定是十分谨慎的，而高达91%的不予支持率也反映出被执行人存在一定程度的异议权滥用。当事人往往主张仲裁庭存在违法行为却未进行举证，这给法院在事实查明和认定上带来了困难。针对异议权滥用的情况，可以参照诉讼案件费用收取制度及知识产权保护领域的维权费用反致制度，提高异议成本。在提出异议的同时，预交一定比例的案件受理费，或提供担保，并将之作为异议启动的条件，遏制异议滥用现象。

当然，同时也要不断完善仲裁行业的监督，提高仲裁员业务能力，加强仲裁员自律性，严格审查仲裁双方提交的证据，优化仲裁员队伍，严厉打击虚假仲裁、违法仲裁，不断提升仲裁文书的公信力。

无涉外因素约定境外仲裁的仲裁协议是否无效？

——基于司法案例

随着仲裁在国际商事争议的地位日益凸显，越来越多的境内企业开始将境内争议提交境外仲裁机构，其中就包括无涉外因素的争议约定在外国的仲裁机构进行仲裁的情形。中国目前的法律框架下是允许当事人将含有涉外因素的争议提交外国仲裁机构解决的，但是否能将不含涉外因素的仲裁争议提交外国仲裁机构则出现了不同声音。

一、何为涉外因素

判断一个商事争议是否涉外，标准就是看其是否具有"涉外因素"。按照《仲裁法》的规定，国内仲裁为专门解决国内当事人之间的商事争议的仲裁，其所解决的商事争议不具有涉外因素。长期以来，法律关系三要素说是我国理论界的通说，三要素说认为法律关系中的主体、客体或内容这三要素中至少有一个或一个以上的因素与国外联系。主体为涉外因素，是指作为民事法律关系主体的一方或双方当事人是外国自然人、法人或无国籍人，或是指住所地、惯常居所地或营业地在国外的自然人或法人；客体为涉外因素，是指作为民事法律关系客体的标的物位于国外；内容为涉外因素，是指据以产生、变更或消灭民事权利或义务关系的法律事实发生在国外。除此之外，英国以实质联系因素为标准，而法国则以争议的国际性为认定标准。

二、相关仲裁协议效力

解决了认定标准的前提问题，第二个问题就是在承认争议不具有涉外因素的情况下，当事人仍然约定境外仲裁的仲裁协议是否无效？一般来说，仲裁协议有效性的判断是基于协议所适用的法律。按照《最高人民法院关于适用〈中华人民共和国仲裁法〉若干问题的解释》第 16 条明确规定："对涉外仲裁协议的效力审查，适用当事人约定的法律；当事人没有约定适用的法律但约定了仲裁地的，适用仲裁地法律；没有约定适用的法律也没有约定仲裁地或者仲裁地约定不明的，适用法院地法律"。该规定也与《纽约公约》第 5 条的表述相一致。

然而，最高人民法院在其做出的《最高人民法院关于人民法院处理涉外仲裁及外国仲裁案件的若干规定（征求意见稿）》中却指出，国内当事人约定将无涉外因素的争议提交国外仲裁机构进行仲裁的，经一方当事人的申请，人民法院应当认定该仲裁协议归属无效。可见，最高人民法院对于此问题的处理态度与《纽约公约》以及相关司法解释相反，事实上，我国《民事诉讼法》和《仲裁法》中并没有明文规定当事人约定将无涉外因素提交国外仲裁机构的仲裁协议无效，直接认定此类仲裁协议直接认定无效是不妥的。

三、真实案例

1．"江苏万源"案

2005 年 12 月 23 日，江苏万源公司与艾尔姆公司签订贸易协议，其中约定：如果首次提出善意协商请求后 30 天内未开始协商，可将纠纷提交国际商会并根据其仲裁规则进行仲裁。后来双方发生纠纷，万源公司向南通市中级人民法院法院申请确认该仲裁条款无效，理由是根据《合同法》第 128 条，只有涉外合同当事人可选择境外仲裁，而本案双方当事人、标的物制造、运输、合同签订地和履行地均在国内并非涉外合同，故应认定该仲裁协议无效。最终法院认定本案属于国内商事纠纷而非涉外案件，因此双方约定涉案争议交由外国仲裁机构进行仲裁的条款违反我国相关法律规定，所以认定涉案《贸易合同》第 19 条关于仲裁条款的规定无效。

2．"北京朝来"案

2007 年 7 月 20 日，朝来新生公司与所望之信公司签订合同，约定双方合作经营位于北京市朝阳区的高尔夫球场，并约定若双方发生纠纷，先协商解决，协商不成，提交大韩商事仲裁院仲裁。后双方发生纠纷，大韩商事仲裁院依据双方的仲裁条款受理申请并做出裁决，后朝来公司向北京第二中级人民法院申请承认和执行该裁决。经过审理，北京第二中级人民法院认为本案双方当事人都是依据中国法律设立的法人公司，涉案协议中的标的即高尔夫球场也位于国内，对股权转让之规定也是中国法人股权的转让，并且基于双方民事法律关系的产生、变更和结束的民事法律关系事实也都发生在中国境内，大韩商事仲裁院进行仲裁时的准据法也是中国法，故认定该仲裁协议无效，并依据《纽约公约》第 5 条拒绝承认和执行该裁决。

上述两案例的案情基本一致。笔者认为：首先，当事人均为我国法人，且一方或双方企业为外商投资企业；其次，商事合同关系的产生、变更和终止的事实均发生在我国境内；再次，所涉标的均在我国境内；最后，当事人均约定提交外国仲裁机构仲裁。

由于我国现行立法框架并未禁止无涉外因素的纠纷约定外国仲裁，且《纽约公约》并不以纠纷是否具有涉外性来判断仲裁协议的效力，因此上述司法案例的结论是不妥的。首先，在不存在不当选择准据法或挑选法院的情况下，应尊重当事人的意思自治；其次，法院做出上述裁判的原因源于司法对于仲裁的干预以及保护本地仲裁市场的目的，但在仲裁日益国际化以及“一带一路”政策下的法治化营商环境的实施下，针对无涉外因素的仲裁协议效力应该予以认可。

境外仲裁机构在中国内地做出的裁决是否为“非国内裁决”？

对于国际商事仲裁的理论和实践而言，仲裁庭做出的裁决是否应具有一国的国籍这一问题存在争议。有学者认为，国际商事仲裁裁决不应该具有一国的国籍，应最大限度地摒弃仲裁地法对当事人意思自治的干涉。持相反观点的学者认为仲裁裁决的国籍问题十分重要，并将其称为讨论仲裁裁决承认与执行问题之前首先要明确的一个“先决问题”。

一、仲裁地的确定

“仲裁地”是指仲裁的法律地，而非单纯指地理意义上仲裁程序的进行得。“仲裁地”决定了仲裁的程序规则，更决定了仲裁裁决的“国籍”。因此，国际商事仲裁案件中，“仲裁地”这一法律概念显得尤为重要。《纽约公约》第 1 条第 1 款对国际商事仲裁裁决国籍的确定标准进行了规定：

“仲裁裁决，因自然人或法人之间的争议而产生且在申请承认及执行得所在国以外之国家领土内做成者，其承认及执行适用本公约。本公约对于仲裁裁决经申请承认及执行得所在国认为非国内裁决者，亦适用之。”

因此根据该规定，第一句采用的是“地域标准”，即适用公约予以承认和执行的仲裁裁决应当是在另一缔约国领土内做出的；第二句采用“程序”理论，即适用公约予以承认和执行的仲裁裁决取决于仲裁裁决做出所依据的程序法非本国法，而不是指裁决做出地。根据该规定，我们可以看出《纽约公约》中提到的非国内仲裁裁决是指仲裁地法院根据其内国法认为在其境内做出的仲裁裁决不具有本国国籍，但是公约没有具体规定非国内仲裁裁决的标准，赋予了成员国极大的解释权。

我国《仲裁法》及相关立法解释并未对仲裁裁决的国籍予以明确规定，也未对仲裁地进行相应的规定。在实践中，我国并未如《纽约公约》一样根据裁决做出地

(仲裁地)来认定仲裁裁决的国籍，而是倾向采用“仲裁机构所在地”的标准，将裁决分为《纽约公约》裁决、国内仲裁裁决、外国仲裁裁决以及港澳台地区的仲裁裁决。在此基础上，对不同种类仲裁裁决的承认与执行做出不同的安排，采取不同的审查标准和执行依据。

另外，我国在加入《纽约公约》时做出了保留声明，其大致内容如下：“中华人民共和国适用该公约必须以互惠为前提，对在另一缔约国领土内做出的仲裁裁决进行承认和执行。”如果从该声明的表面意思来理解的话，也就是说按照地域标准被认定为外国仲裁裁决的裁决只有在“缔约国领土内”做出时我国才适用《纽约公约》。然而这则声明并没有清楚的说明该保留与非国内裁决的关系，也没有说明如何理解该保留。对此，有学者认为互惠保留针对的是外国仲裁裁决，而不是非国内仲裁裁决，因此提出互惠保留的国家仍然适用“非内国标准”。

二、司法实践

在司法实践当中，如果双方当事人约定由国际商会仲裁院(ICC)仲裁庭在中国上海并适用其仲裁规则进行仲裁，根据ICC相关规则，该仲裁裁决法律意义上的仲裁地点就是中国上海，按照国际仲裁的司法实践和相关规定，该裁决具有中国国籍，中国法院可以对该裁决行使撤销权。但是，按照我国现行法律规定，根据仲裁机构所在地为标准，ICC的仲裁机构所在地为法国，因此该裁决并不是我国裁决。

(一)“旭普林”案

2006年7月19日，江苏省无锡市中级人民法院就德国旭普林公司与无锡沃可公司申请承认和执行ICC裁决一案做出了裁定。该案中，江苏省无锡市中级人民法院经审理查明：旭普林公司与沃可公司签订建筑工程合同，约定适用ICC规则在上海进行仲裁。国际商会仲裁院于2004年3月30日做出了对沃可公司不利的裁决。经过沃可公司申请，合同中的仲裁条款被裁定无效，国际商会仲裁院的裁决也被江苏省无锡市中级人民法院判定不予承认和执行。

本案的特殊之处在于，当事双方约定仲裁适用ICC仲裁规则，但却将仲裁地约定在了中国上海。如果按照中国国内立法采取的仲裁机构所在地标准，该案的裁决属于法国裁决。但这种做法事实上背离了《纽约公约》以仲裁地标准为主的精神。因此在该案中，中国内地法院首次明确提出了“非国内裁决”的概念：“……本案被申请承认和执行的仲裁裁决系国际商会仲裁院做出，通过其总部秘书处盖章确认，应被视为非国内裁决。”

(二)“宁波工艺品”案

2009年4月22日，浙江省宁波市中级人民法院在宁波工艺品案中也做出了相似的裁定。申请人德高钢铁公司就 ICC 在北京做出的仲裁裁决请求承认与执行。对于该裁决的性质,宁波市中级人民法院在裁定书中称:《纽约公约》第 1 条第 1 款规定的适用范围有两种情形:……这里所指的是“非国内裁决”是相对“申请承认及执行得所在国”而言的,本案并非我国国内裁决,应当适用《纽约公约》。

从上面两个案件可以看出。司法机关在这个问题上面临国内立法和《纽约公约》规定不一致的困境。一方面,司法机关不能直接违背国内立法的规定,按照《纽约公约》规定的仲裁地标准进行裁判;另一方面,将中国境内做出的裁决判定为外国裁决又极为不妥。出于这种考虑,司法机关使用了“非国内裁决”这一概念。笔者认为对我国法院而言,上述两项裁决均不属于外国仲裁裁决,原因在于它们是在执行国范围内做出的仲裁裁决;但同时它们也不是我国的仲裁裁决,因为根据我国法律规定,它们是由外国仲裁机构做出的,因此它们应该属于《纽约公约》中规定的“非国内裁决”。

三、实务探讨

据此,关于外国仲裁机构在中国内地做出的裁决的性质,有学者主张其既不是本国裁决,也不是外国裁决或者无国籍裁决,而是“非国内裁决”。也有人主张,按照《纽约公约》的精神以及我国加入公约时对公约适用范围所做的保留,该仲裁裁决属于我国仲裁裁决。另有一部分学者认为按照我国《民事诉讼法》第 283 条确立的以仲裁机构所在地决定国际商事仲裁决的国籍的规定,显然应被视为外国仲裁裁决。

2009 年《最高人民法院关于香港仲裁裁决在内地执行的有关问题的通知》首次明确以仲裁地来确认仲裁裁决的国籍,规定当事人向人民法院申请执行在香港特别行政区做出的临时仲裁裁决、国际商会仲裁院等国外仲裁机构在香港特别行政区做出的仲裁裁决的,人民法院应当按照《关于内地与香港特别行政区相互执行仲裁裁决的安排》的规定进行审查。但该通知只是涉及在香港所作裁决之性质的一个通知,最高人民法院并未明确声明将仲裁地作为认定裁决的性质的标准,也未明确指出只要是在中国内地做出的仲裁裁决均属中国仲裁裁决,在外国做出的仲裁裁决则均属外国仲裁裁决(无论是由境内仲裁机构还是由境外仲裁机构做出)。

在司法实践中,《最高人民法院关于香港仲裁裁决在内地执行的有关问题的通知》发布之后,最高人民法院事实上将仲裁地作为认定外国仲裁裁决的标准。例如,2010 年 10 月 12 日发布的《最高人民法院关于申请人 DMT 有限公司(法国)与被申请人潮州市华业包装材料有限公司、被申请人潮安县华业包装材料有限公司申请承认和执行外国仲裁裁决一案请示的复函》就将国际商会仲裁院在新加坡做出的仲裁裁决视为新加坡裁决,而不再视为法国裁决。

笔者认为，首先，将外国仲裁机构在我国境内做出的裁决视为我国仲裁裁决是不合适的，因为根据《民事诉讼法》的规定，我国在界定仲裁裁决的国籍时采用的是仲裁机构所在地标准。其次，也不能将此种仲裁裁决视为外国仲裁裁决，因为《纽约公约》采用的是地域标准界定仲裁裁决的国籍，按照《纽约公约》的标准，此种仲裁裁决不是外国仲裁裁决。而通过上述最高人民法院在 2010 年做出的修正判决可以看出，在我国现有法律框架下，司法实践对于此类裁决的认定已经逐渐与《纽约公约》的标准弥合，因此应将国际商会仲裁庭适用其仲裁规则在我国境内做出的仲裁裁决归属于《纽约公约》中的非国内仲裁裁决。这种做法也有利于吸引更多的外国仲裁机构到我国进行仲裁，提升我国在国际仲裁上的地位。

参考文献

1. 徐晓琳：《论国际商事仲裁裁决的国籍问题》，华东政法大学硕士学位论文，2015 年 4 月。

2. 张庆明：《境外仲裁机构在中国内地仲裁的法律问题研究》，载《环球法律评论》2016 年第 3 期。

3. 刘晓红：《非国内仲裁裁决的理论与实证分析》，载《法学杂志》2013 年第 5 期。

4. (2004)锡民三仲字第 1 号裁定书。

5. (2008)角仲监字第 4 号裁定书。

6. 王天红：《论国际商事仲裁裁决国籍的确定》，载《人民司法》2006 年第 3 期。

7. 高晓力：《司法应依仲裁地而非仲裁机构所在地确定仲裁裁决籍属》，载《人民司法》2017 年第 20 期。

从《民法典》看不安抗辩权与预期违约的衔接(上)

基于我国《中华人民共和国合同法》(以下简称《合同法》)未对不安抗辩权和预期违约进行严格的区分与适用,且又同时混合继受了大陆民法体系的不安抗辩权和英美法系的预期违约制度的相应规定,二者的区别与适用曾引起理论和实务界的争议。《中华人民共和国民法典》(以下简称《民法典》)基本延续了《合同法》的做法,但其进步在于:《民法典》通过第 527 条、第 528 条、第 563 条第一款第(二)项、第 566 条和第 578 条的规定构建起两项制度的有效衔接。

一、不安抗辩权的适用条件和行使效果

《民法典》第 527 条维持了《合同法》第 68 条的规定:“应当先履行债务的当事人,有确切证据证明对方有下列情形之一的,可以中止履行:(一)经营状况严重恶化;(二)转移财产、抽逃资金,以逃避债务;(三)丧失商业信誉;(四)有丧失或者可能丧失履行债务能力的其他情形。当事人没有确切证据中止履行的,应当承担违约责任。”

第 528 条则对《合同法》第 69 条进行修改:

《民法典》第 528 条	《合同法》第 69 条
当事人依据前条规定中止履行的,应当及时通知对方。对方提供适当担保的,应当恢复履行。中止履行后,对方在合理期限内未恢复履行能力且未提供适当担保的,**视为以自己的行为表明不履行主要债务**,中止履行的一方可以解除合同**并可以请求对方承担违约责任**。	当事人依照本法第 68 条的规定中止履行的,应当及时通知对方。对方提供适当担保时,应当恢复履行。中止履行后,对方在合理期限内未恢复履行能力并且未提供适当担保的,中止履行的一方可以解除合同。

可见,《民法典》将后履行义务人在合理期限内未恢复履行能力且未提供适当

担保的表现视为默示的预期违约行为，从而与《民法典》第 563 条第一款第（二）项关于“在履行期限届满前，当事人一方明确表示或者以自己的行为表明不履行主要债务”时当事人可以解除合同的规定衔接起来。

由此可知，《民法典》施行后，不安抗辩权的适用条件不变，但行使效果发生了变化：

（一）适用条件

1. 双方当事人因同一双务合同互负具有对价性的债务；
2. 履行义务有先后之分，先履行义务人才享有不安抗辩权；
3. 后履行义务人履约能力明显降低，或有可能丧失履行能力的现实危险；
4. 先履行义务人有充足的证据证明后履行义务人无能力履行义务；
5. 先履行一方当事人的履行期限已经届满；
6. 后履行义务人未提供适当的担保；
7. 存在《民法典》第 527 条的任一具体情形。

（二）行使效果

1. 提出抗辩→自身不承担违约责任

后履行义务人通过催告、诉讼或仲裁等途径要求先履行义务人履行合同的，先履行义务人可以依法抗辩，并不因逾期履行而承担违约责任。

2. 中止履行→解除合同

后履行义务人尚未主张要求先履行义务人履行债务的，先履行义务人可以及时通知相对方中止履行合同，并不承担违约责任。如后履行义务人未在合理期限内恢复履行能力且未提供适当的担保，先履行义务人可以行使合同解除权。

3. 可以要求对方承担违约责任（新增）

《民法典》实施后，**先履行义务人还享有对后履行义务人的违约赔偿请求权**。

二、不安抗辩权与预期违约的适用冲突

根据我国《合同法》的规定，理论界与实务界对两种制度的适用范围、我国的“预期违约”是否包括默示的预期违约行为等等问题存在争议。

（一）解除合同的前提不同

导致审查标准不同

有学者认为，《合同法》第 69 条规定的不安抗辩权和第 94 条第（二）款、第 108 条构成的预期违约制度有着本质的区别。不安抗辩权要求先履行义务人满足两个要件，即“及时通知对方中止履行”和“对方不提供担保”，才可以要求解除合同。预

期违约则可以直接在后履行义务人"以自己的行为表明不履行主要债务"时解除合同。

可以理解为,前者为附条件的特别法定解除权,后者为一般法定解除权。由此,裁判者在审查不安抗辩的解除权是否成立时,可能需要先履行义务人举证证明两个要件均已满足的事实。

而在援引预期违约制度解除合同时,虽无须先履行义务人证明上述事实,但由于一般法定解除权是在未有事先约定或特殊法律规定的前提下,以司法强制力作为合同履行僵局的最后救济,故部分裁判者会严格审查合同履行程度、违约后果和对合同目的的影响,对一般法定解除权的行使条件采取十分严格的审查标准。

(二) 不安抗辩权能否衔接适用预期违约

有观点认为不安抗辩权的解除和预期违约的解除应属于不同的法定解除事项。在先履行义务人依据《合同法》第 69 条解除合同时,裁判者不能直接援引《合同法》第 108 条的规定解除合同。基于不安抗辩权解除合同的,不能请求对方承担违约责任。

但也有观点认为,我国《合同法》第七章虽然没有规定默示预期违约的特有救济措施,但不妨碍裁判者依据学理、法律和司法解释运用一定的自由裁量权进行法律适用。第 108 条可以涵盖不安抗辩权所对应的默示预期违约行为,不能将默示预期违约排除在外不予衔接适用。

(三) 适用范围竞合

《合同法》第 68 条第一款第(二)项中关于"转移财产、抽逃资金,以逃避债务"的规定能否看作《合同法》第 108 条中"一方以自己行为显明不履义务"的具体表现之一? 如果答案是肯定的,有学者质疑这将导致不安抗辩权和预期违约的适用范围发生重叠,造成实践上的困扰。

因此,针对这一问题,学界曾对《民法典》合同编起草过程中《合同法》的修改问题提出三种建议:

1. 以不安抗辩权吸收预期违约制度,因不安抗辩权已足以保护先履行义务一方的利益,无需另设预期违约制度;

2. 以预期违约制度吸收不安抗辩权,因为预期违约的条件限制少,更有利于守约方权益的保护;

3. 两种制度并存,各限制其适用范围,不安抗辩权仅限定在防御范围内,对预期违约制度则赋予积极主张权利的功能。

（四）《民法典》合理衔接

两项制度

《民法典》第 528 条在后履行义务人“在合理期限内未恢复履行能力且未提供适当担保的”后增加了“视为以自己的行为表明不履行主要债务”的规定，即后履行义务人的不作为，将被法律推定为默示预期违约行为。

这使得不安抗辩权的第二层行使效果，即合同解除，与《民法典》第 563 条第一款第（二）项情形衔接，从而合理过渡适用预期违约情形下的法定解除权。合同解除后，权利人可根据《民法典》第 566 条和第 578 条的规定请求相对方承担违约责任。同时，也不影响当事人根据《民法典》第 567 条的规定，在解除合同后按照合同中结算和清理的条款执行。

综上，《民法典》实现了不安抗辩权和预期违约制度的有效衔接，回应了理论和实务界的争议。本文主要从理论角度阐述了《民法典》施行后不安抗辩权与预期违约适用上所产生的变化，下篇将从实务角度分析具体案例和给出运用指引。

参考文献

1. 李明龙：《论预期违约与不安抗辩权的比较取舍》，载《法制与社会》2018 年第 3 期，第 22-26 页。

2. 王丽：《论不安抗辩权的适用条件》，东南大学 2019 年硕士论文。

3. 孟也甜：《不安抗辩合同解除权之辨析|民商辛说》，天同诉讼圈。

从《民法典》看不安抗辩权与预期违约的衔接(下)

上篇文章《从〈民法典〉看不安抗辩权与预期违约的衔接(上)》从理论角度分析了关于不安抗辩权与预期违约制度的变化，本文将从具体案例切入并给出不安抗辩权的运用指引。

如上篇文章所述，我国立法对不安抗辩权的规定经历了一个不断完善的过程。在《民法典》施行以后，先履行义务人在遇到后履行义务人丧失或可能丧失履行债务能力时，不仅仅可以依据不安抗辩权起到抗辩效果，还可以推定对方构成预期违约从而获得合同解除权。但在运用不安抗辩权以达到中止履行甚至解除合同效力的过程中，存在许多需要注意的地方。

一、不安抗辩权是否成立?

首先，当事人得以行使不安抗辩权的前提之一是不安抗辩权已经成立，如果不安抗辩权并未成立，当事人拒绝履行合同义务没有依据，依然要承担违约责任，故先履行义务人在抗辩前确认自身是否享有不安抗辩权十分重要。这一点可以从《民法典》施行前的司法实践中得到借鉴。

案号:(2017)粤 03 民终 11672 号

基本案情:张三和肖四共同共有廉江市某花园首层、夹层及二层。2015 年，二人将夹层及二层为 A、B、C 公司与某银行签订的《最高额融资合同》项下的债务提供抵押担保。同年，张三和肖四将上述房屋出卖给许五，没有告知房屋存在抵押。双方约定房屋总价款为 6000 万元，在许五支付房款达到 4000 万元时，张三和肖四应将上述房屋过户登记至许五名下。合同签订后，许五总共支付了 3200 万元，张三和肖四将花园首层过户给了许五，夹层及二层因没有注销抵押登记无法过户，双方就合同履行问题发生争议并诉诸法院，张三要求许五支付余款及违约金，许五提出不安抗辩。

一审法院针对许五的不安抗辩权

是否成立的问题分析如下：

张三和肖四在签订合同时，**没有将转让的房屋已设置抵押的情况告知许五**，和将转让的房屋告知抵押权人即银行，根据《中华人民共和国物权法》(以下简称《物权法》)第 191 条第二款“抵押期间，抵押人未经抵押权人同意，不得转让抵押财产，但受让人代为清偿债务消灭抵押权的除外”，《中华人民共和国担保法》第 49 条第一款“抵押期间，抵押人转让已办理登记的抵押物的，应当通知抵押权人并告知受让人转让物已经抵押的情况；抵押人未通知抵押权人或者未告知受让人的，转让行为无效”的规定，张三存在完全的过错。张三和肖四在收取许五 3200 万元人民币后，**没有积极清偿担保债务消灭抵押权，涂销抵押登记**，因此，根据《中华人民共和国合同法》第 68 条“应当先履行债务的当事人，有确切证据证明对方有下列情形之一的，可以中止履行：(一)经营状况严重恶化；(二)转移财产、抽逃资金，以逃避债务；(三)丧失商业信誉；(四)有丧失或者可能丧失履行债务能力的其他情形。当事人没有确切证据中止发生的，应当承担违约责任”的规定，许五中止继续履行付款义务，理由成立，不应承担违约责任。

由于张三和肖四已将全部的房屋交付了许五使用，**在诉讼中已主动支付了抵押担保的大部分债务**，许五不安抗辩权已消除。因此，根据《中华人民共和国合同法》第 107 条的规定，许五应当及时支付余下的购房款 2800 万元人民币给张三和肖四，按约定期限完成过户登记。张三请求许五向张三支付 2800 万元人民币购房款有理，应予支持，部分无理，不予支持。许五辩称部分无理，不予支持。最后判决许五应支付剩余房款但无需承担违约责任。

可见，一审法院依据后履行义务人张三和肖四主动支付抵押债务的行为判断二人在合理期限内可以保障合同的继续履行，由此消除了许五的不安抗辩权，许五不安抗辩不能成立。

而在房屋买卖合同纠纷中，常见因二手房尚未注销抵押登记而无法过户所引发的纠纷。买受人可能会碰到类似于案例的情形，这时注意以下几点将有利于维护自身合法权益：

首先，买受人在签订合同之前，需要留心问询出卖人关于房屋的抵押担保情况，或通过不动产登记查册、裁判文书网等途径了解房屋的现状。

其次，如房屋已作抵押担保，买受人应与对方明确清偿抵押债务的实际能力以及具体期限，并将该情况和相应的违约责任具体约定在合同中。

最后，如抵押对房屋买卖合同的履行构成障碍，建议买受人及时通知对方其将中止履行并保存相关证据。但如果对方积极清偿抵押债务，能够在约定期限或合理期限内完成过户的，此时买受人再拒绝付款不构成不安抗辩，不安抗辩的防御作用已被消除,买受人应继续履行合同义务。

二、当事人应如何行使不安抗辩权?

如果不安抗辩权成立,当事人如何行使该权利才能达到中止履行甚至解除合同的效果?

在上述案例中,许五虽对一审结果有异议但未提出上诉,张三和肖四却对许五无须承担违约责任这一点提出了上诉。

二审法院查明

张三、肖四所担保的抵押债务于2018年均已逾期,银行的债权并未受偿。由于抵押权优先于当事人基于合同所享有的债权,涉案房屋的夹层、二层至今尚为案外人设定抵押权负担,是**影响合同顺利履行及向许五过户的重大法律障碍**……张三、肖四至今未向银行及时履行自己的担保义务,注销抵押登记,许五有理由相信其支付购房款后,张三、肖四不能办理夹层及二层的过户手续。根据《中华人民共和国合同法》第68条第一款第四项、第69条的规定,许五可以中止支付购房款。**虽然没有证据证明许五在中止履行义务前曾及时通知张三、肖四,但根据上述法律的规定,行使不安抗辩权不必经对方同意,只需向对方做出中止履行的意思表示,就可以中止履行**。因此,一审判决认定许五不应承担违约责任并无不当。张三上诉主张许五应承担违约责任的依据不足,本院不予支持。

由此可见,二审法院对于许五不安抗辩权行使条件采取了较为宽松的审查标准。从《民法典》第528条的规定来看,想要达到中止履行乃至解除合同的法律效果,需要满足两个条件,一是"及时通知",二是证明"对方在合理期限内未恢复履行能力且未提供适当担保"。

上述案例中许五并未提出解除合同,如先履行义务人想要解除合同,必然要承担对上述两个条件是否已经满足的举证责任。如果当事人需要确保实现解除合同的效果,先履行义务人对于证明自己"及时通知"和"有确切证据证明对方无力履行"的要求应当从严。

如在(2020)桂03民终934号判决中,二审法院认为"**行使不安抗辩权应当在合同履行过程中及时通知对方当事人而不是在诉讼过程中主张**,并且在对方当事人提供适当担保的情形下应当恢复履行合同义务",即对通知的及时性提出了明确要求。

再如在(2017)粤03民终19279号判决中,二审法院认为不安抗辩权的行使"**关键在于先履行义务人有无确切证据证明后履行义务人存在合同法第68条列举的情形,这些情形是否发生在本案合同成立之后**",如后履行义务人丧失履行能力发生在合同成立之前,则不能用以作为支持不安抗辩权的证据。

而且，仅仅因为后履行义务人一方违约并不足以触发不安抗辩权。在(2017)鲁民终933号案中，二审法院明确区分了一般违约行为与触发不安抗辩权的情形："丧失商业信誉并非一般的违约行为，而是指双务合同中的后履行方当事人存在多次不履行、不按时履行或者长期没有能力履行合同约定的义务，从而导致社会公众对其经济能力、信用状况等产生负面评价的情形。"故先履行义务人应随时注意收集后履行义务人履行能力降低的证据，不能仅凭对方未履行合同义务而认定对方已丧失履行能力。但是，违约行为在某些情况下也能作为丧失能力的证据，但要达到足以证明对方可能丧失履行债务能力的程度，先履行义务人才可以解除合同。

三、实务要点总结

综上所述，根据《民法典》施行前已有的司法实践，可以预见法院和仲裁机构在认定不安抗辩权以及构成预期违约后合同解除问题的裁判观点将具有延续性。先履行义务人在行使不安抗辩权需要注意方法、技巧，具体应注意以下几点：

1. 需证明后履行义务人履行能力丧失或可能丧失的风险必须发生在合同成立之后。

2. 及时地通知对方，至于通知的方式，最好采取书面形式并保留证据，通知中需含有对对方违约或履行能力降低、丧失的描述，必须含有明确的中止履行的意思表示，并给予对方合理、具体的期限。待期限届满对方仍无法恢复履行能力，也未提供担保的，则可以书面通知对方解除合同。

3. 需要提供确切证据证明后履行义务人在合理期限内无法恢复履行，并且也未提供适当担保。不能仅仅是对方预期违约或者违约的证据，也不能是单纯的对方出现商业信誉风险等理由，否则难以触发不安抗辩权。

4. 注意中止履行和解除合同的前提依据是否丧失。如果后履行义务人确实恢复履行能力，或积极行使合同义务，又或者提供了适当的担保，先履行义务人应谨慎行使不安抗辩权，积极配合对方将合同继续履行下去。

被撤销的裁决能否在他国得到承认与执行？

一般来说，仲裁裁决做出后，在当事人申请的情况下，可能会面临司法审查，这将导致三种结果：维持、不予执行或被撤销。根据《纽约公约》的规定，做出仲裁裁决的国家与裁决所依据法律的国家可以根据本国的法律规定撤销仲裁裁决。而被请求承认与执行的国家也可以依据其本国法或缔结的国际条约决定是否认可一项已经被做出裁决地国法院撤销的仲裁裁决。这样一来，就出现了一个争论已久的问题，即已被撤销的裁决能否被他国法院承认与执行？

上述问题的来源在于各国国内的仲裁立法存在不同的规定，而《纽约公约》本身的规定因为翻译和技术的原因在适用上存在一些争议，且存在多法域制度并存的实际情况。也就是说，当一项仲裁裁决被仲裁地法院撤销后，它在原属地国的效力当然丧失了，也就无法获得该国法院的承认与执行。但是，它在其他国家的效力却是无法确定的，因为做出地国法院撤销这一行为本身在域外的效力不一定会得到承认。对此，学界主要有三种观点：

(1) 领土化理论。该理论认为一旦裁决被仲裁地法院撤销，那么该裁决就视为消灭，自然在其他法域也不再具有法律上的约束力，也就无法获得承认与执行。

(2) 非国内化理论。该理论认为仲裁裁决可以摆脱仲裁地国的法律，甚至是脱离裁决原属地国法院的司法审查，而由执行国法院行使司法监督权。也就是说仲裁地法院撤销裁决对其他法域不产生法律效果。

(3) 折中主义，即认为应根据执行国法律的规定视情况具体分析，如果撤销的理由与执行的理由不同，那么就不能发生自始丧失法律效力的后果。

由于《纽约公约》被视为维护国际仲裁完整性的基础之一，因此《纽约公约》第5条第(1)款(e)项和第7条第(1)款的规定成为了各国法院承认与执行已撤销裁决的主要条约依据。

《纽约公约》第5条第(1)款

该条款规定：被请求承认与执行的管辖机关，只有在作为裁决执行对象的当事人提出有关下列情况的证明的时候，才可以根据当事人的要求，拒绝承认与执行该裁决：(e)裁决尚未对各方当事人具有约束力，或者裁决已经由做出裁决的国家或者根据其法律做出裁决的国家的管辖机关撤销或停止执行。

也就是说，裁决是可以因仲裁地法院撤销而不予承认执行的，这里公约原文用的是“may”，翻译过来就是“可以”，而《纽约公约》的第1条、第2条、第3条、第4条、第7条均使用了“shall”，似乎并不是立法者简单的疏漏所致。正是这一词汇的区别，留给了执行国法院自由裁量的空间。事实上，后续介绍的几个著名案例正是运用了对这一条的解释方法做出了承认与执行的结论。这一方法也被称为纽约公约执行标准。

《纽约公约》第7条第(1)款

该条款规定：本公约之规定不影响缔约国间所订关于承认与执行仲裁裁决之多边或双边协定之效力，也不得剥夺有关当事人在请求承认或执行某一裁决的国家的法律或条约所许可的方式或范围内，可能具有的援用该仲裁裁决的任何权利。该条款也被称为“更优惠权利条款”(more favourable right provision)。

也就是说，即使仲裁地国法院撤销了裁决，但是执行地法律或其签订的有关条约中并没有将裁决撤销作为拒绝承认与执行的理由，那么执行得国法院仍然可以承认与执行该裁决。

该条款就使用了强制性措辞“shall”，意味着执行得国法院适用这一条款时没有自由裁量权。这一表述为缔约国法律和其他双边或多边条约中的更优权利条款提供了优先地位，体现了公约的宗旨在于促进国际商事仲裁裁决能够最大限度地获得承认与执行。这一方法又被称为地方执行标准。

目前各国对于是否承认与执行他国被撤销的裁决存在不同的规定和做法。

德国

根据《德国民事诉讼法典》第1061条第1款的规定，外国裁决的承认与执行要根据《纽约公约》的规定进行，如果宣告可执行的申请被驳回，法院应裁定该裁决而在国内不被承认。也就是说，涉及已被撤销的国际商事仲裁裁决，德国法院坚持不可执行的立场。

法国

根据《法国新民事程序法典》第1502条的规定，被撤销的裁决并不作为法国法院拒绝承认和执行他国仲裁裁决的理由，因此，涉及已被撤销的裁决时，法国法院在实践中大多持肯定的立场,且依据的条款正是《纽约公约》第 7 条的更优惠权利条款。

美国

美国法院目前适用《纽约公约》承认与执行被撤销裁决的案例共 8 个,实践上大体经历了三个阶段。

第一个阶段的代表性案件是 Chromalloy 案,该案是美国历史上第一个承认与执行被撤销裁决的案例,在该案中,法院运用地方执行标准,通过援引美国联邦仲裁法第 10 条的规定来判断仲裁裁决本身的有效性,若一项仲裁裁决本身违背了美国法律上的公平与正义观念,那么该裁决将不被美国法院承认和执行。

第二个阶段的代表性案例是 Baker Marine 案、Karaha Bodas 案以及 TermoRio 案,此时法院的分析重点在于判断哪一个国家法院才拥有撤销裁决的权力,对于错误行使撤销权的判决,美国法院将不予尊重。

第三个阶段的代表性案例是 Commissa 案,美国法院继续加强了《纽约公约》执行标准,且在此阶段,法院更加注重"国际礼让"原则,强调尊重外国法院和国际法院的权力,不再轻易否定他国法院撤销裁决的权力。

综上,美国法院在实践中的整体趋势是越来越趋向保守,即尽可能地拒绝承认和执行已被撤销的裁决。

对于我国来说,目前仍坚持传统的属地主义观点,即当一项裁决被仲裁地法院撤销后,该裁决就相当于消灭了,我国法院不再承认与执行该被撤销的裁决。因此,截至目前我国法院尚未做出一例承认与执行他国被撤销裁决的判决。这是因为,根据 1987 年最高人民法院发布的《关于执行我国加入的〈承认及执行外国仲裁裁决公约〉的通知》第 4 条,我国法院并没有确定《纽约公约》第 5 条规定的自由裁量权,且在适用该条款时用强制性措辞取代了宽松解释。在实践中,广东省高院审理的邦基农贸新加坡私人有限公司申请承认与执行英国仲裁裁决案中,法院也是以《纽约公约》第 5 条第 1 款(e)项为由拒绝承认与执行被撤销的裁决。目前学界对此一刀切的做法也多有争议。

笔者认为,虽然"国际礼让"原则旨在尊重裁决原属地国撤销的权力,但国际通行的做法还是根据《纽约公约》赋予的自由裁量权,通过整体地审查被撤销的裁决所依据的法律和事实来判断撤销行为的效力,而非简单地认为被撤销的裁决自始丧失效力从而拒绝承认与执行。若强行将《纽约公约》第 5 条使用的宽松语言解释为强制性原则,也与国际法院的通行做法背道而驰,一味地排除执行地法院的自由裁量权也不利于当事人寻求救济。

因此,为了保护当事人的合法权益,我国也可以考虑有条件地承认与执行被撤销的裁决，立法机构也应进一步鼓励国内法院准确理解和适用《纽约公约》，并明确一些法院可以承认与执行已撤销裁决的情形，从而让我国法院行使自由裁量权对已撤销的裁决进行技术性的判断，从而体现出与时俱进，与国际接轨等特点。

参考文献

1. 覃雪玲：《已撤销国际商事仲裁裁决承认与执行之实证分析》，载《中国仲裁法学研究会》2020 年 9 月。

2. 董仲英：《已撤销国际商事仲裁裁决在我国的承认与执行问题探讨》，载《中国仲裁法学研究会》2020 年 9 月。

3. 肖永平、廖卓炜：《已撤销仲裁裁决在美国的承认与执行》，载《中国仲裁法学研究会》2020 年 9 月。

4. 陈希哲：《论已撤销国际仲裁裁决的承认与执行》，载《中国仲裁法学研究会》2020 年 9 月。

无权代理人签订的仲裁条款效力分析

根据我国《仲裁法》第19条的规定，仲裁协议独立存在，合同的变更、解除、终止或者无效不影响仲裁条款的效力。

由此可以看出，仲裁条款的效力独立于主合同的效力。且《合同法》第57条也规定："合同无效、被撤销或终止的，不影响合同中独立存在的有关解决争议方法的条款的效力。"因此，我国在立法层面确认了仲裁条款独立性的原则。但在实践操作中，是否真的可以如此简单的判定呢？

真实案例

2002年10月，某仲裁机构受理了申请人新加坡某公司（第三人）与被申请人中国A公司（被代理人）与中国B公司（代理人）之间的买卖合同纠纷。本案中，代理人与第三人订立了仲裁条款，第三人据此称被代理人知道仲裁条款的存在，应受仲裁条款的约束。而被代理人抗辩称其并未与第三人订立仲裁条款。仲裁庭查明后认为，第三人在与代理人签订合同时知道代理人与被代理人之间的委托关系，因此符合《合同法》第402条关于"受托人以自己的名义，在委托人的授权范围内与第三人订立的合同，第三人在订立合同时知道受托人与委托人之间的代理关系的，该合同直接约束委托人和第三人，但有确切证据证明该合同只约束受托人与第三人的除外"的规定，因而裁决其对被代理人拥有管辖权。

上述案例引发的问题在于：

第一，《合同法》第402条中的"合同"是否包含仲裁条款，若认为仲裁条款独立于合同而存在，那么不能简单地依据《合同法》第402条认定该仲裁条款约束被代理人。

第二，若代理人为无权代理，那么在被代理人不追认的情况下，仲裁条款是否能视为被代理人的意思表示而对被代理人产生约束。

专业观点

针对第一个问题，有学者认为仲裁条款相对于合同，不仅有其独立性，且不符合合同的性质。尽管仲裁条款是当事人之间的一种协议，但其是对合同纠纷的程序救济条款，设计的是纠纷解决机制之选择，而合同的内容涉及的是当事人之间的实体权利义务关系。基于此，该观点认为上述案例的处理似有不妥，因为当事人是针对管辖权进行抗辩，这是程序问题，而仲裁庭依据《合同法》先行认定双方的实体代理关系，处理的是实体问题，这会导致程序审理和实体审理的脱节。

笔者认为，首先，仲裁条款独立性仅针对主合同效力有瑕疵而言，即主合同效力的瑕疵不至于直接影响到仲裁条款的效力，除此之外，仲裁条款仍然是主合同的组成部分。其次，在实践当中，我们不能简单地割裂程序问题和实体问题，因为仲裁机构在受理案件时往往只能做到表面审查，而在类似案件中被代理人的抗辩需要经过仲裁庭的审理才能得出结论，因此该观点虽然具有理论上的合理性，但在实践操作中有悖正常的处理流程。

针对第二个问题，在代理人没有明确授权的情况下，其签订的仲裁条款能否直接约束被代理人，应该分为两种情况：

其一，表见代理。它是指代理人虽不具有代理权，但因某种表面现象足以使善意第三人相信代理人对本人有代理权而与代理人有法律行为，由此产生的法律效果直接归本人承担的行为。根据《民法通则》第 65 条第三款关于“委托书授权不明的，代理人负连带责任”的规定可知，只要被代理人没有明确排除签订仲裁条款的授权，那么第三人有合理理由认为代理人有签订仲裁条款的代理权限。综上，在表见代理的情况下，代理人签订的仲裁条款对被代理人有效。

其二，无权代理。若被代理人称其完全不知道合同的内容，也不知道仲裁条款的存在，那么此时无权代理签订的仲裁条款不能适用独立性原则，因为仲裁条款的无效理由并非主合同无效，而是无权代理人没有签订仲裁条款的权限，仲裁条款也并非被代理人真实的意思表示。对此《民法通则》第 66 条第一款和《合同法》第 48 条均规定：行为人没有代理权或代理权终止后以被代理人不发生效力，由行为人承担责任。

因此，在代理人无权代理的情况下，被代理人不受该仲裁条款的约束。但是对于代理人应承担的后果，我国法律并未明确规定，笔者认为，应由无权代理人承担，即仲裁条款依旧对无权代理人和第三人产生约束，因为是无权代理人的意思表示。

综上所述，仲裁机构在受理案件时只是初步查明当事人之间是否存在仲裁协议，但如果被代理人以其不知晓仲裁协议的存在为由对管辖权产生异议的，仲裁庭需要查明代理人的授权，在表见代理中仲裁条款仍对被代理人有效，在无权代理人中虽然仲裁条款对被代理人无效，但仍约束无权代理人和第三人。

参考文献

1. 徐涤宇：《间接代理制度对仲裁条款的适用》，载《法学研究》2009 年第 1 期，第 33-45 页。

2. 明瑶华、杨恩乾：《代理关系中仲裁条款的独立性》，载《江苏大学学报》（社会科学版）2010 年 2 期。

仲 裁 实 务

仲裁一定是“一裁终局”的吗？

答案是否定的。

商事仲裁之所以如此受欢迎的原因之一在于它能以最快速和最经济的方式解决争议，由此终局性被认为是出于当事人快速解决争议的需要而产生的特征，并且是仲裁一个广泛认可的优点。终局性体现在仲裁裁决不能基于实体问题上诉的一般规则上，裁决一经做出是终局且有法律约束力的，只有在特殊且有限的情况下当事各方才能寻求撤销仲裁裁决。

当然，没有任何一种争议解决机制是完美的，仲裁当事人常常会担心自己是否会面临仲裁裁决出现错误而无法纠正的风险。所以对于复杂和高风险争议的当事双方而言，有时希望能够选择上诉来重新审查争议。尽管在“一裁终局”的基本原则下大多数仲裁制度不允许上诉，但实践中其实存在通过上诉对仲裁裁决进行复审的例子。根据一些国家的仲裁法，当事人可以就两审级的仲裁程序达成约定。同样已经有一些仲裁机构要么提供可选择的内部上诉机制，要么授权各方可就上诉程序达成一致。有的当事方不仅被仲裁的优势所吸引，同时还希望能够寻求对仲裁裁决的救济，上诉机制的存在会让现有使用者拥有更多选择，同时能够吸引潜在的使用者，因为一些人目前不愿意使用仲裁，就是担心严格遵循终局性原则所带来的风险。这些仲裁地和仲裁机构各自促进、实现上诉的方式对他们作为国际争议解决服务提供者的声誉产生了一定的积极影响。

据相关统计，全球目前最受欢迎的仲裁地依次是伦敦、巴黎、中国香港、新加坡、日内瓦、纽约和斯德哥尔摩。鉴于大部分商事仲裁裁决都是不公开的，因此国家的成文立法以及各知名仲裁机构的规则将成为我们观察国际商事仲裁实践情况的重要来源，本期微信我们就先通过一瞥部分“热门”仲裁地的成文立法，来了解部分法域对于仲裁实体上诉的实际做法。

英国仲裁法

现行英国 1996 年《仲裁法》就仲裁裁决上诉的有关问题做出了较为详尽的规定。第 58 条："除非当事人另有约定，依据仲裁协议做出的裁决系终局的……"。可见在英国，仲裁的终局性并非绝对的，它取决于当事人是否存在上诉的约定。该法第 69 条规定当事人可以就仲裁裁决的法律问题提起上诉，"上诉时应当具明待解决的法律问题并陈述法院应准予上诉的理由"。上诉法院的权限为，"确认、修改裁决，将裁决全部或部分发回仲裁庭按照法院的决定重审，或全部或部分撤销裁决。除非法院认为不宜将争议事项发回仲裁庭重审，否则其不能将裁决全部或部分撤销。"该法第 70 条针对"异议或上诉"进行了补充规定，旨在对当事人的上诉权进行限制。第 70 条第 2 款规定"如果申请人或上诉人未首先用尽下列救济则不得提出申请或上诉：(a)任何可资利用的仲裁上诉或复审程序，以及(b)根据第 57 条(裁决更正及补充裁决)可资利用的追诉"。另外，该条的其他款项为防止上诉程序被滥用的规定，分别从上诉时限、费用和担保等事项做出了限制性要求。

以英国为代表的仲裁法事实上建立了一种"选择排除式"(opt out)的上诉机制，即法院本身具备接受就实体问题上诉的权力，只有在双方明示排除的情况下，法院才不能行使该权力。虽然允许上诉，但该条文同时规定了严格的适用条件，因此真正能够利用该条上诉成功的情况非常少见。

中国香港《仲裁条例》

以中国香港为代表的"选择适用式"(opt-in)上诉机制是与英国截然不同的模式。中国香港《仲裁条例》第 11 条规定了可以明文选择或自动适用的条文，根据第 99～102 条，当事人可以在仲裁协议中选用仲裁条例附表 2 第 5～7 条规定的实体上诉机制，即仲裁程序的一方可就在该仲裁程序中做出的裁决所产生的法律问题，向原讼法庭提出上诉。也就是说在香港除非当事人明示选用实体上诉机制，否则法院便不具备进行实体审查的权力。不过若仲裁协议是在仲裁条例生效前订立，并规定该协议所指的仲裁为本地仲裁；或在本条例生效后的 6 年期间内的任何时间订立，并规定该协议所指的仲裁为本地仲裁的，那么附表 2 所列出的法院实体审查机制在某些情况下可以自动适用。

新加坡和法国的双轨制审查机制

新加坡和法国域内的仲裁上诉机制带有着双轨制的色彩，这两个国家对国内和国际仲裁进行了区分。在新加坡，只有国内仲裁当事人能够对裁决提起上诉，相关规则同英国仲裁法的规定类似。国际仲裁的当事人却不享有这种权利，他们无法就裁决的实体问题向新加坡法院提出上诉。法国也根据当事人的来源对其上诉权利进行划分，不过做法和新加坡不完全相同。按照法国《民事诉讼法典》的规定，国际仲裁当事人可以根据违反程序事项或违反国际公共政策的事由申请撤销裁决；国内仲裁的当事人则在有协议约定的前提下就可以对仲裁裁决提出上诉。

仲裁调解书可撤销吗?

根据我国《**仲裁法**》**第58条**的规定,"当事人提出证据证明裁决有下列情形之一的,可以向仲裁委员会所在地的中级人民法院申请撤销裁决……",仲裁裁决符合该规定所列情形,当事人可以向人民法院申请撤销仲裁裁决,对于当事人是否可以向人民法院申请撤销仲裁调解,我国《仲裁法》并未有明确规定。近年来的司法实践中,法院对撤销仲裁调解书的做法也不尽一致,本文将结合法院案例进行分析。

一、不予撤销仲裁调解书

案例1

案号:(2018)粤01民特362号

法院:广东省广州市中级人民法院

申请人申请撤销的理由:×××银行与申请人签订了《债权转让合同》,将其对各被申请人享有的主债权及相应从权利转让予申请人。广州仲裁委做出第12795号仲裁调解书,由于各被申请人拒不履行上述调解书确定的义务,申请人向广州市中级人民法院申请强制执行,广州市中级人民法院做出(2017)粤01执6055号执行裁定书,指定广州市海珠区人民法院执行。在执行过程中,该法院认为涉案仲裁调解书主体事实查明不清,无法认定申请人为合法的债权人,导致案件无法执行。为此,请求法院撤销涉案仲裁调解书。

法院观点:广州仲裁委根据申请人与被申请人达成的《调解协议》做出仲裁调解书。因被申请人未履行上述调解书确定的义务,申请人向本院申请执行,本院裁定指定该案由广州市海珠区人民法院执行。后广州市海珠区人民向被申请人做出《执行通知书》,责令被申请人履行上述涉案仲裁调解书确定的义务。申请人主张广州市海珠区人民法院因认为涉案仲裁调解书主体事实查明不清未予执行,但其未提供相应的证据证明其主张。根据《中华人民共和国仲裁法》第58条、最高人民法院《关于适用〈中华人民共和国仲裁法〉若干问题的解释》第17条,人民法院在申请撤销仲裁裁决案件中仅对仲裁裁决是否存在《中华人民共和国仲裁法》第 58 条规定的情形进行审查，除上述情形外，当事人以其他事由申请撤销仲裁裁决的，人民法院不予支持。申请人申请撤销涉案仲裁调解书的理由，不属实上述法律规定的应予撤销仲裁裁决的事由，因此，本院对其请求不予接纳。

案例 2

案号：(2018)豫 13 民特 16 号

法院：北京市第四中级人民法院

申请人申请撤销的理由：在仲裁程序中申请人未到庭，申请人子(已亡故)持申请人的授权委托书(特别授权，申请人签字系仿造)，与被申请人签订了仲裁调解协议，南阳仲裁委员会做出第 108 号调解书，申请人在仲裁程序中未出庭参加调解，也未接到仲裁调解书。申请人年事已高，××缠身，神志不清，2017 年 2 月在南阳市第二人民医院因脑梗死住院治疗，入院时诊断“运动性失语、言语含糊、中枢神经系统功能缺损”，出院诊断“不全运动性失语、口角向左歪斜”，申请人对申请人女儿的委托非自己真实意思表达，根据《民法总则》第 143 条规定，授权委托行为无法律效力。根据《最高人民法院关于适用〈中华人民共和国仲裁法〉若干问题的解释》第 28 条规定，当事人请求不予执行仲裁调解书或者根据当事人之间的和解协议做出的仲裁裁决书的，人民法院不予支持。申请人无法通过申请不予执行仲裁调解书程序来维护自己的合法权益，只能通过撤销仲裁书程序来维护自己的合法权益。申请人在没有参与也没有授权参与仲裁即“被仲裁”的情况下，承担履行义务，侵害了申请人的合法权益，也违反了社会公共利益，根据《中华人民共和国仲裁法》第 58 条规定，申请撤销仲裁调解书，请求法院依法对该仲裁书予以撤销。

法院观点：《中华人民共和国仲裁法》第 58 条规定：“当事人提出证据证明裁决有下列情形之一的，可以向仲裁委员会所在地的中级人民法院申请撤销裁决：(一)没有仲裁协议的；(二)裁决的事项不属于仲裁协议的范围或者仲裁委员会无权仲裁的；(三)仲裁庭的组成或者仲裁的程序违反法定程序的；(四)裁决所依据的证据是伪造的；(五)对方当事人隐瞒了足以影响公正裁决的证据的；(六)仲裁员在仲裁该案时有索贿受贿、徇私舞弊、枉法裁决行为的。人民法院经组成合议庭审查核实裁决有前款规定情形之一的，应当裁定撤销。人民法院认定该裁决违背社会公共利益的，应当裁定撤销。”据此，法律对于撤销仲裁裁决的事由有具体规定和严格限定，本案申请人要求撤销仲裁调解书需证明存在上述法定情形。申请人虽然没有亲自到场参加仲裁，但其出具有委托书，委托其子作为代理人参加仲裁和调解。关于申请人提出的其不具有民事行为能力及仲裁程序中其子所持有申请人出具的委托书系其子伪造的主张，申请人并未提交相关证据予以证明。其子作为申请人的委托代理人，代理申请人参加仲裁及领取仲裁调解书的行为有效。综上，申请人并未提交证据证明本案仲裁调解书存在上述法律规定的可撤销情形，故申请人申请撤销该仲裁调解书的请求，本院不予支持。

案例 3

案号：(2019)沪 01 民特 555 号

法院：上海市第一中级人民法院

申请人申请撤销的理由：申请人接到法院执行通知，得知在申请人不知情的情况下，案外人顾某伪造申请人的公章、委托手续，代表申请人参与了上海仲裁委员会第 2800 号案件的仲裁，并与被申请人达成调解协议，该仲裁案件的调解书、仲裁通知等均未向申请人送达，严重侵害了申请人的利益。据此，申请人依据我国《仲裁法》第 58 条第一款第(一)、(三)、(四)项的规定，请求第 2800 号调解书。

法院观点：我国《仲裁法》第 58 条规定："当事人提出证据证明裁决有下列情形之一的，可以向仲裁委员会所在地的中级人民法院申请撤销裁决"。上述条款仅规定了仲裁裁决如果符合该条所列情形的可以由人民法院裁定撤销，但未规定当事人可以向人民法院申请撤销仲裁调解书。对于上述条款的理解，申请人认为，《最高人民法院关于人民法院办理仲裁裁决执行案件若干问题的规定》第一条已将仲裁裁决扩大到仲裁调解书，故对于《仲裁法》第 58 条中的"裁决"也应做出扩大解释，此条文中的"裁决"应当包括仲裁中的所有有效法律文书。对此，本院认为，人民法院对于仲裁司法监督实行的是有限监督原则，在法律未授权法院行使撤销仲裁调解书的权利的情况下，法院不得超越法律规定行使。《最高人民法院关于人民法院办理仲裁裁决执行案件若干问题的规定》虽然第一条将仲裁调解书的执行案件包含在仲裁裁决执行案件的范围之内，但在其他条款中将仲裁裁决和仲裁调解书做出了明确的区分，尤其是针对当事人申请不予执行的相关规定，更能看出人民法院对于仲裁裁决和仲裁调解书的司法监督是有所不同的，故根据最高人民法院的上述规定，本院无法得出我国《仲裁法》第 58 条中的"裁决"包括了仲裁调解书的结论，申请人向本院申请撤销仲裁调解书缺乏法律依据，本院难以支持。鉴于本案审查的基础不具备，本院对申请人提出的各项撤销事由不再进行审查。

案例 4

案号：(2020)京 01 民特 57 号

法院：北京市第一中级人民法院

申请人申请撤销的理由：申请人的破产清算管理人在履职过程中发现，申请人开业至今无其他经营事项和活动，涉案借款数额巨大，但申请人与被申请人在仲裁程序中均未提供直接证据证明借款的实际发生，且被申请人主张的借款也并未进入申请人公司账户，而是体外循环，资金去向不明，因此，双方可能存在虚构债务或者承认不真实的债务的无效行为，进而损害其他债权人及相关利害关系人的合法权益。故，依据《中华人民共和国仲裁法》(以下简称《仲裁法》)第58条第一款第三、四、五项、第三款及相关司法解释，以及《破产法司法解释三》第7条第二款的规定，提出撤销(2019)北海仲字第21-4621号调解书。

法院观点：《中华人民共和国企业破产法》第21条规定，人民法院受理破产申请后，有关债务人的民事诉讼，只能向受理破产申请的人民法院提起。《最高人民法院关于适用〈中华人民共和国企业破产法〉若干问题的规定(三)》第7条第二款规定，管理人认为债权人据以申报债权的生效法律文书确定的债权错误，或者有证据证明债权人与债务人恶意通过诉讼、仲裁或者公证机关赋予强制执行力公证文书的形式虚构债权债务的，应当依法通过审判监督程序向做出该判决、裁定、调解书的人民法院或者上一级人民法院申请撤销生效法律文书，或者向受理破产申请的人民法院申请撤销或者不予执行仲裁裁决、不予执行公证债权文书后，重新确定债权。现，本院已依法受理债权人对申请人的破产清算申请，故本院对本案有管辖权。

本案虽为破产衍生诉讼，但对于撤销仲裁裁决的法律依据、审查范围及标准不应因债务人进入破产程序而有所区别。本案中，申请人依据《仲裁法》第58条的规定申请撤销案涉调解书，但《仲裁法》第58条规定的撤销对象为仲裁裁决，并未包括仲裁调解书，仲裁调解书不属于申请撤销仲裁裁决的对象。退一步讲，即使根据申请人的主张依据《仲裁法》第58条第一款第三、四、五项、第三款的规定进行审查，其亦未提供证据证明案涉调解书具有仲裁庭的组成或者仲裁的程序违反法定程序、裁决所根据的证据是伪造的、对方当事人隐瞒了足以影响公正裁决的证据、裁决违背社会公共利益等情形，且其认可仲裁庭的组成、仲裁程序均符合仲裁规则，亦未发现仲裁程序中的证据系伪造。综上，申请人要求依据《仲裁法》第58条第一款第三、四、五项及第三款的规定撤销案涉调解书的请求无事实及法律依据，本院不予支持。

二、予以撤销仲裁调解书

案例5

案号：(2017)陕07民特16号

法院：陕西省汉中市中级人民法院

申请人申请撤销的理由：两被申请人均知晓涉诉房屋已经通过以房抵债的形式卖给了莲湖社区，但是其双方仍然签订《和解协议书》，通过仲裁调解的方式取得涉诉的三套房屋的行为是恶意串通的行为。汉中仲裁委员会的调解书的来源是双方于2016年7月7日签订的《和解协议书》，根据《合同法》第52条的规定，其双方是恶意串通侵害第三人的行为，其签订的《和解协议书》是无效的，那么依据《和解协议书》所做出的《调解书》应予撤销。

法院观点：关于申请人主张撤销仲裁调解书的事由能否成立的问题。《合同法》第 52 条第(二)项规定，合同符合“恶意串通，损害国家、集体或者第三人利益”的，合同无效。两被申请人在明知申请人享有合同权益的情况下，达成和解协议将本案争议的房产抵给第一被申请人抵偿工程款，损害了申请人合法权益，故和解协议中以房抵偿第二被申请人债务的部分无效。《仲裁法》第 58 条第(五)项规定，对方当事人隐瞒了足以影响公正裁决的证据的；……人民法院经组成合议庭审查核实裁决有前款规定情形之一的，应当裁定撤销。因两被申请人故意向仲裁庭隐瞒争议的房屋已经和申请人签订《关于商品房置换借款的协议》的真实情况，导致仲裁委做出错误调解书，且仲裁调解书和仲裁裁决书具有同等的法律效力，因此，该仲裁调解书无效的部分应当予以撤销。

案例 6

案号：(2020)云 06 民特 33 号

法院：云南省昭通市中级人民法院

申请人申请撤销的理由：2018 年 1 月 8 日，申请人以已与被申请人离婚对借款及调解均不知情为由，向云南省昭通市昭阳区人民法院提起申请，请求撤销(2016)昭仲裁字第 73 号调解书。

二审法院观点：《中华人民共和国仲裁法》第 58 条规定：“当事人提出证据证明裁决有下列情形之一的，可以向仲裁委员会所在地的中级人民法院申请撤销裁决：(一)没有仲裁协议的；(二)裁决的事项不属于仲裁协议的范围或者仲裁委员会无权仲裁的；(三)仲裁庭的组成或者仲裁的程序违反法定程序的；(四)仲裁裁决所依据的证据是伪造的；(五)对方当事人隐瞒了足以影响公正裁决的证据的；(六)仲裁员在仲裁该案时有索贿，徇私舞弊，枉法裁决行为的。人民法院经组成合议庭审查核实裁决有前款规定情形之一的，应当裁定撤销。人民法院认定该裁决违背社会公共利益的，应当裁定撤销。”上述法律规定仅适用于当事人申请撤销仲裁裁决的情形，并不包括申请撤销仲裁调解书的情形。故申请人向法院申请撤销仲裁调解书的诉求，没有法律依据。一审裁定驳回申请人起诉是正确的。申请人的上诉理由不能成立，不予采纳。

再审法院观点：关于仲裁当事人申请撤销仲裁调解书是否属于法院受案范围问题。《中华人民共和国仲裁法》第 58 条规定：“当事人提出证据证明裁决有下列情形之一的，可以向仲裁委员会所在地的中级人民法院申请撤销裁决：(一)没有仲裁协议的；(二)裁决的事项不属于仲裁协议的范围或者仲裁委员会无权仲裁的；(三)仲裁庭的组成或者仲裁的程序违反法定程序的；(四)裁决所根据的证据是伪造的；(五)对方当事人隐瞒了足以影响公正裁决的证据的；(六)仲裁员在仲裁该案时有索贿受贿，徇私舞弊，枉法裁决行为的。人民法院经组成合议庭审查核实裁决有前款规定情形之一的，应当裁定撤销。人民法院认定该裁决违背社会公共利益的，应当裁定撤销。”第 51 条第二款规定：“调解书与裁决书具有同等的法律效力。”基于仲裁调解与仲裁裁决均是通过仲裁方式解决民事纠纷,具有同等法律效力,都具有强制执行力。为保障仲裁当事人获得平等司法救济的权利,制度设计上,法律赋予司法对仲裁进行监督,不应狭义地理解为仅是对仲裁裁决的监督,还应包含对仲裁调解的监督。《中华人民共和国民事诉讼法》第 201 条规定:“当事人对已经发生法律效力的调解书,提出证据证明调解违反自愿原则或者调解协议的内容违反法律的,可以申请再审。经人民法院审查属实的,应当再审。”民事诉讼法对诉讼调解规定了当事人可以向人民法院申请再审,而无论是诉讼调解或仲裁调解,都存在违反自愿原则或者调解协议的内容违反法律,以及损害当事人、案外人利益甚至社会公共利益的可能。故有必要赋予仲裁调解当事人申请撤销仲裁调解书,获得司法救济的权利。综上,原审裁定适用法律错误,申请人再审请求应予支持。

特别程序法院观点:本院认为,在(2016)昭仲裁字第 73 号仲裁案件中,申请人并未委托律师余某进行调解,余某代理申请人所签订的调解协议并非申请人的真实意思表示,昭通仲裁委员会于做出的第 73 号《调解书》违反了法定程序。依照《中华人民共和国仲裁法》第 51 条第二款的规定,调解书与裁决书具有同等法律效力,第 73 号《调解书》应当裁定撤销。

案例 7

案号:(2019)黔 01 民特 234 号

法院:贵州省贵阳市中级人民法院

申请人申请撤销的理由:(1)申请人出具给吴某的全篇打印的《授权委托书》系一般授权,吴某无权参与调解。吴某无权与被申请人签订《调解协议》,且该协议上仅有吴某签字,无公司公章;(2)申请人与被申请人之间没有真实的仲裁约定。该仲裁调解书所依据的《单项工程分包合同书》系伪造。被申请人在仲裁中自认,《单项工程分包合同书》中“王朝玉”的签字系吴某代签,已在仲裁中请求将此案移送公安机关处理,且该合同书中加盖的申请人印章系伪造;(3)仲裁员在仲裁中存在枉法裁决的情形。申请人出具给吴某的《授权委托书》及手写部分均未明确其具体代理权限,应视为一般授权,故吴某无权进行调解。仲裁委员会明知吴某无进行调解的代理权限仍允许其参与调解,属于枉法仲裁。故申请依法撤销贵阳市仲裁委员会做出第 0258 号调解书。

一审法院观点:人民法院审查申请撤销仲裁裁决案件,应当对照《中华人民共和国仲裁法》第 58 条的规定予以认定。本案中,申请人申请撤销的系仲裁调解书而非仲裁裁决书,因仲裁调解书是仲裁机构根据双方当事人自愿达成的协议制作的法律文书,是双方真实意思表示一致产生的结果,具有法律上的约束力和执行效力,故**申请人所持撤销仲裁调解书的申请不属于《中华人民共和国仲裁法》第 58 条规定人民法院仲裁司法审查案件的范围,不符合仲裁司法审查案件的受理条件。**

二审法院观点：根据《贵阳仲裁委员会仲裁规则》第 54 条第八、九款的规定，仲裁调解书经双方当事人签收即发生法律效力，并与裁决书具有同等法律效力，因此应当参照《中华人民共和国仲裁法》和贵阳仲裁委员会仲裁规则的有关规定对其进行审查。同时，调解等民事活动均必须基于当事人自愿，本于当事人真实意思表示。《中华人民共和国民法总则》第 5 条规定："民事主体从事民事活动，应当遵循自愿原则，按照自己的意思设立、变更、终止民事法律关系。"《中华人民共和国民事诉讼法》第 201 条规定："当事人对已经发生法律效力的调解书，提出证据证明调解违反自愿原则或者调解协议的内容违反法律的，可以申请再审。经人民法院审查属实的，应当再审。"《贵阳仲裁委员会仲裁规则》第 54 条第一、二款亦规定："调解应当遵循自愿、平等、合法的原则，仲裁庭可以在审理过程中根据当事人的请求或者征得当事人同意的情况下按照其认为适当的方式进行调解。"基于此，人民法院对仲裁调解书，尤其是调解是否违反自愿原则可以进行司法审查。

再审法院观点：本案中，依据上述《授权委托书》打印内容的字面含义，其代理人吴某的代理权限应仅为一般代理。申请人对手书字迹内容不予认可亦无其他证据佐证其真实性，特别授权事项具体内容不明确且代理人吴某不能充分举证的情况下，难以认定吴某参与调解获得申请人特别授权。吴某与被申请人达成的《调解协议》也未得到申请人的事后追认。故，吴某参加调解并在调解协议上签名的行为属于超越代理权限。该调解协议并不符合出于当事人自愿签订的法律要求，仲裁庭在此情况下做出的仲裁调解书可能损害申请人合法权益而导致实体处理结果不公正，属于程序违法，符合《仲裁法》第 58 条第一款第(三)项"仲裁庭的组成或者仲裁的程序违反法定程序的"之情形，故申请人所提"其代理人无权参与调解"的撤销理由，依法应予以支持。

三、总结与评析

从上述判例可以看出，司法实践中，当事人能否申请撤销仲裁调解书、撤销仲裁调解书的事由等，不同法院存在不同的观点，详见下表：

序号	当事人能否申请撤销仲裁调解书	撤销事由	法院观点	法律依据
案例 1	是	调解书主体事实查明不清。	未采信申请人撤销的事实和理由，不予支持。	《仲裁法》第 58 条；《仲裁法司法解释》第 17 条。
案例 2	是	调解书非申请人真实意思表示、违反公共利益。	未采信申请人撤销的事实和理由，不予支持。	《仲裁法》第 58 条。

续表

序号	当事人能否申请撤销仲裁调解书	撤销事由	法院观点	法律依据
案例 3	否	被申请人伪造证据；仲裁程序违法。	仲裁裁决和仲裁调解书的司法监督不同，申请人向本院申请撤销仲裁调解书缺乏法律依据，对申请人提出的各项撤销事由不再进行审查。	
案例 4	否	当事人隐瞒证据、损害其他债权人及相关利害关系人的合法权益。	仲裁裁决并未包括仲裁调解书，仲裁调解书不属于申请撤销仲裁裁决的对象。	
案例 5	是	当事人恶意串通损害第三人利益。	仲裁调解书和仲裁裁决书具有同等的法律效力；该仲裁调解书无效的部分应当予以撤销。	《合同法》第 52 条第(二)项；《仲裁法》第 58 条。
案例 6	**一审、二审**：否 **再审**：是	申请人对调解书不知情。	**一审、二审**：《仲裁法》第 58 条仅适用于当事人申请撤销仲裁裁决的情形，并不包括申请撤销仲裁调解书的情形。故申请人向法院申请撤销仲裁调解书的诉求，没有法律依据。 **再审**：调解书与裁决书具有同等的法律效力。基于仲裁调解与仲裁裁决均是通过仲裁方式解决民事纠纷，具有同等法律效力，都具有强制执行力。为保障仲裁当事人获得平等司法救济的权利，制度设计上，法律赋予司法对仲裁进行监督，不应狭义地理解为仅是对仲裁裁决的监督，还应包含对仲裁调解的监督。 **特别程序**：调解协议并非申请人的真实意思表示，应予撤销。	《仲裁法》第 51 条第二款；《仲裁法》第 58 条。

续表

序号	当事人能否申请撤销仲裁调解书	撤销事由	法院观点	法律依据
案例 7	**一审**：否 **二审**：是 **再审**：是	代理人为一般授权，其签署的调解协议非当事人真实意思表示，应无效。	**一审**：申请人所持撤销仲裁调解书的申请不属于《仲裁法》第 58 条规定人民法院仲裁司法审查案件的范围，不符合仲裁司法审查案件的受理条件。 **二审**：人民法院对仲裁调解书，尤其是调解是否违反自愿原则可以进行司法审查。 **再审**：代理人超越代理权限签署调解协议，该调解协议不符合出于当事人自愿签订的法律要求，仲裁庭在此情况下做出的仲裁调解书可能损害申请人合法权益而导致实体处理结果不公正，属于程序违法，符合《仲裁法》第 58 条第一款第(三)项之情形，故申请人的撤销理由，依法应予以支持。	《仲裁法》第 58 条。

1. 关于当事人是否能够提出撤销仲裁调解书的申请

部分法院认为，根据《仲裁法》第 58 条规定，该条规定仅适用于当事人申请撤销仲裁裁决的情形，并不包括申请撤销仲裁调解书，仲裁调解书不属于申请撤销仲裁裁决的对象；而部分法院认为仲裁调解书和仲裁裁决书具有同等的法律效力，仲裁调解书可依据《仲裁法》第 58 条规定申请撤销。尽管《最高人民法院研究室关于人民法院应否受理当事人提起的申请撤销仲裁调解书之诉问题的研究意见》表示，"第一，《仲裁法》只规定了裁决书的撤销，因此，人民法院受理当事人申请撤销仲裁调解书并无法律依据。第二，当事人之间达成仲裁调解书，更是当事人处分自己的私权、平等协商形成合意的结果，司法权作为国家公权力不可过多干预。即从减少对当事人意思自治的职权干预、坚持仲裁司法监督有限原则而言，人民法院不应受理当事人提起的申请撤销仲裁调解书之诉。"[①]但在案例 6【(2020)云 06 民特 33 号

① 《最高人民法院研究室关于人民法院应否受理当事人提起的申请撤销仲裁调解书之诉问题的研究意见》，载《司法研究与指导》2012 年第 2 辑。

案】中，再审法院（最高院）则认为，“调解书与裁决书具有同等的法律效力。基于仲裁调解与仲裁裁决均是通过仲裁方式解决民事纠纷，具有同等法律效力，都具有强制执行力。为保障仲裁当事人获得平等司法救济的权利，制度设计上，法律赋予司法对仲裁进行监督，不应狭义地理解为仅是对仲裁裁决的监督，还应包含对仲裁调解的监督。”

2. 关于撤销仲裁调解书的法律依据

从上述判例可以看出，法院在审查仲裁调解书撤销事由时，均有适用《仲裁法》第 58 条规定。但有观点认为，尽管《仲裁法》第 51 条规定“调解书与裁决书具有同等法律效力”，但以此推导调解书的撤销事由就应适用裁决书同样的司法审查程序似有不妥，正如民事诉讼程序中双方达成的民事调解书经当事人签收后具有与民事判决书同等的法律效力，但是却不能如判决书一样对其提出上诉同样的道理。[①]

3. 关于撤销仲裁调解书的事由

有学者认为，尽管仲裁调解书是在仲裁程序中做出，为仲裁程序的某一环节，但与仲裁裁决书不同的是，调解书还是双方当事人之间自愿达成的一种民事契约，具备了司法性和契约性双重属性，[②]而不像仲裁裁决书一样是仲裁庭基于事实证据进行审理做出的，故对于撤销仲裁调解书的事由，还应充分考虑当事人的意思自治原则，做出一定限制，如当事人提出签署仲裁调解书时存在被欺诈、胁迫等情况。根据诚实信用原则，在调解协议达成之前存在的仲裁程序问题应当排除在该事由之外。

笔者认为，目前司法实践中的两种观点都有其合理之处，对于不同的案情需要结合具体的情况进行分析，而随着仲裁的实践发展，司法机关的观点可能也会出现变化。此外，《最高人民法院关于人民法院办理仲裁裁决执行案件若干问题的规定》第 17 条规定，被执行人申请不予执行仲裁调解书或者根据当事人之间的和解协议、调解协议做出的仲裁裁决，人民法院不予支持，但该仲裁调解书或者仲裁裁决违背社会公共利益的除外。根据现有的法律规定，对于仲裁调解书当事人目前在实践中客观上也存在救济途径，但范围相对有限，难度也较大。至于撤销仲裁调解书的法律依据问题，则尚待未来仲裁法修订时或在相关司法解释中予以明确，才能从根本上解决司法实务中的适用问题。

---

① 李海涛：《法院撤销仲裁调解书的实证分析——以 42 个案例为样本》，载《天津法学》2019 年第 4 期，第 13-23 页。

② 韩健：《现代国际商事仲裁法的理论与实践》，法律出版社 1993 年版，第 27-33 页。

仲裁员与当事人关系探讨

仲裁作为一种非诉讼纠纷解决机制，其要生存和发展离不开对公正价值的追求，这也是仲裁产生最初就确立的价值目标。在公正价值之下，仲裁员应坚持居中立场，不偏私、独立、平等地对待双方当事人、解决纠纷，而不是成为当事人的代理人。

12世纪的“商人法庭”可以说是仲裁的雏形，其产生之初并无国家权力的加持，但仍超越调解、和解等非诉讼纠纷机制，受到商人欢迎，裁决的执行依靠的是当事人的自觉、仲裁员的威望以及裁判的公平正义。后来，仲裁员的权力不仅来自当事人的授权，还是国家公权力对裁判权的让渡，这样才使得仲裁裁决具有强制执行力。

有权力就有监督，国家对仲裁的监督也是为了保持仲裁业良好运行、促进仲裁业发展繁荣。关于仲裁的性质，主要存在四种学说：契约说、司法权说、混合说、自治说。通说认为仲裁的民间性是其内核，而法律的认可与监督是一种保障，因此仲裁的性质应是司法性和契约性的混合，自治说不过是对当事人意思自治（契约性）的另一个角度的表达，本质上仍然是混合说。

仲裁员与当事人的关系

在商事仲裁中，仲裁员和当事人之间的法律关系无疑是最核心和重要的法律关系。英国和德国的相关法律和判例大多将仲裁员与当事人之间的法律关系视为合同关系。

（1）合同关系说

传统上学界认为仲裁员与当事人之间是“合同关系”，即仲裁员与当事人之间存在契约关系，仲裁员接受当事人的指定，提供专业知识解决争议，并在做出仲裁裁决后获得报酬，这是一种合同关系。至于属于何种合同类型，有的认为是委托合同，有的认为是雇佣合同，还有的认为是承揽合同，另有人认为这是一种法律服务合同。

根据仲裁员和仲裁当事人之间的合同关系，仲裁员有义务为仲裁当事人提供仲裁服务，但相关立法同时以法律的形式规定了仲裁员在仲裁中的若干义务，从而将这些义务由合同义务上升为法定义务。在机构仲裁的情形下，仲裁员和仲裁当事人通过仲裁机构代理形成仲裁员合同，以仲裁规则为合同条款。

（2）准合同关系说

该学说主张仲裁员与当事人之间没有要约、承诺等合同订立的必要条件，因而不可能存在真正意义上的合同关系，但当事人在指定仲裁员时，要求仲裁员合格并且能够提供服务，而仲裁员在接受指定时，也知道在提供服务后能够获得报酬，这符合英美合同法的偿还请求权制度的构成要件，因此认为仲裁员与当事人之间构成准合同关系。

（3）准司法关系说

该学说认为，仲裁员在接受当事人或有关机构的指定后，便具有了特定类似法官的身份，即以准司法官的身份执行职务，因此和当事人之间形成固有的特定关系。其特殊性体现在三个方面：第一是仲裁员身份的不可替代性，这种身份的形成是基于当事人对特定仲裁员人格的信任，因而具有严格的人身性；第二是身份关系的相对固定性，仲裁程序进行期间，双方的关系相对固定；第三是身份关系的持续性和阶段性，仲裁员与当事人之间特定的身份关系自仲裁员被指定组成仲裁庭时形成，并将持续到仲裁程序终了之时，除非是有双方当事人同意或法院命令致使这种关系中止。

虽然理论界有人将仲裁员与当事人之间的这种关系看作一种“准合同”或“准司法”关系，但必须考虑到仲裁事实上分享了部分司法权这一因素，换言之，仲裁权并不仅是合同权利，也不完全依附于当事人之间的仲裁协议，而是同时包含了由法律创设的法定权利和由合同创设的约定权利。因此仲裁员和当事人之间的法律关系是一个复合的法律关系，其包含了以提供仲裁服务为标的的合同法律关系和以做出仲裁裁决为标的的身份法律关系。

从合同关系形成的方面来看，仲裁当事人指定仲裁员意味着前者向后者就后者提供仲裁服务发出要约，后者接受指定则意味着后者做出承诺并形成服务合同。

而从司法关系的角度来说，仲裁权源自国家司法权的让渡，换言之，仲裁员裁决权的功能与法官审判权的功能并无二致，仲裁员一旦做出裁决，即对双方仲裁当事人产生拘束力，这与其他服务合同如律师服务合同等具有本质的区别。这种由裁判行为而产生的责任豁免似乎依据裁判者的身份产生更为妥当。

这就决定了当仲裁员在行使裁判权时，履行的是裁判者的职责；而在提供仲裁服务时，履行的是仲裁服务合同义务。因其法律行为的性质不同，相应地，仲裁员承担的责任也必然不同。

当事人可否在仲裁程序中提出行为保全？

行为保全一般出现在侵权案件中，仲裁只处理民商事合同纠纷，一般不涉及此。如果确有个案涉及行为保全，笔者认为需要具体问题具体分析。原则上，可以类比适用其他保全措施，但法律不可避免地存在滞后性，行为保全的适用不能太过机械死板。

一、保全在仲裁程序中的现状

保全在当下的民事诉讼程序中扮演着重要角色，对于证据存留、澄清案件事实、确保判决目的最终实现起着重要作用。关于保全的类型，我国现行保全制度下一般分为三种类型：财产保全、证据保全和行为保全。其中财产保全和证据保全都较为普遍，《民事诉讼法》与《仲裁法》也都有相关规定与衔接措施，本文不再赘述。

行为保全作为一项新的保全类型，受到了广泛关注。当事人通过行为保全可以防止诉前和诉中损失扩大，将对方的行为危害控制到最低。当然，不可避免的是，行为保全对当事人的利益影响较大。所以，一方面，行为保全必须提供担保；另一方面，人民法院在确定其适用条件时也较为严格，以防行为保全措施被滥用，给被申请人造成损害。而当事人在仲裁中是否可以提出行为保全的申请，对此，《民诉法》《仲裁法》并无明确规定。《民诉法》第 100 条关于诉讼中行为保全的规定是否适用于仲裁，仍不明确。

二、未明确规定适用的行为保全

当事人能否在仲裁程序中提出行为保全？仲裁机构在收到当事人的行为保全申请时应当如何处置？《民事诉讼法》中关于行为保全的规定是 2013 年新增的内容。《仲裁法》于 1995 年 9 月 1 日起施行，虽经 2009 年、2017 年两次修订，但整体并未做太大修改,所以绝大多数仲裁委员会的仲裁规则对于保全的类型仍然只规定了财产保全和证据保全。

《民事诉讼法》第100条规定:人民法院对于可能因当事人一方的行为或者其他原因,使判决难以执行或者造成当事人其他损害的案件,根据对方当事人的申请,可以裁定对其财产进行保全、责令其做出一定行为或者禁止其做出一定行为;当事人没有提出申请的,人民法院在必要时也可以裁定采取保全措施。人民法院采取保全措施,可以责令申请人提供担保,申请人不提供担保的,裁定驳回申请。人民法院接受申请后,对情况紧急的,必须在48小时内做出裁定;裁定采取保全措施的,应当立即开始执行。

《仲裁法》第28条:一方当事人因另一方当事人的行为或其他原因,可能使裁决不能执行或难以执行的,可以申请财产保全。当事人申请财产保全的,仲裁委员会应当将当事人的申请依照民事诉讼法的有关规定提交人民法院。申请错误的,申请人应当赔偿被申请人因财产保全所遭受的损失。

《广州仲裁委仲裁规则》第26条:一方当事人因另一方当事人的行为或者其他原因可能使裁决不能执行或者难以执行的,可以申请财产保全。在证据可能灭失或者以后难以取得的情况下,当事人可以申请证据保全。

综合来看,《仲裁法》第28条、《民事诉讼法》第100条及《最高人民法院关于人民法院办理财产保全案件若干问题的规定》第3条分别就仲裁中财产保全进行了规定;《民事诉讼法》第81条第二款、《仲裁法》第46条及第68条分别就仲裁中证据保全进行了规定。因此,现行法律法体系唯独对仲裁中行为保全的规定不够明确。

在此种情况下,除证据保全外,所做的保全一般限定于财产保全。所以仲裁机构转给法院的一般都是"财产保全",但如果当事人想要在法律没有明确规定的情况下申请"行为保全",一来仲裁机构有可能不予受理转递,二来即便转递,相关法院也很有可能不批准。那在现行法律欠缺对仲裁中行为保全制度进行规定的情况下,仲裁机构与法院该如何处理仲裁中的行为保全申请?

三、有关仲裁程序中行为保全的案例

武汉绿野香笋菜食品有限公司与武汉维尔福生物科技股份有限公司仲裁纠纷一审民事裁定书

来源:裁判文书网

审理法院:湖北省武汉市中级人民法院

案号:(2014)鄂武汉中立保字第00095号

案情简介:提请人武汉仲裁委员会在受理仲裁申请人武汉绿野香笋菜食品有限公司(简称"绿野香公司")与被申请人武汉维尔福生物科技股份有限公司(简称

“维尔福公司”)因 2013 年 10 月 23 日签订的《蔬菜种苗加工合同》争议仲裁一案后，根据申请人绿野香公司请求证据保全的申请，于 2014 年 3 月 25 日提请武汉市中级人民法院审查是否采取证据保全措施。

申请人绿野香公司的保全请求事项为：请求人民法院依据《中华人民共和国专利法》的规定，在证据可能灭失或者以后难以取得的情况下，保全被申请人处 140 万株×苗，保全证据时间为 60 天。

申请人绿野香公司请求保全的理由为：双方签订的《蔬菜种苗加工合同》中约定，申请人的×苗育种技术已申报专利，未经申请人的授权，被申请人无权用此方法为他人育苗，更不能私自将申请人的种苗再次繁殖流向市场。但被申请人违反约定私自将受托繁育的 100 万株×尖苗全部剪掉心叶茎再次繁殖 140 万株，如被申请人将该 140 万株×苗对外销售，将给申请人带来不能挽回的损失。

法院认为，申请人绿野香公司请求裁定被申请人不得对外销售再次繁殖的 140 万株×苗并保存 60 天的请求，应属于仲裁程序中的行为保全，而非仲裁程序中的证据保全。《中华人民共和国专利法》第 66 条第一款规定，专利权人或者利害关系人有证据证明他人正在实施或者即将实施侵犯专利权的行为，如不及时制止将会使其合法权益受到难以弥补的损害的，可以在起诉前向人民法院申请采取责令停止有关行为的措施。

经审查，申请人与被申请人签订的《蔬菜种苗加工合同》所指育苗技术的名称为“×藤过冬育种苗方法”，专利申请号为 20131×××6.5，但该专利申请系案外人姚建成所提出，目前仍处于国家知识产权局实质审查阶段，尚未获得专利授权。因此，在涉案育苗技术方法尚未获得专利授权的情况下，申请人绿野香公司无权依据专利法的规定请求人民法院采取禁令等保全措施。

《民事诉讼法》第 100 条第一款规定，人民法院对于可能因当事人一方的行为或者其他原因，使判决难以执行或者造成当事人其他损害的案件，根据对方当事人的申请，可以裁定对其财产进行保全、责令其做出一定行为或者禁止其做出一定行为；当事人没有提出申请的，人民法院在必要时也可以裁定采取保全措施。

对于民事诉讼或仲裁中的行为保全而言，一般应符合两个适用条件，一是适用于金钱请求以外的请求权，二是适用于可能因当事人一方的行为或者其他原因，使判决难以执行或者造成当事人其他损害。由于行为保全对当事人的利益影响较大，人民法院在确定其适用条件时，除要保证该制度的及时性和快捷性外，还需要结合案件具体情况予以从严审查，以防止行为保全措施被滥用。

就本案而言，是否采取行为保全措施，除要考虑不采取行为保全措施给申请人的影响外，还要考虑到采取保全措施对被申请人造成的影响，以维护申请人与被申请人之间的利益平衡。

申请人绿野香公司请求保全的被申请人处繁育的140万株×苗属于正处于生长阶段的经济作物,如人民法院裁定查封该批×苗并要求60天内不得处置或对外销售,将不可避免地造成该批×苗价值的丧失,进而对被申请人的财产利益造成损害。相反,申请人绿野香公司已就被申请人违约私自繁殖140万株×苗的事实向湖北省武汉市江天公证处申请了保全证据公证,公证处也已就上述取证过程出具了(2014)鄂江天内证字第3983号公证书。因此,即使被申请人违约对外销售其私自培育的×苗,申请人绿野香公司也可以依据《蔬菜种苗加工合同》中有关被申请人不得私自将申请人交付的种苗再次繁殖并流向市场,否则将按每株2.8元的标准赔偿申请人的约定,向被申请人主张违约责任。同时,本案《蔬菜种苗加工合同》所指的有关×苗育种技术的发明专利申请已经公布,不存在因不采取保全措施将使有关育种技术公开的问题。因此,本案中不存在不采取行为保全措施将使仲裁裁决难以执行或者造成其他损害的情形。

综上,申请人绿野香公司的保全申请,不符合法律规定,本院不予准许。依据《民事诉讼法》第100条第一款、第154条第一款第(四)项的规定,裁定如下:

裁判结果:驳回申请人武汉绿野香笋菜食品有限公司的保全申请;申请人武汉绿野香笋菜食品有限公司预缴的保全费人民币500元予以退还。

四、案例分析,原则上类比适用

上述案例具有一定特殊性,当事人在仲裁过程中提出的是证据保全,武汉仲裁委把该证据保全申请转递给武汉市中级人民法院,而该法院是在认定申请人实际上是在申请仲裁中行为保全后,依据《民事诉讼法》第100条第一款有关诉讼中行为保全的规定进行了裁判。换句话说,武汉市中院并未接受过从仲裁机构转递的行为保全申请,而且该院也未表明其是参照适用诉讼中行为保全的规定进行裁判,抑或是对《民事诉讼法》第100条第一款“使判决难以执行”中“判决”二字进行了扩张解释,以使其包含“裁决”的情形。

即便如此,笔者依然认为该案例具备示范效应。武汉市中院的裁定书中明确了民事诉讼或仲裁中行为保全的两个适用条件,一是适用于金钱请求以外的请求权,二是适用于可能因当事人一方的行为或者其他原因,使判决难以执行或者造成当事人其他损害。虽然法律没有明确规定仲裁程序中可以进行行为保全,但根据武汉市中院的裁判是有一定借鉴意义的。

五、有所突破,具体问题具体分析

此外,关于仲裁程序中,当事人可否提出行为保全的问题也有所突破:一方面,最高人民法院于2018年12月12日颁布,2019年1月1日实施的《最高人民法院关于审查知识产权纠纷行为保全案件适用法律若干问题的规定》对行为保全作了明确约定。《最高人民法院关于审查知识产权纠纷行为保全案件适用法律若干问题的规定》第 3 条："申请诉前行为保全，应当向被申请人住所地具有相应知识产权纠纷管辖权的人民法院或者对案件具有管辖权的人民法院提出。当事人约定仲裁的，应当向前款规定的人民法院申请行为保全"。另外，北京仲裁委员会于 2019 年 9 月 1 日起实施的《北京仲裁委员会仲裁规则》，对旧版仲裁规则进行了修改，其中第 17 条第（一）款就规定："一方当事人因另一方当事人的行为或者其他原因，可能使裁决难以执行或者造成当事人其他损害的，可以提出申请，要求对另一方当事人的财产进行保全、责令其做出一定行为或者禁止其做出一定行为。"综上所述，笔者认为，行为保全一般出现在侵权案件中，仲裁只处理民商事合同纠纷，一般不涉及此。如果确有个案涉及行为保全，需要具体问题具体分析，原则上可以类比适用其他保全措施，但法律不可避免地存在滞后性，适用上不能太过机械操作。

公告送达在仲裁送达中是否必要?

仲裁送达,是指仲裁过程中,仲裁委员会依照法定或者当事人约定的方式,将仲裁文书、通知和其他材料交付当事人和其他仲裁参与人的行为。[①] 仲裁送达是仲裁活动中十分重要的一个环节,其贯穿于立案、庭审、裁决的始终,是当事人与仲裁庭、仲裁机构之间仲裁信息传递的基本方式,关系到仲裁活动的顺利进行和仲裁程序正义的最终实现。[②]

公告送达,通常是指对于下落不明或用其他送达方式(包括直接送达、邮寄送达、留置送达等)无法送达的当事人,通过在媒体上刊登或在特定地点张贴公告的方式将案件基本情况示明,待经过一定期限后,视为已送达该当事人。[③]

纵观目前国际上知名的仲裁机构的仲裁规则,如《伦敦国际仲裁院规则》《香港国际仲裁中心规则》《新加坡国际仲裁中心规则》《瑞典斯德哥尔摩商会仲裁院规则》,在仲裁送达中都没有公告送达的规定,而国内 80%的仲裁机构的仲裁规则中都规定了公告送达,[④]《中国广州仲裁委员会仲裁规则》《武汉仲裁委员会仲裁规则》《厦门仲裁委员会仲裁规则》。我国大部分仲裁机构的仲裁规则中,有关仲裁送达的规定,都是以我国民事诉讼法中相关规定为蓝本,公告送达也不例外。然而仲裁与民事诉讼性质毕竟不同,仲裁送达规定和民事诉讼送达规定也应有所区别,公告送达在仲裁送达中是否可行的问题,理论界和实务界也一直存在争论。尽管目前我国大多数仲裁机构在仲裁送达中都规定了公告送达,但结合公告送达的特点

① 刘春梅:《完善制度是解决送达难题的有效途径——以武汉仲裁委员会送达规定为例》,载《武汉仲裁》第 1 辑。

② 马占军:《商事仲裁公告送达问题研究》,载《深圳大学学报(人文社会科学版)》2010 年第 2 期。

③ 参见《中华人民共和国民事诉讼法》第 92 条。

④ 孔德越:《我国商事仲裁送达制度的完善——以 193 个仲裁规则和 90 个送达案例为分析对象》,载《北京仲裁》第 106 辑。

和仲裁的性质，以及公告送达在仲裁实践中的运用效果，笔者认为公告送达在仲裁送达中并无必要，并将在下文简述之。

（一）公告送达与仲裁的保密性相冲突

仲裁的保密性通常是指仲裁程序的不公开和当事人信息的保密。与诉讼的公开性相反，保密性是仲裁的一大特色，也是当事人选择仲裁作为纠纷解决方式的一个重要因素。从仲裁的起源来看，仲裁具有民间性，许多当事人尤其是商人基于商业秘密保护和商业信誉维护的需要，希望通过私下解决纠纷而对纠纷所涉信息和过程保密，因而仲裁应运而生。纵观国内外仲裁机构的仲裁规则，基本上都对仲裁机构和仲裁员提出了保密要求，然而公告送达却正在破坏这种保密要求和原则。仲裁中的公告送达通常需要将申请人与被申请人基本信息、案由、案号、开庭时间和地点、裁决书领取时间等内容公示，尽管与诉讼中的公告送达相比（例如诉讼中的公告送达还需要列明起诉要点、判决书主要内容等），仲裁的公告送达已经尽可能减少对案件信息披露的事项以求公告送达和仲裁保密性之间寻求某种平衡，[①]但不论披露信息的多少，公告送达对仲裁涉案信息的任何一点披露都无可厚非是对仲裁保密性的一种破坏，而且在实践中，公告送达通常是在已穷尽其他送达依然无法确定当事人是否实际查收的情况下适用，而现实中不乏当事人是为了躲避责任或拖延审理而故意造成无法送达（如留下虚假联系方式、注销手机、搬离原址）的情形，此种情况下采用公告送达对仲裁信息予以公开，显然对申请人不公平。

（二）公告送达与仲裁的高效性相冲突

仲裁的另一大优势就是高效性。根据《民事诉讼法》第 92 条和第 267 条的规定，对于国内案件，公告送达的公告期为 60 日，而对于涉外案件，公告期则为 3 个月。然而，以《中国广州仲裁委员会仲裁规则》为例，普通程序的仲裁裁决做出期限也不过 4 个月，简易程序的为 2 个月，国际仲裁的为 6 个月，而几乎相当于审理期限的一半时长甚至是与审理期限等长的公告期，无疑耗费了过多的时间，再加上公告送达前为寻找受送达人亦需要花费一定的时间，很有可能会导致案件审理期限的拖延，让仲裁的效率大打折扣。而本是基于仲裁高效性选择仲裁解决纠纷的当事人，也会因此浪费许多时间而纠纷无法得以解决，对仲裁产生失望。

（三）公告送达在仲裁送达实践中的效果甚微

有学者认为，从保障当事人程序利益的角度看，公告送达并不宜从仲裁送达中弃之。但从实践中看，公告送达在保证当事人获得仲裁程序的适当通知上效果甚微。一方面，仲裁中的公告送达通常采用的是在特定报刊上刊登通告的方式，且刊

---

① 马占军：《仲裁公告送达问题初探》，载《商事仲裁》2006 年。

登的区域十分不起眼，在纸媒式微和互联网新媒体崛起的时代，很难说会有当事人因为读报看到公告而来应裁。另一方面，采用公告送达往往是因为当事人无法找到，然而现实中也存在当事人故意隐瞒和躲避的情形，其中既包括申请人故意隐瞒被申请人的送达信息以达到缺席裁判利己的目的，也包括被申请人恶意逃避拒收材料以逃脱不利己的法律后果的目的。对于前者，若仲裁机构对被申请人进行了公告送达，无疑是将公告送达被有心人利用，侵害被申请人的利益；对于后者，由于被申请人本就是出于故意不应裁，因此即便采用了公告送达也无法使得被申请人出现，而公告的费用通常由申请人预缴，采用公告送达不仅造成仲裁效率降低，也给申请人增加了成本，对申请人的利益造成侵害。

结语

仲裁送达是仲裁得以顺利进行的基石，仲裁送达应兼具考虑送达的公正和效率，兼顾当事人仲裁权利的保护和仲裁程序的顺利进行。尽管我国大多数仲裁机构的仲裁规则中都规定了公告送达，但从实践中看，公告送达除影响仲裁的保密性和高效性外，在运用中也很难起到实质通知当事人、保护其正当程序权利的效果，且增加了申请人的仲裁成本。然而，我国依然有部分仲裁机构的仲裁规则中，如我国《中国国际经济贸易仲裁委员会仲裁规则》《北京仲裁委员会仲裁规则》《上海仲裁委员会仲裁规则》《深圳国际仲裁院仲裁规则》，并无公告送达的规定。笔者建议，后续仲裁机构在修改仲裁规则时，可借鉴上述仲裁机构在制定送达规定时的经验，逐步取消公告送达。而对于保留公告送达的该期间，应着手改善公告送达的途径和对公告送达的适用条件进行限制，以保障当事人的仲裁程序权利。对于前者，可增加在微博或特定网站上公告的方式。对于后者，以《中国广州仲裁委员会仲裁规则》为例，可规定公告送达仅适用于自然人和国内仲裁案件，其原因在于：法人流动性较小，法人注册地未注销即视为合法有效的送达地址之一，在对法人送达地址的获取上障碍较小；而国际仲裁案件采用公告送达一方面是因为与国际惯例不一致，另一方面也是由于实操中存在的困难较大。此外，为防止当事人利用公告送达恶意规避送达行为和逃避法律责任，在申请人填写送达地址确认书时，应要求当事人尽可能补充对方当事人的地址，并提请申请人注意提供虚假联系方式的风险和责任，并承担由此产生的不利后果。

裁决做出前，仲裁申请人撤回仲裁申请？

仲裁强调当事人的意思自治。当事人在仲裁案件裁决做出前，如果能够协商一致，一般会选择调解或撤回仲裁申请的方式。但在实践中，也会出现一种情况，仲裁申请人撤回仲裁申请并非基于双方和解的缘故，有时甚至语焉不详。

仲裁实践中，恶意仲裁与虚假仲裁、仲裁欺诈一直是需要重点防范和打击的对象。而恶意仲裁的一个主要表现就是当事人不当地滥用程序性权利，例如滥用管辖权异议、仲裁员回避、假意达成和解撤回仲裁等手段以达到拖延仲裁程序的目的。在仲裁实务中不少当事人利用规则的空白而谋求个人利益最大化，增加诉累。本文以实践中时而发生的当事人恶意撤回仲裁申请的情形为例，探讨如何更好地对此滥用仲裁程序的行为进行有效约束。

根据《中华人民共和国仲裁法》(以下简称《仲裁法》)第 49 条的规定，“当事人申请仲裁后，可以自行和解，达成和解协议的，可以请求仲裁庭根据和解协议做出裁决书，也可以撤回仲裁申请”。因此当事人达成和解后申请人申请撤回仲裁的行为在理论上被称为“和解撤回”，和解撤回符合法律和仲裁规则的相关规定，只要双方进行了有成果的谈判并达成一致，仲裁庭一般不对其行使撤回仲裁的权利进行干预。但同时《仲裁法》第 50 条还规定，“当事人达成和解协议，撤回仲裁申请后反悔的，可以根据仲裁协议申请仲裁”。可见，法律规定给予了当事人较大的意思自治空间。但有些当事人却滥用了该程序权利，其可能在双方并没有达成和解协议的情况下，单方面向仲裁庭提交撤回仲裁申请，强行终止仲裁程序。在理论上，一般称之为“非和解撤回”。

实践中，恶意撤回仲裁中的非和解撤回有以下几种表现形式：

1. 假意达成和解后反悔

申请人出于某种目的，可能会在申请仲裁后假意向被申请人表现出和解意向，甚至在开庭后骗取被申请人的信任并达成和解协议，当仲裁庭出具撤案决定书后申请人又单方面反悔并且重新申请仲裁，这样一来，不仅会增加诉累，更会恶意损害被申请人的权益，破坏公平正义原则。

2. 预知结果对自己不利而申请撤回

当事人在庭审中会根据仲裁庭的调查情况对案件的走向进行评估，当其经过开庭审理后预感到裁决结果可能对其不利或是鉴定机构做出的鉴定报告和其预期的结果相差较大，此时可能就想采取撤回仲裁的方式来避免对自身不利的结果。这种恶意撤回仲裁的行为客观上是对司法资源的浪费和仲裁理念的违背。

3. 因准备不足而故意不到庭

根据《仲裁法》第 42 条的规定，“申请人经书面通知，无正当理由不到庭或者未经仲裁庭许可中途退庭的，可以视为撤回仲裁申请”，申请人若认为自己准备不足，为避免败诉可能会采用缺席庭审的方法消极对抗，从而达到撤回仲裁待到障碍消除后再重新仲裁。

在实践中，对于申请人就已经撤回的案件重新申请仲裁的行为，仲裁机构在进行形式审查后往往还是会再次受理。针对申请人恶意撤回仲裁的行为，有观点认为应从首次仲裁程序中予以规制，有观点认为可从再次提起仲裁的节点程序上进行规制，也有认为上述行为属于当事人对自身程序权利的处分。以下，笔者也梳理了当前境内外一些仲裁机构关于上述问题的相关规定：

仲裁机构	仲裁规则	条款
联合国国际贸易法委员会	联合国国际商事仲裁示范法(1985 年)。	第 32 条　程序的终止 (1) 仲裁程序依终局裁决或仲裁庭按照本条第(2)款发出的裁定得以终止。 (2) 仲裁庭在下列情况下应发出终止仲裁程序的裁定： (a) 申请人撤回其申请。除非被申请人对此表示反对且仲裁庭承认最终解决争议对其而言具有正当利益； (b) 当事各方同意终止程序； (c) 仲裁庭认定仲裁程序因任何其他理由均无必要或不可能继续进行。 (3) 仲裁庭之委任随着仲裁程序的终止而结束，但须服从第 33 条和第 34 条第(4)款的规定。

续表

仲裁机构	仲裁规则	条款
联合国国际贸易法委员会	联合国国际贸易法委员会仲裁规则(2010年)。	第36条 1.裁决做出之前，各方当事人就争议达成和解协议的，仲裁庭应下令终止仲裁程序，或者经各方当事人请求并经仲裁庭接受，应记录此项和解协议并按照和解协议条款做出仲裁裁决。仲裁庭无须对此项裁决说明理由。 2.裁决做出之前，仲裁程序不是由于第1款提及的原因而不必继续或不可能继续的，仲裁庭应将其下达程序终止令的意图通知各方当事人。仲裁庭有权力下达此项命令，除非尚有未决事项可能需做出决定，且仲裁庭认为就未决事项做出决定是适当的。
香港国际仲裁中心	香港国际仲裁中心机构仲裁规则(2018年)。	第37.1条 若在仲裁庭组成前，一方当事人希望终止仲裁，则应告知所有其他当事人和HKIAC。HKIAC应设定期限以供所有其他当事人回复是否同意终止仲裁。若其他当事人未在规期限内表示反对，HKIAC可终止仲裁。若任何一方当事人反对终止仲裁，仲裁应依本规则继续进行。
中国国际经济贸易仲裁委员会	中国国际经济贸易仲裁委员会仲裁规则(2015年)。	第46条　撤回申请和撤销案件 (一)当事人可以撤回全部仲裁请求或全部仲裁反请求。申请人撤回全部仲裁请求的，不影响仲裁庭就被申请人的仲裁反请求进行审理和裁决。被申请人撤回全部仲裁反请求的，不影响仲裁庭就申请人的仲裁请求进行审理和裁决。 (二)因当事人自身原因致使仲裁程序不能进行的，可以视为其撤回仲裁请求。 (三)仲裁请求和反请求全部撤回的，案件可以撤销。在仲裁庭组成前撤销案件的，由仲裁委员会仲裁院院长做出撤案决定；仲裁庭组成后撤销案件的，由仲裁庭做出撤案决定。

续表

仲裁机构	仲裁规则	条款
深圳国际仲裁院	深圳国际仲裁院仲裁规则(2020 年)。	第 47 条　撤回申请和撤销案件 (一) 当事人可以撤回全部仲裁请求或全部仲裁反请求。申请人撤回全部仲裁请求的，不影响仲裁庭就被申请人的仲裁反请求进行审理和裁决。被申请人撤回全部仲裁反请求的，不影响仲裁庭就申请人的仲裁请求进行审理和裁决。 (二) 仲裁请求和反请求全部撤回的，仲裁庭应做出撤销案件的决定。在仲裁庭组成前撤销案件的，由仲裁院做出撤销案件的决定。仲裁院或仲裁庭有权决定提出撤回申请的当事人承担相应的仲裁费用，当事人另有约定的，从其约定。 (三) 案件经开庭审理后，当事人申请撤回全部仲裁请求或全部仲裁反请求的，仲裁庭可给予对方当事人合理机会发表意见。如果对方当事人提出合理的反对意见，并且仲裁庭认为有正当理由通过裁决解决争议，仲裁庭有权继续仲裁程序。

上述仲裁规则考虑到了被申请人的利益，即赋予被申请人向仲裁庭提出异议要求仲裁庭对申请人撤回仲裁的请求不予准许的权利。实践中也有其他仲裁机构例如斯德哥尔摩商会仲裁院、伦敦国际仲裁院等从限定程序性权利行使的次数、期限，或要求滥用权利一方承担更多的仲裁费用等角度对恶意撤回仲裁的行为予以规制。

广州仲裁委员会新版《仲裁规则》对于当事人撤回仲裁的程序规定做了相应的修改，赋予了被申请人提出意见的权利以及仲裁庭审查具体案件情况后的决定权：

第 76 条　撤回仲裁申请或者反请求

(一) 当事人可以撤回仲裁申请或者反请求。申请人撤回仲裁申请的，不影响仲裁庭就反请求进行审理和裁决。被申请人撤回反请求的，不影响仲裁庭就仲裁请求进行审理和裁决。

(二) 当事人撤回仲裁申请或者反请求的，是否准许，仲裁庭组成前由本会决定，仲裁庭组成后由仲裁庭决定。当事人提出撤回仲裁申请或者反请求时，仲裁庭认为已经进入合议阶段的，应当通知对方当事人，并指定合理期限以供其提出书面异议，但对方当事人缺席的除外；经审查认为对方当事人提出的异议成立的，应当决定继续仲裁程序、不准许撤回。

当仲裁庭认案件程序已经进入合议阶段，对于申请人提出的撤回申请，将会征询被申请人的意见，被申请人若明确表示同意撤回，则仲裁庭可依法做出同意撤回的决定；若被申请人提出异议，仲裁庭会结合被申请人的所提出的异议意见、本案审理的客观情况、案件处理的社会效果等因素进行综合考量。由此可见，在此项程序审查中，将会更为凸显仲裁庭的重要作用，如何在保障当事人的意思自治权利的原则下，加强识别能力，尽可能避免当事人滥用权利而损害其他当事人或有损仲裁公信力的情况。

参考文献

1. 李猷鑫：《论恶意仲裁之撤回仲裁申请权利的滥用》，吉林大学 2014 年硕士论文。

2. 周寰：《论程序权利的滥用及其规制——从国际商事仲裁的角度》，西南政法大学 2018 年硕士论文。

裁决生效后，当事人是否可以基于新的证据再次申请仲裁？

案情简介

2011 年 4 月 1 日，薛某与 B 公司签订《建筑工程施工合同》，约定将车管所机动车候考大厅承包给薛某施工。工程竣工后，B 公司将薛某施工的工程交付车管所使用。2016 年 9 月 6 日，薛某向 L 市仲裁委员会提出仲裁申请，要求 B 公司支付工程款并退还押金，L 市仲裁委受理后做出[2016]第 87 号裁决书，该裁决书认定"根据双方当事人提供的《证明》，B 公司已全部付清了薛某的工程款，故对薛某的仲裁请求不予支持。薛某要求 B 公司返还押金，但未提供相应证据证明，亦不予支持。仲裁庭评议意见部分写明"薛某如有新的证据可再次申请仲裁"。2018 年 11 月 13 日，薛某向 L 市中级人民法院申请撤销兰仲裁字[2016]第 87 号裁决，L 市中级人民法院审查后驳回其申请。此后，薛某依据 B 公司于 2011 年 9 月 10 日向其开具押金收据及《建筑工程施工合同》的仲裁条款再次向 L 市仲裁委申请仲裁。2019 年 11 月 1 日，L 市仲裁委做出(2019)第 22 号裁决书，裁决：B 公司在本裁决书生效之日起 10 日内退还薛某 500000 元押金。

此后，B 公司向 L 市中级人民法院申请撤销[2019]第 22 号裁决，理由是：1.[2019]第 22 号裁决所涉纠纷与(2016)第 87 号裁决系同一事实，L 市仲裁委以所谓的新证据重新仲裁并做出[2019]第 22 号裁决违反一裁终局的法律规定和仲裁原则。2.《中华人民共和国仲裁法》中并没有二审或再审的规定，基于所谓新证据再次申请仲裁无法律依据。

《中华人民共和国民事诉讼法》第 179 条规定，当事人有新的证据，足以推翻原判决、裁定的，可以申请再审。仲裁相对诉讼优势在于其经济和效率的一面，《中华人民共和国仲裁法》第 9 条规定，仲裁实行一裁终局的制度。裁决做出后，当事人就同一纠纷再申请仲裁或者向人民法院起诉的，仲裁委员会或者人民法院不予受理。裁决被人民法院依法裁定撤销或者不予执行的，当事人就该纠纷可以根据双方重新达成的仲裁协议申请仲裁，也可以向人民法院起诉。根据该条规定，仲裁既没有上诉程序，也没有再审程序。仲裁机构受理并经仲裁庭审理的纠纷，一经仲裁庭解决，该裁决即发生终局的法律效力，除非该裁决被法院撤销或不予执行，否则当事人不能就同一纠纷向人民法院起诉，也不能向其他仲裁机构再申请仲裁，即意味着该纠纷最终解决完毕。

当事人因证据不足，如本案中的薛某，可能导致请求被实体驳回或抗辩未获支持。那么裁决生效后，当事人取得新证据，是否还能依据同一仲裁协议再次申请仲裁呢?

实践观点：

1. 前案因证据不足对当事人的请求未予支持，后案基于新的证据做出裁决不违反“一事不再理”【(2014)三中民(商)特字第 09603 号、(2017)京 03 民特监 6 号】

2009 年 12 月 8 日，R 公司作为甲方、肖某作为乙方签订《合作协议书》，约定 R 公司委托肖某以“兼职销售人员”的形式，独立开拓市场，独立开发销售渠道及确定销售队伍。双方在协议中针对某饭店污水源热泵系统工程的相关收益分配进行了约定。后双方发生争议，肖某于 2012 年向 B 市仲裁委员会申请仲裁。B 市仲裁委于 2012 年 5 月 11 日做出 2012-0345 号裁决，其中对于“回购冷水机组”部分的业务提成 560000 元部分的仲裁请求，仲裁庭认为，涉案合同第四条第 5 款关于该项提成有‘上述两台冷水机组卖出后，按实际回款，双方分成，R 公司占三成，肖某占七成’之约定，这说明，只有将设备卖出后才有提成问题……在不知两台冷水机是否售出及实际回款数额的情况下，肖某关于 560000 元提成的主张，缺乏相关证据佐证，因此仲裁庭对肖某的该部分仲裁请求不予支持。2014 年，肖某依据新的证据再次向 B 市仲裁委申请仲裁，B 市仲裁委做出 2014-0371 号裁决，对肖某要求 R 公司给付“回购冷水机组”提成款项的请求予以支持。

此后，R 公司向法院申请撤销 2014-0371 号裁决，理由是：R 公司已经履行了 2012-0345 号裁决项下的义务，肖某以相同理由提出仲裁申请，并且其提交的证据都是 2012-0345 号裁决书中所认定的证据，2012-0345 号裁决并未支持肖某的仲裁请求，现 B 市仲裁委又受理了该案，违反了“一裁终局”制度。肖某则认为：2014-0371 号裁决依据的有新证据，也有 2012-0345 号裁决中所涉及的证据，肖某在 2014-0371 号案中提供的新证据及 2012-0345 号案所涉及的老证据共同构成了完整的证据链仲裁庭针对新证据、新请求、新纠纷进行的裁决，完全是在仲裁庭受理范围之内，并不违反“一裁终局”制度。

法院经审查认定，在 2012-0345 号案中，由于无法判断“回购冷水机组”所涉提成款项的付款条件是否成就，仲裁庭并未对肖某提出的“回购冷水机组”提成款做出实体裁决。在 2014-0371 号案中，仲裁庭依据肖某提交的证据，对肖某主张 R 公司已实际完成回购冷水机组，要求 R 公司给付“回购冷水机组”提成款项的仲裁请求进行审理并裁决。从审理范围看，上述两案并非同一纠纷，B 市仲裁委对该案进行审理并无不当。

2. 新的证据不能证明产生新的事实，据此申请仲裁违反“一事不再理”

某建设公司与某学院通过招标方式签订了《建设工程施工合同》，该工程竣工后，双方就人工费是否应按鄂建文[2012]85 号文件计算，并由某学院向某建设公司支付人工费差价问题发生争议。就该争议，某建设公司于 2016 年向 J 市仲裁委员会申请仲裁，该仲裁委员会认为涉案工程的人工费应当按鄂建文[2012]85 号文件予以调整，但因某建设公司未提供证据证明该工程增加的人工费的具体数额，应承担举证不能的法律后果。据此，J 市仲裁委员会做出[2018]44 号仲裁裁决(以下简称 44 号裁决)：不支持某建设公司的仲裁请求。2019 年，某建设公司再次就案涉工程是否适用鄂建文[2012]85 号文计算人工费并由某学院支付差价问题提起仲裁，在本次仲裁中，某建设公司提交了某工程咨询服务有限公司出具的鉴定意见书，拟证明案涉工程人工费差价按鄂建文[2012]85 号文计算为 2240234.60 元。J 市仲裁委员会认为，44 号裁决对某建设公司原提出的仲裁请求以证据不足为由，未予支持。现在，某建设公司依据新的证据即咨询报告再次申请仲裁，是其对自身权利的处分。咨询报告是在 44 号裁决书生效后产生，某学院对咨询报告无异议。至此，确定了某建设公司实际完成的工程量，为某建设公司的仲裁请求提供了现实的依据。为此，咨询报告为新证据，且双方并未就建设工程价款的结算达成协议。故，该会受理此案不属于重复仲裁，并于 2019 年 12 月 31 日做出[2019]713 号裁决：某学院于收到本裁决书之日起 10 日内向某建设公司支付人工费 574620.18 元等。

法院经审查认定：从两次仲裁的内容看，第一，仲裁的当事人相同，即申请人与被申请人均分别为某建设公司和某学院；第二，仲裁标的相同，前后仲裁均基于同一建设工程施工合同产生的权利义务关系；第三，仲裁请求相同，前后仲裁请求均为要求某学院支付适用鄂建文[2012]85 号文计算人工费产生的人工费差价。故，案涉前后两次仲裁应属于“同一纠纷”，该情形明显违反了《中华人民共和国仲裁法》第九条规定的“一裁终局”制度。对于某建设公司辩称前仲裁发生时工程仅竣工尚未验收，后仲裁发生时工程已竣工验收，工程量可以确定，属于新事实的理由前后仲裁均发生于工程竣工后，双方争议焦点在于案涉工程人工费计算是否适用鄂建文[2012]85 号文标准，工程是否验收不影响前后仲裁属于“同一纠纷”认定。J 市仲裁委员会做出的[2019]713 号裁决违反《中华人民共和国仲裁法》第 9

条规定的“一裁终局”制度，符合《中华人民共和国仲裁法》第58条第一款第三项规定的情形，应予以撤销。

评析

一事不再理制度系民事诉讼体系的基石之一，其目的在于使双方争议能够得以有效解决并避免无休止的讼争。目前司法实践中的普遍做法是以《最高人民法院关于适用〈中华人民共和国民事诉讼法〉的解释》第247条第一款“当事人就已经提起诉讼的事项在诉讼过程中或者裁判生效后再次起诉，同时符合下列条件的，构成重复起诉：(一)后诉与前诉的当事人相同；(二)后诉与前诉的诉讼标的相同；(三)后诉与前诉的诉讼请求相同，或者后诉的诉讼请求实质上否定前诉裁判结果”的规定，来作为认定“同一纠纷”的标准。即同一纠纷是指**相同当事人之间基于相同法律关系下的法律事实发生的纠纷**，如果前后案的当事人、争议法律关系、仲裁请求均相同，可以认定为仲裁庭就“同一纠纷”进行了重复仲裁。

现行法律框架下，对基于新事实是否可以再次提起仲裁未予以明确回应。虽然最高人民法院在《关于中国石化集团国际石油勘探开发有限公司申请撤销中国国际经济贸易仲裁委员会仲裁裁决一案请示的复函》中指出，《最高人民法院关于适用〈中华人民共和国民事诉讼法〉的解释》第248条关于“裁判发生法律效力后，发生新的事实，当事人再次提起诉讼的，人民法院应当依法受理”的规定针对的是民事诉讼程序，不适用于仲裁程序，但实践中仍有不少法院认为若在裁决做出后发生新事实的，当事人可以再次提起诉讼或仲裁【(2016)京04民特23号、(2019)渝01民特116号、(2019)沪01民特663号】。

随着经济社会的发展，一份合同包含的法律关系日趋复杂，同一份合同履行过程中可能产生若干纠纷，比如是否继续履行、是否违约、合同是否有效等争议。在法律上，一个请求可能存在多个法律依据，而其能否得到支持则依赖于当事人所提供的证据对事实的证明程度。基于仲裁的特性，在通常的仲裁实践中，仲裁庭会为证据不足的当事人保留另案处理的余地。由于现行法律关于人民法院对仲裁裁决司法审查制度设置的局限性，若不允许仲裁机构基于新的事实受理当事人的仲裁申请，可能会将当事人的权利置于无处救济的境地，有违公平正义原则。因此，**在案件事实及其性质认定准确的前提下，如果当事人提出的新证据能够证明前案中未被认定的事实或是能够证明在前案裁决做出后发生了新事实，则属于非基于同一法律事实所提出的仲裁请求，不违反“一事不再理原则”**。当然对于新证据出现后仲裁庭能否重新仲裁的问题，基于对法律的不同理解，实务中可能出现不同的结果，仍需要结合个案情形进行具体分析。同时，当事人也应当慎重行使自己的权利，避免滥用权利影响仲裁的效率性、终局性和权威性。

民商事理论与实践

继续性合同的解除问题探究

根据合同的长期性与给付行为的持续性，可以将合同分为两大类，即一时性合同和继续性合同。

继续性合同与一时性合同相对，指当事人双方或一方负有非一次给付可以完成，而需要在长期或不定期限内反复或连续给付的义务的合同，如租赁合同、供电供暖合同、长期购销合同等，这也意味着继续性合同的合意需要建立在较为坚实的互信基础上。我国大陆民商法合同体系同大陆体系一样，是以一时性合同为理论基础构建而成，对于继续性合同我国尚未有明确立法之规定。但随着市场交易的复杂化与专业化，继续性合同逐渐成为我国合同法体系中浓墨重彩的一笔。

继续性合同的履行(给付行为)在不定期限内多次发生，但多次的履行行为都存在于同一法律关系之中。这同样也意味着继续性合同的解除不同于一时性合同的解除。

1. 继续性合同的解除要件

由于继续性合同往往建立在坚实的互信基础上，通常在漫长的时间线上无限延展而不消灭，以此当事人应当被赋予更大的合同解除自由。根据《合同法》的一般性条款，合同的解除原因是不可抗力、根本违约、不能达成合同目的瑕疵履行和迟延履行等，由此可见，在解除要件的构建上并没有对一时性合同与继续性合同做出区分。《合同法》也对一些特殊合同的解除权做出了特别规定，如《合同法》第410条规定了委托人或受托人的任意解除权，《合同法》第232条规定了不定期租赁合同中的任意解除权，《合同法》第268条规定了定作人的单方任意解除权，《合同法》第376条规定了寄存人的单方任意解除权。其中不定期租赁合同即是一种继续性合同，《合同法》赋予了当事人以任意解除权，以平衡当事人利益和防止社会资源的浪费。

但是，继续性合同仍有可能因为一些特殊情形，比如互信基础之丧失需要解除，我国《合同法》对于这一情形下继续性合同的解除尚未做全面规定。比如《合同法》第十章中规定了供用电、水、气、热力合同的主要条款、履行地以及当事人权利义务内容，但是却没有对合同的解除做出规定，而供用电、水、气、热合同正是典型的继续性合同。

在(2008)海民初字第 31023 号供用热力合同纠纷一案的说理中提到，“因供暖合同具有公益服务的性质，在海淀供暖中心不同意解除供暖协议书的情况下，合同的解除必然影响大多数住户的供暖服务，故供暖协议不宜解除。”就公共产品供给合同而言，出于公共产品稀缺性与不可替代性的考量，一般对公共产品的提供方的任意解除权予以约束。

基于继续性合同的特殊性，有学者提出应将随时终止权与任意解除权做切割，任意解除权的行使界域不区分一时性合同和继续性合同统一使用，而随时终止权则被限定在继续性合同的界域。司法实践中一般从优化社会资源配置，以及平衡当事人的利益的立场出发，已存在正当化理由为由为合同的无限绵延划上休止符。

2. 继续性合同的解除是否溯及既往？

原则上，合同的解除具有溯及既往的效力，即解除的效力追溯至合同成立之时。但是对于继续性合同，其解除后是否溯及既往，要考虑综合考虑当事人的合意、合同的履行状况、合同目的等多重因素。

(2016)鄂民申 2505 号

严大、严二、严三三姐妹共同经营一家工艺包装厂，2011 年 8 月 23 日，三人签订一份《承包合同》，约定该工艺包装厂是一家合伙经营企业，由严大、严二、严三三人组成，严三任负责人，占 60％股份；严大、严二各占 20％股份。在此之前由三人共同参与经营管理，现由严三一人承包经营，承包期限为 3 年，从 2011 年 9 月 1 日至 2014 年 8 月 31 日。严三每年 6 月底支付严大、严二承包费 150 万元(含各种折旧及资金占用费)。

2012 年 5 月 9 日，严大、严二、严三召开股东会议，全体股东同意中止合同。该合同中止后，该厂又经营至 2013 年 7 月。后该工艺包装厂歇业至今。

现严大、严二起诉请求判令严三分别支付严大、严二承包费 143000 元。

再审法院认为，2012 年 5 月 9 日双方同意终止承包合同，《承包合同》解除有无溯及力，是本案的关键。本案《承包合同》是继续性合同，合同解除不具有溯及力。对合同解除后发生的承包费应不再履行，但对合同解除前发生的承包费，则应予以支付。

理论上大多数学者认为合同解除能够溯及既往，已经履行的部分应解除而无效，在此情况下，当事人应当互相返还已受领的标的物，只是在此返还请求权是依据债权请求权或是物权请求权上存在争议。根据《合同法》第 97 条，"合同解除后，尚未履行的，终止履行；已经履行的，根据履行情况和合同性质，当事人可以要求恢复原状、采取其他补救措施，并有权要求赔偿损失。"从司法实践来看，为全面保护合同利益及防止社会资源浪费之目的，结合具体案件综合分析，肯定继续性合同的不可溯及性。同时也考虑到完全不溯及既往可能造成合同利益不能得到追偿的弊端，如果继续性合同解除前的给付义务中存在加害给付，而已履行的给付义务造成的不利状况可以进行消除，则应要求不正当给付方承担恢复原状的义务，这也符合《合同法》第 97 条"根据履行情况和合同性质，当事人可以要求恢复原状、采取其他补救措施"的选项规定。

3. 继续性合同解除的损害赔偿范围?

对于继续性合同解除的法律后果，适用《合同法》第 97 条之规定，单就损害赔偿而言，立法与司法实践对此尚未形成明确共识。在我国《合同法》体系之下，损害赔偿包含实际损失和可得利益损失两个部分。就继续性合同而言，继续性合同的解除原则上不可溯及既往，合同解除之前已经履行的部分归于无效，不做返还。但对于可得利益损失的计算存在一定障碍，主要由于继续性合同对待给付之义务在长期或者无限的合同履行期内持续发生，难以计算所致。

如在(2012)沪一中民二(民)终字第 1470 号租赁合同一案中，法院首先认定上海甲招待所与上海乙公司之间存在不定期租赁合同关系，在此之下，双方都享有任意解除权，现乙公司以任意解除权解除合同，法院予以认可，确认双方租赁合同于 2011 年 6 月 25 日解除，对于合同解除后的损害赔偿问题，如下认定：

合同解除后，甲招待所继续占用涉讼房屋的，应当向乙公司支付房屋使用费。乙公司要求按照市场价格标准来确定房屋使用费，缺乏事实依据。法院认为，按照双方现有的租金标准确定房屋使用费较为合理。鉴于甲招待所先行支付的租金已经付至 2012 年 6 月底，故双方应当按照甲招待所实际搬离的时间据实结算房屋使用费。甲招待所支付的押金应予返还。虽然乙公司明确不要求与甲招待所结算水电煤等公用事业费，但甲招待所在搬离前，应本着诚实信用原则，按照合同约定据实支付使用期间的水电煤等公用事业费。对于装修补偿，乙公司表示同意对甲招待所的装修进行补偿，但因双方无法协商一致，且无法通过评估确定补偿金额，鉴于乙公司同意另案处理，甲招待所未就此提出反诉，且法院已向甲招待所予以释明，故本案中对此不做处理。

在本案中，二审法院维持了一审法院的原审判决，认为乙公司提出按照市场价格标准确定房屋使用费缺乏事实依据，而已现有的租金标准从甲招待所实际搬离的时间据实结算，通过比较受损一方相同条件下所或利益来确定应赔偿的可得利益损失。在计算可得利益损失时第一应当考量可得利益与违约行为之间的因果联系，第二应当遵循损益相抵原则，应当在可得利益中扣除为取得这些利益而支出的费用。

合同到期后双方继续履行原合同，原合同中的仲裁条款是否仍然有效？

案情

方某作为出租人与承租人张某于 2015 年 1 月 1 日签订《租赁协议》载明，方某同意将 G 市江岸西路一至三层场地共计 2000㎡出租给张某作商业经营用途使用，租赁期限两年，从 2015 年 1 月 1 日起至 2016 年 12 月 31 日止，凡因履行本协议而产生的或与该协议有关的一切争议双方应通过友好协商解决，如有争议产生或协商不成的，任何一方均有权将争议提交 G 市仲裁委员会仲裁解决。《租赁协议》到期后，双方并未签订书面合同，方某口头告知张某可以继续使用租赁场地进行经营但双方只能维持不定期租赁关系，双方口头约定自 2017 年 1 月 1 日起，张某每月需支付租金 25 万元，张某实际支付租金至 2020 年 2 月。

2020 年 3 月 20 日，G 市仲裁委员会根据上述《租赁协议》中的仲裁条款，受理了方某作为申请人与被申请人张某之间关于租赁合同纠纷的仲裁申请，在该案中，方某称双方的租赁期限已于 2016 年 12 月 31 日终止，要求张某立即交还《租赁协议》项下租赁场地。张某当庭答辩称，尽管书面合同到期，但租赁合同关系仍有效存续，双方 2015 年 1 月 1 日签订的《租赁协议》仍对双方有效，在未获方某补偿前其有权拒绝移交场地。

仲裁庭经审理认为，由于方某与张某之间未再订立书面租赁合同，亦未明确约定租赁期限，双方之间形成不定期租赁关系，除法律另有规定外，当事人的任何一方都有随时解除合同的权利，但出租人解除合同应当在合理期限之前通知承租人。现方某提起仲裁要求张某交还场地的行为，表明其不愿再履行合同，足以构成解除合同的意思表示。至于张某是否在合同解除前得到相应补偿均不构成阻却方某行使任意解除权的事由。最终仲裁庭确认双方不定期转租合同解除的时间点为该裁决做出之日，张某应自该裁决送达之日起 30 日内将涉案场地交还方某。

裁决做出后张某向法院申请撤销，理由为：方某申请仲裁的依据是与张某在 2015 年 1 月 1 日签订的《租赁协议》，但该合同在 2016 年 12 月 31 日到期并终止，自 2017 年 1 月 1 日至出现纠纷时，张某与方某未再签订书面租赁合同，双方一直以口头约定房屋租赁事宜，形成另一个事实上的租赁合同，而该租赁合同没有仲裁协议。

法院认为，张某确认其与方某于 2015 年 1 月 1 日签订的《租赁协议》约定有仲裁条款，并在仲裁过程中答辩认为该《租赁协议》仍对双方有效，且张某在仲裁过程中并未对仲裁庭的管辖权或仲裁条款的效力提出异议，现张某在裁决做出之后又以双方不存在仲裁协议为由申请撤销仲裁裁决，显然有违诚信。根据《中华人民共和国合同法》第 236 条规定，租赁期限届满，承租人继续使用租赁物，出租人没有提出异议的，原租赁合同继续有效，但租赁期限为不定期。**本案中，双方当事人在租赁期限届满后继续租赁关系，并未签订新的租赁合同，故原租赁合同包括合同中的仲裁条款继续有效**，张某认为双方不存在仲裁条款，不能成立，本院不予支持。

合同效力是法律赋予依法成立的合同所产生的约束力，即当事人如违反合同约定的内容，即产生相应的法律后果，包括承担相应的法律责任。根据民法典的相关规定，当事人对合同效力可以约定附期限。附生效期限的合同，自期限届满时生效；附终止期限的合同，自期限届满时终止。一般情况下，双方签订的合同到期后其效力就不再受法律保护，即失去了其原有的法律效力。

在经济生活中，基于较为稳定的交易、合作关系，双方当事人在原合同有效期届满后，不重新订立书面合同，而按照原合同继续履行的情形并不少见。对于欠缺法定或约定形式要件的合同，法律亦有规定，即如果通过当事人履行的事实能够确定当事人的意思表示达成一致，可以认定合同成立生效。因此，如果双方仍在履行已到期合同，则依然成立事实上的合同关系。

作为仲裁制度的基石，仲裁协议体现了当事人意思自治原则，即当事人自愿选择仲裁作为解决纠纷的方式。根据《仲裁法》的规定，仲裁协议必须以书面形式订立。实务中常见的争议是，双方在合同到期后未另行签订书面续约协议，而是成立事实上的合同关系，那么就该合同关系产生争议时是否仍可以适用原合同中的仲裁条款解决？目前的司法实践观点是，如双方事实上仍在履行已到期合同，原仲裁条款也应继续约束各方。例如在(2017)桂 02 民特 44 号一案中，法院认为："关于(2017)柳仲案裁字第 016 号案是否存在仲裁协议的问题，国新公司主张两份合同有效期限内的货款业已结清，而且两份合同自期限届满时失效，后续供货系基于双方另行达成的口头协议，未约定仲裁条款，柳州市仲裁委员会无权对该部分纠纷进行裁决。对此本院认为；迪凯特公司与国新公司签订的合同有效期为 2014 年 1 月 1 日至 12 月 31 日，但 2015—2016 年，双方仍然按该合同约定持续供货及付款，且未进行结算，双方的交易行为是一直连续不可分割的，2014 年 12 月 31 日之后双方的交易行为并未形成新的合同关系，双方当事人仍受《工矿产品供销合同》的约束，因此，国新公司关于合同未约定仲裁条款，柳州市仲裁委员会无权裁决的申请理由本院不予支持。”(2018)皖 01 民终 8766 号案、(2018)京 04 民特 135 号(2020)粤 01 民终 14693 号案中，法院也持同样观点。

值得注意的是，原合同仲裁条款有效的前提是双方履行的仍然是原合同、双方之间的法律关系仍然相同。例如，在(2020)桂 03 民终 3074 号案中，法院就未支持被告提出的原合同仲裁条款有效的抗辩。在该案中，原告阳某与被告健康家园公司《健康家园股份制店面经营合同》，约定阳某以现金方式出资 40000 元与健康家园公司合作经营秀峰区信义店，合作期限为 2016 年 11 月 1 日至 2017 年 12 月 31 日，争议解决方式为向中国国际经济贸易仲裁委员会仲裁。合作结束后，健康家园公司仅向阳某返还了 30000 元投资款，剩余 10000 元则由健康家园公司出具《借条》，承诺于 2019 年 7 月 31 日前支付剩余的出资款 10000 元。后阳某因健康公司未在承诺期限内还款而向法院起诉，健康家园公司主张，其与阳某之间不存在民间借贷法律关系，双方之间的争议应提交国际贸易仲裁委员会仲裁。法院审理后认为：《健康家园股份制店面经营合同》终止后，双方对出资款退还事宜已达成协议，由健康家园公司出具借条，归还剩余的出资款 10000 元，双方之间的法律关系由合伙关系转变为债权债务关系……转变后的法律关系不受《健康家园股份制店面经营合同》约束管理，无须提交中国国际经济贸易仲裁委员会仲裁。

小结

书面合同能够有效地约定合同双方的权利和义务，对合同的履行有积极的作用，且能够较为有效的约束违约行为，同时也是解决双方争议的重要证据。因此，双方之间在合同到期后需要继续缔结合同关系的，应当及时订立书面合同，从而最大程度的保障自己的合法权利。

相关法条

《民法典》第 160 条 民事法律行为可以附期限，但是根据其性质不得附期限的除外。附生效期限的民事法律行为，自期限届至时生效。附终止期限的民事法律行为，自期限届满时失效。

《民法典》第 490 条 当事人采用合同书形式订立合同的，自当事人均签名、盖章或者按指印时合同成立。在签名、盖章或者按指印之前，当事人一方已经履行主要义务，对方接受时，该合同成立。

法律、行政法规规定或者当事人约定合同应当采用书面形式订立，当事人未采用书面形式但是一方已经履行主要义务，对方接受时，该合同成立。

双方互负到期债务，债权诉讼时效期间届满的一方能否主张债务抵销？

——兼评(2018)最高法民再51号案

债务抵销主要规定在我国《合同法》第99条、第100条及《合同法司法解释二》第23条、第24条。从立法体系安排来看，抵销被视为债的消灭方式的一种。但无论是目前的法律规定，还是理论研究，都不足以应对实践中法定抵销权所反映的问题。最高院今年4月发布的最新一批公报案例中，就有一个案例涉及主动债权诉讼时效届满能否主张抵销的问题，即双方互负到期债务，其中主动债权已届诉讼时效，债务人能否主张行使法定抵销权？该案历经一审、二审、再审。我们今天就来重点探讨下这个问题，先从该案的裁判意见开始。

一、案情简介

2005年4月，悦信公司接受源昌公司的委托，为其办理拿地手续，源昌公司向其支付了2000万元的委托费用。悦信公司承诺，如不能按期完成委托事项，则将于2006年2月18日前将2000万元全额退还。后，悦信公司并未完成委托事项且亦未按期退还委托费用。2011年，悦信公司以其投入2000万元与源昌公司合作开发为由，诉请分配合作权益1.5亿余元。生效判决查明源昌公司按照2005年11月18日的《股东会议纪要》承诺退还悦信公司2000万元，并认定因该纪要并未明确退还时间，故根据《合同法》第六十二条第四项的规定，悦信公司可随时要求源昌公司退还。现，源昌公司起诉要求判令将悦信公司应返还的2000万元委托费用和源昌公司应返还的2000万元借款相互抵销。

——改编自(2018)最高法民再51号

本案中，悦信公司应当在2006年2月18日前向源昌公司返还2000万元的委托费用，但其并未返还，故源昌公司在2006年2月18日知道其权利被侵害，其对悦信公司的2000万元债权的诉讼时效于2008年2月17日已经届满。那么，其能否在己方债权已过诉讼时效后，提出抵销的请求呢？

二、裁判观点解读

（一）裁判意见

法院认为，对已经超过诉讼时效的主动债权是否能主张抵销，有赖于对以下问题的分析：一是源昌公司抵销权的形成，二是源昌公司抵销权的行使。法定抵销权作为形成权，只要符合法律规定的条件即可产生。《合同法》第99条第一款规定了抵销权的形成条件，即当事人互负到期债务，该债务的标的物种类、品质相同的，任何一方可以将自己的债务与对方的债务抵销，但依照法律规定或者按照合同性质不得抵销的除外。法院认为如何理解这里的"互负到期债务"，是判断本案源昌公司抵押权是否形成的关键，对此做了详细论述：

"首先，双方债务均已届至履行期即进入得为履行之状态。

其次，双方债务各自从履行期届至，到诉讼时效期间届满的时间段，应当存在重合的部分。亦即，就诉讼时效在先届满的债权而言，其诉讼时效届满之前，对方的债权当已届至履行期；就诉讼时效在后届满的债权而言，其履行期届至之时，对方债权诉讼时效期间尚未届满。在上述时间段的重合部分，双方债权均处于没有时效抗辩的可履行状态，"双方债务均已到期"之条件即已成就，即使此后抵销权行使之时主动债权已经超过诉讼时效，亦不影响该条件的成立。……因被动债权诉讼时效的抗辩可由当事人自主放弃，故可认定，在审查抵销权形成的积极条件时，当重点考察主动债权的诉讼时效，即主动债权的诉讼时效届满之前，被动债权进入履行期的，当认为满足双方债务均已到期之条件；反之则不得认定该条件已经成就。

本案中源昌公司与悦信公司互负金钱债务。就双方债务均已到期的问题，源昌公司因悦信公司未完成委托事项而对其享有2000万元的债权，2006年2月18日届至履行期；悦信公司对源昌公司享有的债权，按照2005年11月18日的《股东会议纪要》承诺退还悦信公司2000万元，因该纪要并未明确退还时间，故根据《合同法》第62条第四项的规定，悦信公司可随时要求源昌公司退还。由此可认定，在源昌公司对悦信公司2000万元债权于2006年2月18日履行期届至，到2008年2月17日诉讼时

> 效期间届满的时间内，悦信公司对源昌公司的 2000 万元债权亦处于可履行之状态，故双方债务均已到期。综上，源昌公司与悦信公司互负到期金钱债务，本案法定抵销权形成的积极条件已经成立。”
>
> ——裁判意见节选

（二）裁判观点解读

借助下图，我们可以更加直观地理解最高院的裁判要点。

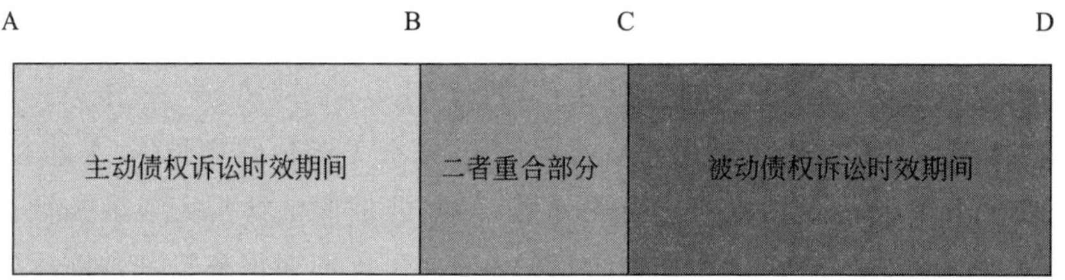

注：为了清晰展示，并未严格按照案例中的时间段来设计图片

AC 段是主动债权（源昌公司对悦信公司的债权）的诉讼时效期间；BD 段是被动债权（悦信公司对源昌公司的债权）诉讼时效期间；BC 段是二者的重合部分，从 B 到 C 的时间段里，二者相互不存在对对方的时效抗辩，双方的债权处于可履行的状态。故符合《合同法》第 99 条规定的“双方互付到期债务”的条件，法定抵销权在 BC 段即已形成。具体到本案中，如果源昌公司在 BC 段行使抵销权，产生抵销的效力自不必说，但实际上，源昌公司做出抵销的意思表示是在 BC 段之后，即其债权诉讼时效期间届满之后。按照最高院的意见，法定抵销权已经形成，因其是形成权，只要抵销的意思表示到达了对方，即可发生实际的抵销效果。

> “源昌公司行使抵销权之时虽已超出诉讼时效，但并不妨碍此前抵销权的成立。抵销通知亦为单方意思表示，意思表示只要到达对方，无需其同意即可发生抵销的法律后果，作为形成权抵销权的行使不受诉讼时效限制”。
>
> ——裁判意见节选

但笔者必须指出的是，“抵销权的行使不受诉讼时效限制”与“用以抵销的债权之上存在时效抗辩”是两回事。诚如裁判意见所述，应当将法定抵销权的形成与行使分开来看待。事实上，关于本案的关键问题，法院的分析有一个完美的开头，但却没有一个完美的结尾。

三、案例辨析

笔者认为，法院关于本案法定抵销权形成的理论分析是没有问题的。但是否法定抵销权一经形成，无论当事人何时主张抵销，只要抵销的意思表示到达对方，就可以发生抵销的效果呢？换言之，是否意味着“行使抵销权之效力溯及于得为抵销之时发生”呢？对此，学界亦无定论，还是让我们看下现有的法律规定吧。

《合同法司法解释二》第24条：当事人对合同法第96条、第99条规定的合同解除或者债务抵销虽有异议，但在约定的异议期限届满后才提出异议并向人民法院起诉的，人民法院不予支持；当事人没有约定异议期间，在解除合同或者债务抵销通知到达之日起3个月以后才向人民法院起诉的，人民法院不予支持。

我国《合同法》并未规定抵销权行使的除斥期间，但却在司法解释中规定了被抵销一方的异议期，该异议期可由当事人约定，若无约定，则为3个月。即言之，当债务人提出行使抵销权时，对方若有异议，则应当在约定或者规定的异议期内提出异议并向法院起诉，债务人行使抵销权的效力有待司法审查；逾期提出异议的，法院不予支持，债务人抵销权的行使发生效力。从该规定可以看出，被抵销一方享有的抗辩权，并不因抵销权一经形成就丧失。由此，关于主动债权已届诉讼时效，债务人能否主张抵销的问题，对方可将时效抗辩作为异议在异议期内提出。若对方未提出时效抗辩，则发生抵销的效果，反之，则需要经司法审查后决定。

综上所述，严格按照上述法律及司法解释的规定，公报案例的裁判思路或可调整为：

根据前述认定，源昌公司的抵销权依法成立。关于源昌公司抵销权行使的效果问题。鉴于源昌公司提出抵销之时，其对悦信公司的债权已届诉讼时效，故根据《合同法司法解释二》第24条的规定，悦信公司应当在收到源昌公司抵销的意思表示之日起3个月内提出异议并向法院起诉。但根据已查明的事实，悦信公司并未在异议期内起诉，因此，应当视为悦信公司已经放弃己方的时效抗辩，可以支持源昌公司关于确认双方之间的债务已经抵销的请求。

你在微信上打的每个字都有可能成为“呈堂证供”（包括语音）

官宣

微信微博聊天记录可正式作为打官司的证据啦！

中华人民共和国最高人民法院12月26日公布《最高人民法院关于修改〈关于民事诉讼证据的若干规定〉的决定》（法释〔2019〕19号）

中华人民共和国最高人民法院

The Supreme People's Court of The People's Republic of China

所在位置：首页 > 权威发布 > 司法解释

最高人民法院关于民事诉讼证据的若干规定

来源：最高人民法院 发布时间：2019-12-26 11:42:43 字号：[+] [-] 打印本页

中华人民共和国最高人民法院

公 告

《最高人民法院关于修改<关于民事诉讼证据的若干规定>的决定》已于2019年10月14日由最高人民法院审判委员会第1777次会议通过，现予公布，自2020年5月1日起施行。

最高人民法院

2019年12月25日

法释〔2019〕19号

最高人民法院

关于民事诉讼证据的若干规定

（2001年12月6日最高人民法院审判委员会第1201次会议通过 根据2019年10月14日最高人民法院审判委员

修改后的《决定》第14条规定电子数据包括下列信息、电子文件

(一)网页、博客、新浪微博客等网络平台发布的信息;

(二)手机短信、电子邮件、即时通信、通讯群组等网络应用服务的通信信息;

(三)用户注册信息、身份认证信息、电子交易记录、通信记录、登录日志等信息;

(四)文档、图片、音频、视频、数字证书、计算机程序等电子文件;

(五)其他以数字化形式存储、处理、传输的能够证明案件事实的信息。

《决定》的出台迅速登上了新浪微博热带,我们的公众号也在第一时间进行了解读:最全的新旧对比|《最高人民法院关于民事诉讼证据的若干规定》。

其中最受广大群众关注的就是该《决定》第14条的规定,把法条翻译成“人话”就是:微信、新浪微博记录可以作为证据。

有的人不禁要问,微信记录不是很早就可以当作证据使用吗?发布一个《决定》涉及微信记录,有必要搞得这么兴师动众吗?

一、《决定》出台的意义

是的,微信记录作为证据出示并非个例,甚至可以说在法律实务中很普遍,我们公众号的历史文章中也有数篇关于微信证据的文章,对微信证据的概念、相关法律规定以及案件中认定的规则等方面进行了探讨。如:

1. 微信聊天记录可以成为“呈堂证供”吗?

2. 办案札记丨微信证据如何认定?

但是我们会发现,在很多裁判案例里,这些证据却没有被司法机构认可,电子数据受到网络、操作环境、技术等多方面影响,存在易篡改、真伪难辨的天然属性。当我们引用微信聊天、微博截图等电子证据时,新浪微博、微信等第三方软件平台往往不会提供软件上发生的电子数据的真实性的说明材料。

例如微信团队曾公开发布声明,微信不留存任何用户的聊天记录,聊天内容只存储在用户的手机、电脑等终端设备。也就是说,微信聊天记录都存在用户本地,腾讯公司并不能保证聊天记录不被篡改。

更为致命的是,在该《决定》颁布前,除非双方对作为证据的微信记录予以认可,否则,一旦双方分歧较大,一方就可能从微信记录本身是否合法,是否属于民事诉讼法所认可有效的证据类型去抗辩,即对微信这种交流的记录方式,其是否具备法定的资格,首先成为模糊待定的问题。因为没有明确的法律规定,所以无法坚定地确定微信属于合法的证据类型,故,微信等电子证据的属性,被持怀疑态度。

因此作为举证方,我们需要自证聊天人员的真实身份、数据未篡改、内容真实等多个要素,如果无法自证,又没有其他证据进行补强,那么这部分电子证据往往

难以得到司法机关的认可。

而此次《决定》的颁布则标志着国家最高审判机关正式在司法解释中确认了微信微博聊天记录的证据地位。自 2020 年 5 月 1 日起，微信记录正式成为诉讼定案的证据。

两个字“权威”，如此一来当事人就无法从微信聊天证据并非法定的证据类型，从资格上否定微信记录的证明力。

二、微信记录的不同类型

聊天记录被官方认可为法定证据是一件“喜大普奔”的事情，但考虑到电子证据易篡改、真伪难辨的天然属性，在分歧较大、争议较多的情况下，公证是必不可少的环节。

（1）文字微信记录。包括与微信好友聊天、微信朋友圈发布的文字以及公众微信号发布的文章等以文字形式存在的信息。此类记录是微信中最常见也是最多的内容，一般情况下，文字记录通过手机截屏、拍照、导出等方式都可以提取与固定。

（2）图片微信记录。包括与微信好友聊天过程中，发表微信朋友圈时和公众微信号发布时转载、制作、拍摄的图片以及使用的各类表情，图片、表情所表达的意思通常要放置到整个聊天记录、文章中去理解，通常不同的使用者所表达的意思均不同，有时可能不存在任何意义，如需作为证据使用，则要将图片与其他记录整体进行公证，才能保证其对应的证明目的。

（3）语音微信记录。包括与微信好友聊天、微信朋友圈发布的语音以及公众微信号发布的文章等以语音形式存在的信息。语音功能是近几年各大通信工具设计的新型功能，通过发送语音的方式代替文字编辑，交流更加便捷。与文字微信记录相比，一个是存在形式上不一样，另一个更重要的不同是通过分辨、鉴定语音中的声音来确定使用者身份。

微信语音作为存储在电子介质中的录音资料，适用电子数据的规定，但不能作为单独定案的依据——李康诉王苗苗、王灿借款合同纠纷案

案例要旨：微信语音作为存储在电子介质中的录音资料，适用电子数据的规定，但不能作为单独定案的依据。微信语音具备证明效力应当符合以下条件：保存原始记录；微信语音中记载的内容清晰、准确，双方就所谈论的问题均有明确表态；由于微信语音存在易改变、难识别等特性，以其单独作为证明依据，有时并不充分，故除微信语音外，还应充分提供其他证据佐证。（来源：法信精选）

（4）视频微信记录。包括与微信好友聊天过程中，发表微信朋友圈时和公众微信号发布时转载、制作、拍摄的视频。视频具有直观反映事实的作用，通常使用

者自行拍摄的视频更有证明力。但如果是转载或者制作的视频因为不知道原始出处或者有后期编辑的痕迹,通常证明力不如自行拍摄的,所以要注意对视频形成方式的审查。(部分摘自《关于微信证据保全公证的探讨》,潘子文、胡莹莹,《法制与社会》2015 年 36 期)

三、微信证据满足的要求

综上,微信记录以电子数据形式存在,具有形式虚拟性、载体依赖性等特点,当事人若意图使其作为有力的呈堂证供,还必须满足证据“真实性”、“合法性”与“关联性”的要求。

首先,真实性方面,当事人除提交聊天记录打印件外还必须出示手机原件,或者对微信记录进行公证,以证明其客观真实性。在此基础上如果相对方提出异议,需提交相反的证据,或者提起鉴定程序。

其次,合法性方面,因为电子证据具有易修改、毁损、灭失的特性,电子证据必须具有实体法所规定的特定形式,必须按照法定程序提供、收集、调查和审查核实。

最后,关联性方面,包括主体关联性及内容关联性,前者指电子证据的信息载体同当事人或其他诉讼参与人之间的关联性在使用主体的身份认定上举证一方必须同时举证证明其当时聊天的相对一方就是案件当事人。后者指电子证据的信息内容同案件事实之间的关联性,即当事人提交的电子证据内容需能够证明涉案事实的存在与否。

四、参考法院裁判案例

(1) 网聊记录可以作为证据,但应当确定使用者身份及内容未被删除篡改——樟芝(上海)投资中心诉深圳牛樟芝制药有限公司等民间借贷纠纷案。

案例要旨:原告主张被告向其借款,通过微信方式出具了借条,但其未能充分证明微信借条真实存在,亦未能证明该微信借条为被告出具,故对微信借条的真实性,法院不予认可,该微信聊天记录不能作为证明借款关系存在的证据。

案号:(2015)沪一中民四(商)终字第 965 号

审理法院:上海市第一中级人民法院

来源:中国裁判文书网 2015.08.11

(2) 庭审中,通过被申请人手机微信提取并拨打的电话号码为申请人的,可以确认被申请人手机微信中微信号的真实身份即为申请人——唐蜀军、刘彪等申请撤销仲裁裁决民事裁定书。

案例要旨:在庭审中,能够确认申请人与被申请人手机微信中的信息一致,当庭通过被申请人手机微信提取申请人昵称的详细资料及电话号码并点击该号码，拨打后为申请人的手机号码的，可以确认被申请人手机微信中微信号的真实身份即为申请人。在没有其他证据予以反证的情况下，申请人认为微信号系伪造的主张不予支持。

案号：**(2016)鲁 17 民特 6 号**

审理法院：山东省菏泽市中级人民法院

来源：中国裁判文书网 2016.07.19

(3) 满足条件的微信聊天记录可以成为定案证据——易洪刚诉冯雪赠与合同纠纷案。

案例要旨：微信聊天记录属于证据中的电子数据。根据证据真实性、关联性、合法性要求，微信聊天记录在审判实践中作为定案证据应当满足以下条件：微信聊天记录的来源必须符合法律规定；非实名制微信注册时，应当确定微信聊天的双方为本案当事人；确定微信聊天时间在涉案事实的时间段内；微信聊天的内容不能含糊不清，且具有相对完整性，能够反映当事人想要证明的事实。

来源：新疆法制报 2015.04.13

(4) 未实名认证微信聊天记录满足真实性、关联性、合法性条件的，可以成为定案证据——肖金平诉的时抡借款合同纠纷上诉案。

案例要旨：网上聊天记录属于电子证据，但微信聊天记录等电子证据该如何采用及其证明力的大小，法律界一直存在争议，审判实践中法官在审查判断电子证据的可采性与证明力时必须进行全新的考虑。既需要考虑电子证据的特殊性，又不得在可采性与证明力方面予以差别对待，但仍主要从真实性、关联性、合法性三个方面进行认定。

案号：**(2015)靖民初字第 2821 号；(2015)漳民终字第 3621 号**

审理法院：福建省漳州市中级人民法院

来源：《人民司法・案例》2016 年第 8 期

金融借款中的“服务费”该如何处理？

前言

在金融借款中，金融机构在提供借款的同时，可能还会根据实际业务情况向借款人收取财务顾问费、投资（融资）顾问费、咨询费、手续费、账户托管费等费用（以下统称为“服务费”）。但在金融纠纷中，借款人往往会以该费用的收取不合理，实际加重了借款方的借款成本为由提出抗辩，认为应当酌情扣减或者返还。此时借款人所提出的主张即是将服务费认定为变相利息，变相利息指的是在金融借款合同除约定的利息之外，还约定金融机构提供服务时收取的费用，这些费用大多与借款直接相关，却并不直接体现为利息。

对此类似情况，大体上有着两种不同的处理意见，一种认为类似约定属于双方真实意思表示，只要总费用不超过法律、司法解释规定的利率上限，裁判机构就应支持；还有一种认为裁判机构应该对事实进行查明，如果金融机构确实没有提供相应服务的，就不应予以支持服务费，也可以根据服务提供情况予以酌减。

那实践中裁判机构是怎么处理的呢，请看以下案例：

案例

（2017）最高法民终 329 号

基本案情

2012 年 12 月 3 日，A 房产公司与 B 资产公司签订《财务顾问协议》，约定 B 资产公司为 A 房产公司提供经营管理与融资咨询服务，B 资产公司向 A 房产公司收取财务顾问费。截至 2014 年 3 月 26 日，A 房产公司支付财务顾问费共计 6400 余万元。

2012年12月12日，C投资公司与D银行签订《委托贷款委托合同》，约定C投资公司委托D银行向A房产公司发放贷款5亿元，期限2年。D银行履行了相应的放款义务。

后双方发生纠纷，D银行遂向法院起诉，请求A房产公司偿还借款本金5亿元，并支付相应的利息、罚息等。在审理过程中，A房产公司提出要求A房产公司向B资产公司支付的财务顾问费实为变相收取的高额利息，应在欠付的贷款利息中予以抵扣。

裁判意见

法院认为A房产公司的主张理据不足，不能成立。

首先，前述合同均为各方商事主体的真实意思表示，不违反法律、行政法规的强制性规定，亦不存在《合同法》第52条规定的导致合同无效的其他情形，均为有效；各方当事人对于合同效力亦不持异议，因此合同应当得到遵守。

其次，上述合同约定的部分义务已经得到各方当事人的主动履行，表明各方对于合同约定内容以及合同目的并无认识上的分歧，该种已然形成的交易秩序只要不存在显失公平的情形，应当予以维护。

再次，虽然B资产公司、D银行不能提供充分证据证明除了本案委托贷款业务之外，还向A房产公司提供了其他服务，但包括A房产公司在内的各方当事人均不否认本案委托贷款业务亦属于双方协议的约定内容，因此A房产公司主张其已支付的财务顾问费应抵扣欠付的贷款利息，理据并不充分。

最后，即便从B资产公司、D银行收取财务顾问费与本案委托贷款业务相捆绑的事实认为该费用也系委托贷款的融资成本，但《财务顾问协议》约定的基本费用按年利率5.3%计算、特殊费用按年利率3%计算，合计为年利率8.3%，《委托贷款借款合同》约定的年利率为6.5%，《财务顾问服务协议》约定的费用折算为年利率是0.15%，三项合计年利率为14.95%，并不高于法律予以保护的利率水平，因此从平衡债权人利益保护和房地产企业融资成本的角度考量，A房产公司主张该部分费用应当抵扣其欠付贷款利息的上诉理由，亦不能得到支持。

分析延伸

从上述案例来看，裁判机构是从合同约定情况、履行情况以及借款人的实际负担等几个角度来进行分析金融机构所收取的服务费是否构成变相利息，以及如何处理的问题，其中可能比较重要的因素就是对于借款综合利率（利息、罚息、服务费等之和）是否过高的分析。

1. 金融借款中综合利率

对于金融借款的综合费率具体标准的判断,实践中存在不同的观点。

(1) 部分裁判机构认为对金融借款中综合费率是否过高最主要的认定标准还是参考民间借贷的利率标准,认为金融借款的综合费率上限仍不应超过24%。如上述案例中裁判理由有一点理由便是认为借款综合年利率为14.95%,并不高于法律予以保护的利率水平从而驳回了借款人主张。还有在(2017)苏民终355号案中,法院也是采取同样的观点:“金融借款合同的贷款人同时主张的利息、复利、罚息、违约金和其他费用过高,显著背离实际损失的,借款人请求对总计超过年利率24%的部分予以调减的,应予支持。”

(2) 部分裁判机构认为:金融借款的利率不受民间借贷相关规定的限制。如(2018)京01民终5528号案中,法院认为,借款人虽主张上述合同中约定的利息、逾期罚息、逾期滞纳金、账户管理费等合计超过年利率24%的标准违反《民间借贷司法解释》的相关规定,但出借人系经银行业监督管理机构批准设立的金融机构,本案诉争借款系其在核准范围内向借款人发放的金融借款,不属于民间借贷,借款人以民间借贷利率上限规范金融借款依据不足,其主张于法无据,本院不予采信。

笔者认为,上述两种观点都有其合理之处,观点一是更多考虑到金融服务实体经济、降低融资成本的原则和精神,其成本如果过高的话,将违背了金融服务实体经济的价值本源,因而参照民间借贷的规定进行处理;而观点二是考虑到金融机构借贷与民间借贷两者性质不同,应适用不同的规定,不能将两者混同处理。但在实际的案件相应处理方式并非绝对,因为综合利率也并非唯一的考量因素,实践中裁判机构还会考虑案件的实际情况,如金融机构所收取的费用是否与其所提供的服务相符等因素进行分析。

2. 服务费的收取应当与其提供的服务质价相符

2019年11月8日,最高人民法院在其发布的《全国法院民商事审判工作会议纪要》(以下简称:《九民会议纪要》)中,对于金融借款合同中的“服务费”的收取进行了规定:

第51条:“金融借款合同纠纷中,借款人认为金融机构以服务费、咨询费、顾问费、管理费等为名变相收取利息,金融机构或者由其指定的人收取的相关费用不合理的,人民法院可以根据提供服务的实际情况确定借款人应否支付或者酌减相关费用。”

《九民会议纪要》的规定更接近前文两种观点的第二种观点,也是对第一种的补充,除了对借款利率进行考虑外,还应当对金融机构实际服务情况进行查明分析，如果金融机构所提供的行业咨询、投融资咨询等服务，未能达到质价相符，裁判机构可以对相应的服务费要求酌减或不予支付。

质价不符指的是金融机构收取的服务费与其为付费方提供的服务不对等，包括服务不值所收取的费用，以及只收费不服务等情形。有学者对此进行了总结，认为以下几种情况可作为考量因素：

(1) 财务顾问合同约定的服务实际未提供。

(2) 服务内容无针对性。如提供的服务内容以介绍性为主，没有结合付费方的实际情况进行比较分析，提出针对性建议等。

(3) 财务顾问服务没有实质性内容。如仅对财务情况进行分析，但并未分析背后所存在的问题以及提出相应的优化解决方法等。

(4) 服务记录造假。同时为两家企业提供相同服务，以及资料后补等。

如：(2016)赣民初68号案中，法院认为："原告虽证明其与被告签订了顾问咨询合同，但并未提供证据证明其履行了顾问咨询的义务。因此，对于原告所提被告支付顾问咨询费、通道费的请求，因不符合银监会的文件规定，本院不予支持。原告已支付的680万元顾问咨询费用，可抵扣其应支付的利息数额。"

3. 其他考量因素

(1) 除去上述两点外，裁判在处理过程中可能还会根据案件的实际履行情况来进行分析，如双方存在长期合作，且相关费用已经实际支付的情况下，基于维护交易秩序以及维护诚实信用原则的考虑，借款人的要求返还或者抵扣借款的相关主张可能难以得到支持，如上文案例中法院便是将双方对于合同约定认知清楚，且已经按此实际履行作为驳回借款人请求依据之一。

(2) 实际中可能还会有通过第三方公司签订服务合同的情况出现，但此种情形下如果需要认定第三方所收取的服务费与案件的借款存在实际关联，对借款人举证责任要求较高，故多数裁判机构都会将之认定为两个不同的法律关系，由借款人针对服务费合同进行另案起诉，而在借款合同纠纷中不予处理。

结语

综上而言，对于金融借款中"服务费"的认定不能一概而论，实践中可以从实际综合利率以及金融机构实际提供的服务是否质价相符的两个角度来进行分析，但在实际处理中，裁判机构还是会针对案件的实际情况进行综合分析，最终得出合适的处理方式。

承诺函或安慰函，是否构成担保法意义上的保证？

我国《中华人民共和国担保法》以下简称《担保法》第 3 条规定了担保活动应当遵循平等、自愿、公平及诚实信用原则，在实践中，如遇到借贷合同以外的第三人向合同债权人出具相关函件，但未明确表示承担担保责任或者代为还款的，这种情况下，能否推定出具该函件的行为构成担保法意义上的保证呢？

今天，我们就通过几则案例，简单分析一下司法实践中对承诺函与安慰函的裁判观点。

此处所述的承诺函或安慰函，是指发给债权人的一种书面陈述，表明当事人对债务人清偿债务承担道义上的义务，或者督促债务人清偿债务等。由概念可见，其最显著的特征是该书面陈述条款一般意义上不具有法律拘束力，而只有道义上的约束力，且往往由于该条款弹性过大而很难建立实质性的权利义务。当然，实践中通常认为，此类函件并不是保证合同，但与保证合同有相似的地方，如果承诺函或安慰函具备保证的意思表示，也是可以作为保证合同的一种形式。

例如下面几则案例，就有不同的认定：

案例 1

佛山市人民政府因中亚公司、景山公司的借款，向交通银行香港分行分别出具的《承诺函》主要内容如下："本政府愿意督促该驻港公司切实履行还款责任，按时归还贵行贷款本息。如该公司出现逾期或拖欠贵行的贷款本息的情况，本政府将负责解决，不使贵行在经济上蒙受损失。"

——佛山市人民政府与交通银行香港分行担保纠纷二审案，(2004)民四终字第 5 号案，摘自最高法公报案例

本案的焦点问题在于：

佛山市人民政府出具的《承诺函》是否构成法律意义上的担保?

裁判观点

一审法院广东省高级人民法院认为：佛山市人民政府为中亚公司、景山公司向香港交行的借款提供了保证担保,但为无效担保。佛山市人民政府应对中亚公司、景山公司不能清偿部分承担二分之一的赔偿责任。

一审宣判后,佛山市人民政府提起上诉,二审法院最高人民法院审理后认为：佛山市人民政府关于《承诺函》不构成保证、其不应承担法律责任的上诉请求应予支持,佛山市人民政府不应对香港交行承担任何法律上的责任。

最高院直接认定佛山市人民政府出具的《承诺函》不构成担保法意义上的保证,理由主要在于：第一,从名称来看,该《承诺函》并非担保函,对于其是否能构成担保应根据其内容来认定。第二,从《承诺函》的内容来看,“负责解决”“不让贵行在经济上蒙受损失”并无明确的承担保证责任或代为还款的意思表示。其中“负责解决”用语笼统、模糊,可以理解为督促借款人还款的道义责任。第三,该案中《承诺函》一直未列在“抵押品与法律文件”项下,而是被列入区别于“保证”的“其他”文件下,说明交行明知该函件并非保证函。第四,从交行与佛山市政府之间座谈会议纪要来看,交行从未要求佛山市政府承担保证责任或还款,佛山市政府也未做出过承担保证的意思表示。由此可见,从书面文件到实际行动上,佛山市政府出具《承诺函》的行为均不构成担保法意义上的保证。

案例2

> 云浮市政府向香港交行出具一份《承诺函》,称：“港云公司是我云浮市政府之驻港公司,为进一步发展该公司之对外贸易业务,该公司特向贵行申请一般信用证、信托提货、背对背信用证及透支额度(银行便利共伍仟万港元)。上述申请授信额度业经我市政府批准同意,请贵行根据该公司的业务发展实际需要,给予支持。我市政府愿意督促该驻港公司切实履行还款责任,按时归还贵行贷款本息。如该公司出现逾期或拖欠贵行的贷款本息情况,我市政府将负责解决,不使贵行在经济上蒙受损失。”
>
> ——交通银行香港分行与港云基业有限公司、云浮市人民政府等借款担保合同纠纷上诉案。

本案的焦点问题在于：

云浮市人民政府出具的《承诺函》是否构成法律意义上的担保?

裁判观点

一审广州市中级人民法院认为：香港交行与云浮市人民政府之间保证合同成

立，但云浮市人民政府出具的《承诺函》无效。鉴于对担保无效双方均有过错，云浮市人民政府应对港云公司不能偿还的债务部分承担二分之一的赔偿责任。

二审广东省高院认为：云浮人民政府与香港交行之间保证合同成立，但云浮市人民政府出具的《承诺函》为无效担保。鉴于香港交行和云浮市人民政府对担保无效均有过错，云浮市人民政府应对港云公司不能偿还的债务部分承担三分之一的赔偿责任。

广东省高院认为该案中的《承诺函》构成法律意义上的担保，理由主要在于：第一，从《承诺函》的内容来看，“负责解决”“不使贵行在经济上蒙受损失”，应包含“政府负责解决”和“如果解决不了，政府承担责任”这两层意思。在其他解决手段不能奏效的情况下，代为清偿是最终、最直接的手段。这种承诺具有为借款人的借款提供保证担保的意思表示，符合《担保法》第六条规定的精神，构成法律意义上的保证。第二，《承诺函》一直被列为担保法律文件，作为保证函对待。第三，香港交行有向云浮市人民政府主张权利的行为，表明香港交行对《承诺函》具有与保证合同相同的担保预期。因此，《承诺函》具有提供保证担保的意思表示，构成法律意义上的担保。

值得注意的是，后案做出判决的时间晚于前案，且广东省高院曾于 2006 年 5 月 10 日向最高法院递交过[2004]粤高法民终字第 153 号　关于交通银行香港分行与港云基业有限公司、云浮市人民政府等借款担保合同纠纷上诉一案《承诺函》是否构成担保问题的请示，最高法院在 2006 年 10 月 11 日的复函中称：“对于云浮市人民政府出具的《承诺函》是否构成我国《担保法》意义上的保证，应由你院根据云浮市人民政府出具《承诺函》的背景情况、《承诺函》的内容以及查明的其他事实情况做出认定。”而从上述裁判理由中可以看出，两则案例存在的重大区别其实主要在于，香港交行（债权人）于政府出具《承诺函》后的行为，即有无于《承诺函》出具后向出具人主张担保权利，这也是最高法院和广东高院在案件审理中认定承诺函性质的重要依据之一。

案例 3

浙江公路建设有限公司与东阳市金融借款合同纠纷

——(2011)浙商终字第 48 号

该案判决摘抄：

本院认为，本案的争议焦点是市政府向宁波××行出具的安慰函是否构成我国担保法规定的担保。本案中市政府于 2001 年 12 月 30 日向宁波××行出具安慰函，函中表述：“在贷款合同约定期限内，如顺风××每年归还本息不足 4150 万元，差额部分由政府安排归还”。首先，从名称看，安慰函并非担保函，对于其是否能构成担保应根据其内容来认定。其次，从安慰函的内容看，“由政府安排归还”，并无明确的承担保证责任或代为还款的意思表示。最后，宁波××行与顺风××都未将函件列入保证的文件项下，其向宁波××行出具的安慰函并不构成我国担保法意义上的保证。

通过上述几则案例可知，实践中，除了基本法律原则和相关规定以外，还可以结合以下几点来判断承诺函或安慰函是否构成法律意义上的保证：

(1) 结合函件出具的背景进行判断。实践中，有的安慰函或承诺函其表述语言与保证函极为相似，出具人与保证人并无分别，此种情况下，也不排除可以构成保证担保。例如，在上文云浮市政府一案中，最高法院给广东省高院的复函中也明确：应由你院根据云浮市人民政府出具《承诺函》的背景情况、《承诺函》的内容以及查明的其他事实情况做出认定。

(2) 从函件名称判断。如果函件名称为“赞助信”、“慰问信”的，除非其内容有较明确的保证还款意思表示，一般应解释为不具有保证义务而只需承担道义责任的函件，至少不能解释为保证。

(3) 从函件条款内容判断。有学者认为这是最根本的方法，因为判断安慰函或承诺函是道义上的还是法律上的，关键还是应该看内容，如果其内容有代偿债务人清偿或承担担保义务、保证债务人还款等内容的，则该函件认定为具有保证性质也并无不妥。

(4) 其他事实情况。例如，债权人、债务人或该第三人的实际履行情况，即从债权行为进行判断，上述佛山市政府与交通银行香港分行案、云浮市政府与交通银行香港分行案正是存在这样重大的事实区别，最高法院和广东高院才会以此作为重要的裁判依据。

建设工程承包人应以何种方式行使优先受偿权?

建设工程优先受偿权是指在发包人逾期不支付工程款的情况下,承包人对于建设工程的价款就该工程折价或者拍卖的价款享有优先受偿的权利。通过对建设工程行使优先受偿权,有助于承包人合法债权的实现,同时也有利于保障劳动者获得劳动报酬。正是基于其特殊性,法律往往只保护以一定方式在规定期间内行使的优先受偿权,那么,具体而言,承包人在何时以何种方式行使优先受偿权才能达到预期目的呢?

一、有关规定

《中华人民共和国合同法》第 286 条:发包人未按照约定支付价款的,承包人可以催告发包人在合理期限内支付价款。发包人逾期不支付的,除按照建设工程的性质不宜折价、拍卖的以外,承包人可以与发包人协议将该工程折价,也可以申请人民法院将该工程依法拍卖。建设工程的价款就该工程折价或者拍卖的价款优先受偿。

《建设工程施工合同司法解释(二)》第 22 条:承包人行使建设工程价款优先受偿权的期限为 6 个月,自发包人应当给付建设工程价款之日起算。

二、承包人优先受偿权的行使期限

承包人优先受偿权的行使期限为 6 个月,该期限法律性质上属于除斥期间,不存在中断或延长。但是对于该期限的起算时间点,自 2019 年 2 月 1 日起施行的《建设工程施工合同司法解释(二)》第 22 条改变了原来《最高人民法院关于建设工程价款优先受偿权问题的批复》(以下简称《批复》)第 4 条关于优先受偿权起算时间的规定,从原来的自建设工程竣工之日或者建设工程合同约定的竣工之日起计算变更为自发包人应当给付建设工程价款之日起算。《批复》第 4 条规定自建设工程竣工之日或者建设工程合同约定的竣工之日起计算，而实践中往往存在因停工造成不能如期竣工或拖延竣工验收、拖延结算等情形，而这些因素均会限制优先受偿权在保护期内行使，因此，《建设工程施工合同司法解释（二）》第22条的规定一方面有利于保护承包人的权利；另一方面也可督促承包人及时行使权利。根据该条的规定，优先受偿权的行使期间自发包人应当给付建设工程价款之日计算，至于发包人应当给付建设工程价款具体时间的确定，一般来说，双方当事人会在有关合同中明确工程价款的具体给付时间，因此，要看当事人具体如何约定。

三、建设工程价款优先受偿权的行使方式

根据上述分析可知，只有在规定的期限内承包人所享有的优先受偿权才会受到法律的保护。同样的，承包人也应以合法有效的方式行使此权利。

优先受偿权的行使方式，直接决定了当事人如何主张权利和采用救济的方法，也决定了优先受偿权行使期限的起算点。因此，实践中一直以来对于如何行使优先受偿权存在争议。且我国法律法规及司法解释并未对此予以明确规定。

2017年7月19日，广东省高级人民法院印发的《关于审理建设工程合同纠纷案件疑难问题的解答》第3条第十七款规定，建设工程承包人提起诉讼、申请仲裁主张工程价款优先受偿权，自行与发包人协商以该工程折价抵偿欠付工程款，申请法院将该工程拍卖以实现工程款债权，申请对建设工程拍卖款参与分配程序主张优先受偿权，或者向发包人以书面形式明确表示主张优先受偿权的，均属于对建设工程价款依法行使优先受偿权。从该规定的内容可知，承包人可以通过以下几种方式行使优先受偿权：

1. 与发包人协商折价

在行使优先受偿权的期限到来后，承包人可与发包人经过协商，达成最后的就建设工程抵顶工程价款的协议。此种方式有利于承包人节省诉讼成本，也是对当事人意思自治的尊重。然而，该行使方式可能会诱发承包人与发包人恶意串通损害该建设工程上其他权利人利益的风险。因此笔者认为，双方折价的情况下，需要相应的规范机制对双方的行为进行合理约束，比如，在当事人协商过程中，由独立鉴定机构确定合理价值，双方当事人协议签署后，应通知其他债权人和抵押权人并对该协议进行公示，且如果其他权利人发现该协议损害其自身合法利益，则可以据《合同法》第74条的规定，行使撤销权。

2. 以提起诉讼或申请仲裁方式主张

实践中，较为普遍的观点认为，承包人行使优先受偿权最为保险的方式即是在规定期限即自发包人应当给付建设工程价款之日起6个月内以提起诉讼或申请仲

裁方式主张优先受偿权。《合同法》第286条规定承包人有申请拍卖建设工程的权利,一般而言,承包人可以先向法院或者仲裁机构提起建设工程优先权确认之诉或确权申请,然后请求拍卖建设工程,此种方式主要是通过裁判文书的既判力来实现建设工程优先权。当然,如果发包人已经进入破产程序的,则承包人可直接向破产管理人提出享有优先受偿权的申请。提出该申请就意味着向发包人行使了优先受偿权。

节选自(2017)浙0127民初1981号判决意见

本院认为:合同虽约定了竣工日期为2014年6月30日,但本案因被告的原因导致案涉工程迟迟未竣工,工程价款无法确定。直至淳安县人民法院受理了被告的破产申请后,在确认债权时才委托浙江韦宁工程审价咨询有限公司对合同约定的工程进行审计,直至2017年1月17日才确定原告所享有的债权,而原告在2016年11月就已经明确向破产管理人提出享有建设工程价款优先受偿权的申请。故本院认为原告的申请并未超过6个月的期限。

3. 以书面形式向发包人主张

除了上述两种方式外,建设工程实践中往往还存在另一种行使优先受偿权的方式,即承包人以书面形式向发包人主张优先受偿权。先来看两则案例的判决意见:

节选自(2017)苏05民终9730号案判决意见:

关于鼎立机电公司通过出具《情况说明》的形式主张优先权是否具有法律效力。一审法院于2016年6月8日受理申请人刘晓燕申请力天投资公司破产重整一案,说服力天投资公司从2016年6月8日开始进入破产重整程序。鼎立机电公司在力天投资公司进入破产重整程序后于2016年10月20日向力天投资公司出具《情况说明》对3132万元主张优先债权,而力天投资公司管理人于2016年12月7日向鼎立机电公司出具《债权审查结果复核通知书》对于鼎立机电公司3132万元优先债权的申报结果进行了通知。综上,鼎立机电公司向力天投资公司主张优先权的形式虽为《情况说明》,但是鼎立机电公司系在力天投资公司进入破产重整程序后通过向管理人申报的方式主张了优先权,系正式途径,一审法院认可其2016年10月20日主张优先权的形式的法律效力并无不当。

节选自(2016)鲁17民终3071号案判决意见:

根据被上诉人华欧公司提交的催款通知书,华欧公司曾于2013年5月16日以书面形式向中鲁能源公司催告工程款,并同时主张了优先受偿权。中鲁能源公司时任总经理马怀亮于同日在该催款通知书上签字认可收到,故应认定华欧公司于2013年5月16日即向中鲁能源公司主张过优先受偿权。上诉人以华欧公司第一次起诉时未主张优先受偿为由认为该催款通知书虚假,依据不足,本院不予采纳。

上述两则案例中，承包人均是以书面形式向发包人主张优先受偿权，而有关人民法院均认可了承包人以此种方式行使优先受偿权的法律效力。笔者认为，从以上案例及有关法律实践可知，承包人以书面形式行使优先受偿权一般应满足以下三个条件：

第一，客观上存在合同、协议、催款函等“书面”文件。根据《合同法》第 11 条的规定，书面形式是指合同书、信件和数据电文（包括电报、电传、传真、电子数据交换和电子邮件）等可以有形地表现所载内容的形式。

第二，有明确的行使优先受偿权的意思表示。因此，仅以书面形式向发包人催收工程款并不能直接得出承包人向发包人行使了优先受偿权的结论，故在上述第二则案例中，若华欧公司仅在催款通知书中催收欠款而没有明确的主张优先受偿权的意思表示，则不能认定其于 2013 年 5 月 16 日行使了优先受偿权。

第三，承包人应提供证据证明发包人收到有关书面通知。这是因为，承包人一般都应向发包人主张优先受偿权，当然，如果双方在规定期间签订书面协议对承包人享有的优先受偿权进行了确认，则承包人只需提供有关协议予以证明即可。

转包与挂靠在法律后果上的区别

无论是转包还是挂靠，都是建设工程施工活动中的违法行为。二者因在外延上的相似性导致实践中很难区分。关于司法实践中如何区分认定转包与挂靠，《工程转包与挂靠的认定与甄别》(徐丹，载《高衫 LEGAL》，2015 年 1 月 4 日)一文总结得很到位，在此便不赘述。今天我们主要通过分析转包与挂靠的内部法律关系构成来解析二者在民事法律后果上的区别。

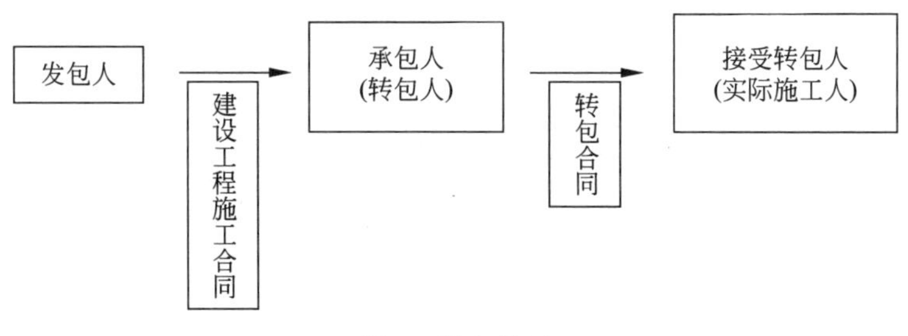

图 1　转包关系

转包中，承包人承接工程项目后，将工程转包给实际施工人，承包人通过转包赚取差价，本身并不参与工程建设的具体事项。转包关系中涉及发包人与承包人之间的建设工程施工合同关系，以及承包人与接受转包人之间的转包合同关系。

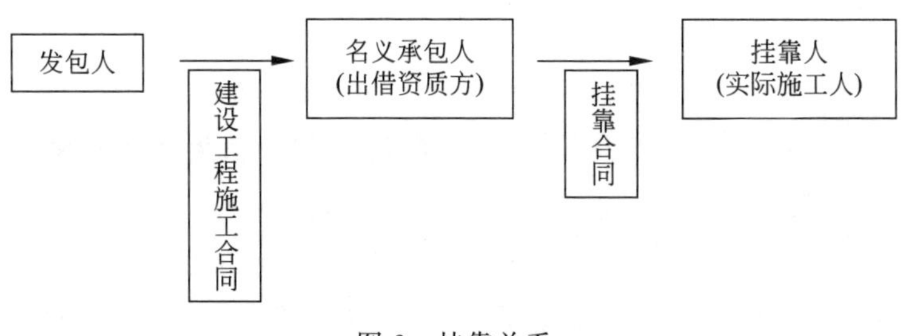

图 2　挂靠关系

挂靠中，挂靠人借用名义承包人的资质，以其名义与发包人订立建设工程施工合同，名义承包人通过挂靠协议向挂靠人收取挂靠费。挂靠关系中，名义承包人与发包人之间并不成立真正的建设工程施工合同关系，其仅与挂靠人之间存在资质借用的挂靠合同关系。

通过梳理，转包与挂靠的民事法律后果主要区别如下：

一、合同效力不同

《最高人民法院关于审理建设工程施工合同纠纷案件适用法律问题的解释(一)》(以下简称《司法解释一》)第1条规定：**建设工程施工合同**具有下列情形之一的，应当根据合同法第52条第(五)项的规定，认定无效：……(二)没有资质的实际施工人**借用有资质的建筑施工企业名义**的……

第4条规定：承包人**非法转包**、违法分包建设工程或者**没有资质的实际施工人借用有资质的建筑施工企业名义**与他人签订**建设工程施工合同**的行为无效……

因此，**图1中，无效的是承包人(转包人)与接受转包人(实际施工人)之间的转包合同，建设工程施工合同仍然有效；而图2中，无效的是发包人与名义承包人(出借资质方)的建设工程施工合同**。在此需要指出的是，前述《工程转包与挂靠的认定与甄别》一文认为，结合《司法解释一》第1条与第4条的规定，可以得出"对于转包而言，转包合同无效而承包合同有效；对于挂靠而言，不仅挂靠合同无效，而且承包合同也无效"的结论。这种观点是错误的，这两条规定规制的都是建设工程施工合同关系，而非挂靠关系。至于出借资质方与挂靠人(实际施工人)之间的挂靠合同关系是否无效，法律及司法解释并没有明确规定。

二、法律保护的倾向性不同

与违法分包一样，承包人的转包行为往往扰乱建筑市场秩序，实际施工人的利益难以保障。**因此，在转包中，法律倾向于保护实际施工人的利益，实际施工人可以直接向发包人主张工程款**。具体参见：

《司法解释一》第26条第一款：实际施工人以**转包人**、**违法分包人**为被告起诉的，人民法院应当依法受理。

《最高人民法院关于审理建设工程施工合同纠纷案件适用法律问题的解释(二)》(以下简称《司法解释二》)第24条：实际施工人以发包人为被告主张权利的，人民法院**应当追加转包人或者违法分包人**为本案第三人，在查明发包人欠付转包人或者违法分包人建设工程价款的数额后，判决发包人在欠付建设工程价款范围内对实际施工人承担责任。(变更了《司法解释一》第26条第二款的规定)

因挂靠中实际施工人缺乏相应建筑资质，导致建筑工程质量往往难以保障，影响发包人的利益。**故而在挂靠中,法律规定往往向发包人倾斜,出借资质方应对因出借资质造成的损失与挂靠人承担连带赔偿责任**。尽管如此,如果建设工程经竣工验收合格,承包人还是可以请求发包人按约定支付工程价款。具体参见:

《司法解释二》第4条规定:缺乏资质的单位或者个人借用有资质的建筑施工企业名义签订建设工程施工合同,发包人请求**出借方与借用方对建设工程质量不合格等因出借资质造成的损失承担连带赔偿责任**的,人民法院应予支持。

《司法解释一》第2条规定:建设工程施工**合同无效**,但**建设工程经竣工验收合格**,承包人请求参照合同约定支付工程价款的,应予支持。

关于挂靠人能否根据《司法解释二》第24条的规定直接向发包人主张工程款,实践中存在争议。笔者认为,其一,挂靠人并非一般意义上的实际施工人,其在挂靠关系中,主动借用名义承包人资质承接建设工程项目,本身存在主观上的过错;其二,《司法解释一》第26条第一款和《司法解释二》第24条明文规定的是"转包人"与"违法分包人",并未言明"出借资质方";其三,根据《司法解释一》第2条的规定,在建筑工程验收合格的情况下,名义承包人可以向发包人主张工程款。**因此,挂靠人并不能向普通的实际施工人一样,直接向发包人主张工程款,而应当待发包人向名义承包人支付工程款后,再向名义承包人主张;或者在名义承包人怠于向发包人主张工程款时,行使代位权**。

未经配偶同意，夫妻一方擅自承诺以共有财产为他人提供担保，该如何处理？

前言

夫妻双方之间存在紧密的人身以及财产关系，根据《中华人民共和国婚姻法》（以下简称《婚姻法》）的相关规定，夫妻一方对外生产、经营的收益为夫妻共同所有，夫妻共同生活所负的债务，应当共同偿还。但如果一方擅自以夫妻共同财产承担连带责任担保的，该承诺对另一方是否有效？该如何处理呢？对此存在夫妻共同承担担保责任以及由承诺提供担保的一方承担个人责任两种不同的处理意见，那在实务中到底采取的是何种观点呢？具体又是怎么处理的呢？请看以下案例。

案例分析

冯春花、马晓琴等确认合同无效纠纷案

案号：【(2016)陕民终654号、(2018)最高法民再198号】

简要案情：

冯春花与赵玉科为夫妻关系。2014年2月28日，出借人贾延成（甲方）与借款人马晓琴、李明（乙方）及保证人赵玉科签订《借款合同》，载明贾延成同意给马晓琴、李明借款1000万元，其中对保证责任约定，保证人以保证人个人及家庭财产承担连带保证责任。贾延成在合同落款甲方处签字，李明在乙方处签字，马晓琴未签字，赵玉科在保证人一栏签字，保证人（配偶）财产共有人处空白。

后因合同履行发生纠纷，出借人贾延成提起仲裁，裁决结果认为保证人赵玉科对借款人所借款提供的保证责任，属于人保的范围，并不涉及对物权的处分，无须征得财产共有人的同意，故所签订的保证担保条款合法有效，应承担相应的保证责任。

赵玉科妻子冯春花认为裁决书认定事实错误。贾延成、赵玉科、李明恶意串通损害其的合法权利，合同无效，且合同中其并未签字，保证条款未生效，并向法院起诉。

裁判意见节选：

一审中院意见：《借款合同》的保证条款约定中赵玉科承诺以个人及家庭财产承担连带保证责任。……但借款合同保证人(配偶)财产共有人处空白，赵玉科之妻冯春花未签字。……因赵玉科在未征得财产共有人冯春花同意的情况下，承诺以家庭财产为他人提供担保，损害了冯春花的合法权益，故该承诺对冯春花无约束力。综上，冯春花的诉讼请求部分成立，本院予以支持。

二审高院意见：案涉保证条款的效力已被生效仲裁裁决所确认。……就本案而言，赵玉科以个人名义设立的保证债务，系无偿保证，因为保证人既没有从债权人也没有从债务人处获得对待给付，该保证债务的设定并没有基于夫妻共同生活的可能，应认定为赵玉科个人债务。冯春花不是借款合同的当事人，亦不具备诉讼利益，故撤销一审判决并驳回冯春花的起诉。

最高院意见：关于案涉《借款合同》中保证条款的效力问题。……本院认为，赵玉科本人作为保证人已在合同保证人处签名，其个人在提供担保时无需征得财产共有人的同意，冯春花在该合同中未签署姓名并不影响赵玉科个人保证责任的成立与生效，赵玉科以个人财产提供担保的意思表示合法有效。但赵玉科在未征得财产共有人冯春花同意的情形下，承诺以家庭财产为他人提供担保，系无权处分，冯春花对此不予追认，该承诺无效，并对冯春花不具有法律约束力。

案例延伸：

上述案例中各个审理法院对于未经配偶同意，夫妻一方擅自承诺以共有财产为他人提供的担保所产生的担保债务，基本观点都是一致的，均将其认定为个人债务，而不是夫妻共同债务。但区别之处也非常明显，二审高院虽将该担保债务认定为保证人的个人债务，但其并未对该担保责任的范围进行限定，同时以主体资格为由驳回了保证人配偶的诉讼请求，维持了原合同的约定，即实质上以夫妻共同财产来承担个人的担保责任，这种做法很有可能损害保证人配偶的权益，导致利益失衡，违反了公平合理的原则；相对应的，一审中院以及最高院的处理就显得更为合理，笔者也是赞同此种处理方式。一审中院以及最高院同样将未经配偶同意，夫妻一方擅自承诺以共有财产为他人提供担保认定为个人债务，但同时，该法院对担保责任的范围进行了限定，以个人财产对应个人债务，将家庭财产排除在外，相应的担保合同/条款对保证人配偶不具有约束力。这种处理方式显然更能平衡双方之间的利益。

因此，在没有特别约定的情况下，夫妻双方婚后取得的财产均属于夫妻共同财产。若在婚姻关系存续期间，未经配偶同意，夫妻一方擅自承诺以共有财产为他人提供担保，通常应将其认定为个人债务，由承诺担保的一方以其个人财产而非家庭财产承担相应的担保责任。但在实际案件中，还需要考虑其他因素进行分析才能得出最终的结论。结合上述案例以及现行相关法律规定，笔者认为主要可以从以下两方面来进行分析：

第一，从形式方面来进行分析。具体指的是合同的签订过程，首先看担保合同或借款合同的保证条款中是否明确约定应以夫妻双方的家庭财产承担该担保责任，抑或明确该担保之债属于夫妻共同债务；其次看合同签订的过程中是否夫妻双方均在合同中签字确认，抑或虽然只有夫妻一方签字，但事后配偶方进行了追认。如果不具备上述情形的话，则在形式上可以认定该债务属于个人债务，由承诺担保方以个人财产承担担保责任。

第二，从实质方面进行分析。具体指的是承诺承担该担保责任的主要目的是什么，该担保行为是否为家庭生活带来利益。担保行为可以细分为无偿担保行为和有偿担保行为。如果为无偿担保行为，即承诺承担该担保责任并未带来收益，也不可能用于家庭生活，因此应认定为个人担保责任，应以担保人个人的财产承担担保责任；如果为有偿担保行为且担保人将该行为获取的利益用于家庭生活的，则应将该担保债务认定夫妻共同债务，由夫妻一同承担该担保责任。

最后是关于举证责任的问题。笔者更倾向于认为夫妻一方以个人名义承诺对外承诺担保，由此产生的担保债务，应推定为个人债务，以个人财产承担担保责任；再根据谁主张谁举证的原则，由主张属于夫妻共同债务一方承担相应的举证责任，证明另一方存在事后追认，又或担保行为获利且用于夫妻共同生活等。

不动产抵押未办理登记，抵押人应在抵押物价值范围内承担连带清偿责任？

一、案情简介

2010年10月26日，叶红阳、杜朋、华福明和张国叶四方签订合约约定：因杜朋外籍身份借款不便，决定以叶红阳的名义向鸿基公司借款500万元，并用华福明和张国叶所有的位于衢州市巨化花径路11套房产作为担保，抵押于鸿基公司名下。**如杜朋未按借款约定日期归还，叶红阳必须归还鸿基公司的借款，华福明和张国叶同意并授权叶红阳处置上述11处房地产，变卖所得款项归叶红阳偿还代借款项等（事实上未办理抵押登记）**。2010年10月27日，鸿基公司将500万元支付给叶红阳。叶红阳将500万元款项汇至杜朋账户。叶红阳于2010年11月23日前将500万元借款本息归还给鸿基公司。叶红的起诉要求杜朋归还借款，华福明和张国叶承担担保责任。

——(2016)浙民终228号

争议焦点：

抵押未办理登记，华福明与张国叶是否应当承担担保责任？

法院观点：

华福明、张国叶做出的系一种**非典型担保的意思表示**，即为杜朋向叶红阳的借款提供担保，但因未进行抵押登记，抵押权未生效，依照《中华人民共和国物权法》第187条的规定，未办理抵押登记手续的，作为物权的抵押权未设立，没有优先受偿权，不得对抗善意第三人，但担保人仍应在抵押物价值范围内依约承担连带清偿责任。**华福明、张国叶在案涉房屋的变价款范围内向叶红阳承担责任，但叶红阳不享有优先受偿权。**

二、裁判逻辑分析

上述案例判决生效后，即被编写为精选案例，载于人民法院报，详见《非典型担保意思表示下抵押人的责任承担——浙江衢州市中级人民法院判决叶红阳诉杜朋等追偿权纠纷案》(杨日洪、徐琦，载《人民法院报·案例精选》，20170528：06)。我们可以借此一窥本案的裁判逻辑，为何抵押合同生效后，抵押未办理登记，抵押人需要在抵押物价值范围内承担连带清偿责任呢？

第一，抵押未办理登记，不影响抵押合同的效力。

第二，本案中的未办理抵押登记的抵押合同为一种非典型担保。

其特征有二：(1)**当事人约定的附条件生效**。案涉合约为担保意思表示设置了生效要件，即由形式借款人叶红阳代偿欠款后，担保人方可以其财产担保。因叶红阳代实际借款人杜朋偿还到期债务，该担保意思表示的生效要件已经成就。(2)**抵押合同未登记**。合约约定，华福明、张国叶的房屋附条件地为杜朋向叶红阳作了担保的意思表示，但未合意进行抵押登记。这就涉及未登记担保合同效力判定。

第三，抵押人需承担非典型担保责任。

对于非典型担保责任的承担，而应结合法律规定和现实情况综合判断。其一，**从近似规定来看，《担保法》第19条规定，保证合同没有约定或者约定不明时推定连带责任，该种情形下的担保义务应当推定为连带责任**。其二，**与保证不同之处在于，由于合意将担保物进行抵押担保，这种诉讼请求应当以担保物的价值为限**。即抵押人应当履行合同上的担保义务。可见，**债权人享有合同法意义上的担保权**，进而有权要求抵押人承担有限连带清偿责任。但由于担保的不动产未进行抵押登记，抵押权未生效，故法院判决华福明、张国叶在案涉房屋变价范围内向叶红阳承担责任，但叶不享有优先受偿权。

上述裁判逻辑有两个重要的环节，第一，虽然债权人未取得抵押权，但本案中的抵押合同为非典型担保，抵押合同生效，债权人享有合同法意义上的担保权。第二，由于当事人未在合同中明确约定承担非典型担保责任的方式，则类比保证合同中保证方式约定不明时的处理，推定本案非典型担保责任为连带责任。

三、何为非典型担保？

由各国民法明文规定的抵押、质押、留置等属于典型担保方式。非典型担保相对典型担保而言，是指社会交易上自发产生，尔后逐渐被利用，立法未规定其为判例学说所承认的担保，例如让与担保和所有权保留。根据目前的通说，二者的本质区别在于**担保物的所有权或其他权利是否移转给担保权人。依照此标准，案例所涉担保方式并不能称为非典型担保**。

根据上述裁判逻辑，案例中的“非典型担保”具备抵押合同附生效条件及抵押未办理登记两个特征。然而，附条件生效是合同效力问题，而抵押合同未登记影响的是抵押权是否设立，这二者合起来并不构成本案为非典型担保的理由。回顾当事人的约定，“如杜朋未按借款约定日期归还，叶红阳必须归还鸿基公司的借款，华福明和张国叶同意并授权叶红阳处置上述11处房地产，变卖所得款项归叶红阳偿还代借款项”，**该约定并未超出不动产抵押担保的范畴**。

四、抵押权未设立，债权人是否享有合同法意义上的担保权？

裁判观点认为，抵押合同业已生效，虽然抵押权因未办理抵押登记而未设立，但是就抵押合同而言，担保人具备为债务人提供担保的意思表示，故债权人享有合同法意义上的担保权。此种逻辑进路有点类似无效合同的转换，但本案并不适用。从本案当事人的约定来看，**双方仅就不动产抵押成立合意**，裁判机构认为“华福明、张国叶做出的系一种**非典型担保的意思表示**”，属于**臆造当事人的意思表示，这并不可取**。

既如此，类比保证方式约定不明的处理，类推本案中抵押人应承担连带清偿责任，更是不可取的。

综上所述，案例所涉担保方式并非通说意义上的非典型担保，其本质仍为不动产抵押，我们无法按照裁判逻辑得出抵押人在不动产未办理抵押登记的情况下，需承担连带清偿责任的结论。

那么，债权人得向抵押人主张何种权利呢？

笔者认为，首先，应当尊重当事人的意思自治，如果抵押合同明确约定未办理抵押登记时抵押人应当承担的责任（可以是违约责任，也可以约定其他担保责任），则从其约定；其次，若抵押合同对此并未做出明确约定，类似于本案，当抵押登记未办理的过错在抵押人时，债权人可以向抵押人主张一般的违约责任，但需证明其因此而遭受的实际损失。

房地产纠纷实务

房屋买卖合同解除后能否同时主张违约金与赔偿损失?

按照我国《合同法》第 97 条的规定，合同解除后当事人有权要求赔偿损失。那么如果当事人在《房屋买卖合同》中约定了违约金条款，当合同因违约而解除后，违约金与赔偿损失可否并用呢?

要回答这个问题，首先要考虑的是合同解除后违约金条款可否继续适用。我们在往期的微信文章中对此进行过探讨→合同因一方违约解除后，守约方能否继续主张违约责任? 结论是违约金条款不受合同解除的影响，可以与合同解除并存。因此房屋买卖合同因违约而解除后，守约方是可以主张继续适用违约金条款的。由于合同解除还涉及损害赔偿，此时则需要探讨违约金与损害赔偿请求权之间的关系如何。

案例先行

案号：北京市昌平区人民法院(2016)京 0114 民初 11518 号

原告(反诉被告)：张丽芬

被告(反诉原告)：绛云、常振国

基本案情

2014 年 11 月 5 日，原告张丽芬与被告绛云、常振国签订了《存量房屋买卖合同》《居间服务合同》《过户、按揭代理合同》及补充协议，约定被告绛云、常振国将位于北京市昌平区立汤路某房屋以人民币 1360 万元的价格出售给原告。《合同法》第 7 条关于违约责任约定：(一)买卖双方任何一方不按约定履行合同，按照逾期时间，分别处理：……2、逾期超过 15 日后，合同的另一方有权解除合同。合同的另一方解除合同的，违约方应当自解除合同通知送达之日起 7 日内退还合同的另一方全部财物，并按照该房屋总价款的 20%向合同的另一方支付违约金……

签订上述房屋买卖合同及其补充协议后，原告张丽芬未能按照《补充协议》中声明并承诺的在 2015 年 4 月 30 日前自行取得北京市购房资格，亦未能按约支付剩余购房款 460 万元，导致双方未能在约定的 2015 年 4 月 30 日前办理涉案房屋过户登记手续或办理全权委托出售公证手续。

2014 年 12 月 21 日，常振国（买受人）与案外人黄丽丽（出卖人）签订了《北京市存量房屋买卖合同》，约定常振国购买黄丽丽所有的位于昌平区定泗路某房屋，房屋成交总价为 1200 万元。签订合同后，常振国给付黄丽丽购房款 210 万元（含定金 10 万元），因与张丽芬的房屋买卖合同未能按约定时间履行完毕，常振国不能及时足额支付黄丽丽购房款，遂与黄丽丽产生争议，并于 2016 年 2 月将黄丽丽起诉至法院，后协商一致解除了双方于 2014 年 12 月 21 日签订的《北京市存量房屋买卖合同》，黄丽丽在扣除了 30 万元违约金后将剩余的 180 万元返还常振国。张丽芬于 2016 年 6 月 30 日向北京市昌平区人民法院起诉，绛云、常振国提起反诉请求：(1)判令张丽芬向绛云、常振国支付违约金 272 万元；(2)判令张丽芬支付因其违约导致绛云、常振国向案外人黄丽丽承担违约责任产生的各项经济损失 43.68 万元；(3)判令张丽芬向绛云、常振国支付本案的律师费 26.8483 万元；(4)判令张丽芬赔偿因其违约行为导致绛云、常振国未能按照与案外人黄丽丽签订的《房屋买卖合同》约定的价值购买北京市昌平区定泗路某房屋的涨价损失（由法院酌定）。

法院观点

1. 由于原告的违约行为，导致原告与被告绛云、常振国签订房屋买卖合同的目的无法实现，同时因原告购房资格问题，房屋买卖合同亦无法继续履行，故原告与被告绛云、常振国之间签订的北京市存量房屋买卖合同及其补充协议应予以解除。

2. 我国合同法上的赔偿性违约金，性质上为损害赔偿总额的预定，违约金与损失赔偿金均以补偿性为基本功能，功能的基本重合性决定了二者不能并用。关于反诉原告绛云、常振国要求反诉被告张丽芬支付违约金 272 万元的同时，还主张向案外人黄丽丽支付的各项损失及未能购买案外人房屋的涨价损失，本院认为：首先，绛云、常振国主张的违约金和赔偿损失不能并用；其次，本案中，绛云、常振国并未举证证明张丽芬的违约行为对其造成的损失已超出双方在房屋买卖合同中约定的违约金数额。因张丽芬的违约行为导致常振国支付案外人黄丽丽赔偿金、支付中介的佣金和律师费以及本案中支付的律师费共计 70 多万元，即使加上常振国在出售涉案房屋（售价 1360 万元）与重新购买案外人黄丽丽房屋（购买价 1200 万元）的差价（预期利益）160 万元，亦不超出反诉原告与反诉被告约定的违约金 272 万元，故本案应适用违约金条款。因反诉被告的根本违约行为，导致反诉原告签订房屋买卖合同的目的不能实现，亦给反诉原告造成了相应的损失，双方在合同中约定了违约金（合同总价款的 20%）条款，同时根据本院查明的事实和双方实际履行情况、反诉被告的过错程度、预期利益等综合因素,双方在合同中约定的违约金在合理范围之内,并未过分高于造成反诉原告的损失,违约方应按照合同约定承担给付相应违约金的责任,故反诉原告要求反诉被告支付违约金272万元,具有事实和法律依据,本院予以支持。

评析

以上判决反映出了当前的司法倾向性观点,即我国《合同法》上的违约金系以"补偿性为主、惩罚性为辅",补偿性是违约金的主要属性。从《合同法》第114条第一款"当事人可以约定一方违约时应当根据违约情况向对方支付一定数额的违约金,也可以约定因违约产生的损失赔偿额的计算方法"规定的文义出发可知,违约金是合同当事人不履行合同或者不完全履行合同义务,违约方按照合同的约定,支付给非违约方一定数量的钱款,实质是损害赔偿额的预定,主要功能在于填补守约方损失,可以视为是合同约定的履行行为之替代。而赔偿损失,亦称损害赔偿,是指合同一方不履行合同义务或者履行合同义务不符合约定,给对方造成财产上的损失,由违约方赔偿对方一定数量的钱款,这种赔偿以弥补守约方的实际损失为原则,不支持惩罚性赔偿。由于违约金的损失填补功能和替代履行作用决定了在违约金请求权与合同解除后损害赔偿请求权指向的是同一种损害的场合,则应避免同时适用。比如合同中的违约金条款约定"卖方保证该房屋没有产权纠纷,因卖方原因造成该房屋不能办理产权登记或发生债权债务纠纷的,卖方应支付房价总款10%的违约金",在涉案房屋被查封导致合同解除的情形下,买方除了主张违约金之外,可能还会要求赔偿房屋升值给买方造成的购买同地段、同面积的类似房屋的差价损失。鉴于买卖双方签订房屋买卖合同的目的是卖方将房屋所有权转移给买方,由买方取得房屋的所有权。双方在签订合同时是能够预见或者应当预见到因卖方违约导致买方丧失购买房屋机会,将会产生房屋差价损失,于是为了避免日后损害赔偿计算困难及举证困难而预先确定一种定额赔偿损失计算方式。在这种情况下的违约金是买方无法取得房屋所有权后所产生的损害赔偿金额的预定,与房屋差价损失系同一损害结果,所以如果同时支持违约金和损害赔偿金,将会出现守约方双重获益之结果。

那么守约方能否自由选择适用违约金或者损害赔偿呢?

如果违约金请求权与损害赔偿请求权指向的是同一损害的,或者违约金系补偿性违约金的场合,由于违约金系损害赔偿总额的预定,有观点认为此时无论是适用违约金责任还是损害赔偿责任均可以填补当事人的损害,因此当事人可以自由决定选择适用违约金或者损害赔偿。

笔者不同意这样的观点。理由在于损害赔偿为法律的一般规定,而作为损害赔偿总额预定的违约金是当事人的特别约定,体现当事人意思自治,故应优先适用。从《合同法》第 114 条第二款"约定的违约金低于造成的损失的，当事人可以请求人民法院或者仲裁机构予以增加；约定的违约金过分高于造成的损失的，当事人可以请求人民法院或者仲裁机构予以适当减少"规定也不难看出，在指向同一种损害场合，虽然债权人有填补损害赔偿请求权，但违约金请求权与损害赔偿请求权并非债权人可自由选择的，而是有违约金请求权场合应行使违约金请求权；如果约定的违约金金额不足以填补债权人所受损失的，则债权人可以请求人民法院或者仲裁机构予以增加，而不能同时继续主张或另行主张其他损害赔偿内容。此外，强调守约方不能自由选择适用违约金或者损害赔偿，还有一个原因在于，违约金的目的除了保证双方均按照合同约定全面、诚信履行各自义务，促成交易以外，还有限定责任的功能，如果允许守约方任意选择，必然使违约金这一规范目的落空。因而，在合同因违约而解除的场合，守约方应适用违约金条款而非损害赔偿，当约定的违约金低于造成的损失时，当事人可以请求人民法院或者仲裁机构予以增加。

不动产抵押权的善意取得如何认定？

一、案情

小严与小陈于1998年1月登记结婚，于2012年4月登记离婚。两人婚后共同出资购买了一套房屋，登记在小严一人名下，共有情况显示为单独所有。

小严于2011年11月7日向小龙借款56万元，借款期限为3个月，双方于同日签订了《房产抵押合同》并向房产登记机关办理了抵押登记（小严以登记在其名下的房屋提供抵押担保）。借款到期后，小严未能如期还款，小龙遂向法院起诉，请求法院判令小严偿还借款，并实现抵押权。法院于2012年9月26日做出判决：(1)小严于判决生效后10日内给付小龙借款56万元；(2)若小严未能在确定给付之日内给付上述款项，小龙可以申请人法院对小严抵押的房产进行拍卖、变卖，并在56万元范围内享有优先受偿权。

判决做出后，小陈向法院提起第三人撤销之诉，称其作为涉案房屋的共有人对小严的抵押行为并不知情，也从未同意将涉案房屋进行抵押，抵押合同违法无效，原审判决中关于实现抵押权的部分应予撤销。

二、分歧

本案的争议焦点为小龙能否取得涉案房屋的抵押权？

在处理过程中，出现了三种不同意见：

第一种意见认为，共同共有人以其共有财产设定抵押，未经其他共有人的同意，抵押无效。但是，其他共有人知道或者应当知道而未提出异议的视为同意，抵押有效。本案中涉案房屋为小严和小陈的共有房产，小龙与小严虽已签订了房产抵押合同，但小龙无任何证据证明小严将该房产抵押时得到小陈同意，其设立抵押权的行为严重损害了房屋所有权人的利益，应属无效。

第二种意见认为，涉案房屋的房产证记载的房屋所有权人为小严，共有人情况为单独共有，小龙有充分的理由相信小严是涉案房屋的所有权人。小严自愿以涉案房屋对小龙的借款进行抵押担保是有权处分行为，小龙根据房产证登记的所有状况与其签订抵押合同并办理登记手续、取得他项权证，不存在过错，该抵押合同为双方当事人的真实意思表示，内容不违反法律、行政法规的禁止性规定，合法有效。小龙依法取得抵押权。

第三种意见认为，小严在涉案房屋上设立抵押权系无权处分共同共有的不动产，但无权处分并不影响抵押合同的效力。本案中，涉案房屋已经办理抵押登记及他项权证，在小陈未提供证据证明小龙知道或应当知道小严无处分权即未提供证据证明小龙取得抵押权时存在重大过失的情况下，小龙能够善意取得涉案房屋的抵押权。

三、分析

笔者更赞同第三种意见，即小龙善意取得了涉案房屋抵押权。理由如下：

物权变动不能无缘无故地发生，需有能够产生物权变动的法律事实出现，才能依据法律的规定发生物权变动的效果。物权变动的原因主要有两种，一种是基于法律行为的物权变动，比如订立合同；另一种是基于事件和事实行为的物权变动，比如善意取得。不同类型的物权变动，其物权变动的规则不同。

基于法律行为的不动产抵押权设立需要满足三个条件：抵押合同有效、抵押人有处分权、抵押物办理了抵押登记。

抵押合同虽以设立抵押权为目的，但本身属于合同法律关系的范畴，其效力应当依据合同法进行判断。若《抵押合同》内容明确、清晰，属于签约双方的真实意思表示，且不存在《合同法》第 52 条所列举的合同无效的法定情形，就应认定为有效合同。不过在本案中，即使《抵押合同》合法有效——这为取得涉案房屋的抵押权创设了一定的条件，小龙也不能仅凭《抵押合同》以及完成抵押权登记而当然取得抵押权，因为小严并不具备完整的处分权。根据《中华人民共和国物权法》（以下简称《物权法》）第 97 条的规定，处分共同共有的不动产或者动产，应当经全体共同共有人同意，除非共有人之间另有约定。小严设定抵押时未能征得全体共同共有人一致同意，事后亦未获得追认，已构成无权处分。第二种意见之所以认为小严以涉案房屋对小龙的借款进行抵押担保是有权处分，是根据《物权法》第 16 条的规定"不动产登记簿是物权归属和内容的根据"。该条规定反映的是民法学所称的权利正确性推定原则，即在不动产登记簿上记载某人享有某项物权时，推定该人享有该项权利，其权利的内容也以不动产登记簿上的记载为准。但笔者以为，不动产登记的权利推定规则不应适用于登记权利人明知登记错误存在而处分财产的情形中。

登记权利人明知登记错误存在,仍然将其不动产抵押给他人,从其处分行为而言,其已经意识到自己的行为构成无权处分。因此登记权利人和抵押权人的交易中,应当依据真实的权利状况来判断登记权利人是否构成无权处分。

在本案情形下,小龙虽然无法基于法律行为取得涉案房屋的抵押权,但如果符合不动产抵押权善意取得的构成要件,其仍然可以就涉案房屋享有抵押权。

为了维护交易安全,促进物的经济效用,法律创设了善意取得制度。传统观点认为,唯有动产才适用善意取得,取得之权利类型也仅限于所有权。我国《物权法》第 106 条明确规定动产和不动产善意取得的构成要件,从而将该制度的适用范围扩大到了包括不动产在内的财产所有权和其他物权的取得。不动产抵押权自然也就包括在内。

那么不动产抵押权善意取得的构成要件如何呢?

结合《物权法》第 106 条和《最高人民法院关于适用〈物权法〉若干问题的解释(一)》(以下简称《物权法司法解释(一)》)的相关规定,笔者认为有以下几个方面:

善意取得乃公信原则的体现,故须具备权利外观,即存在不动产权属登记错误。比较常见的一种情形就是按份共有或者共同共有的不动产登记在一个或者部分共有人的名下。

第二,不动产的登记名义人以自己的名义在该不动产上设立了抵押权。

第三,抵押权人取得抵押权时出于善意。“善意”是一个抽象概念,作为一种内在心理活动状况,由于它并不直接显露于外部,因而难以度测。但作为一个法律概念,在司法实践中,需要明确认定善意的裁量标准,从而准确地适用法律。参照《物权法司法解释(一)》第 15 条第一款的规定,善意取得中受让人善意的认定需满足两个前提,一方面是主观上不知道转让人无处分权,另一方面受让人对不知“无重大过失”。在证明规则上,采用善意推定原则。不动产物权以登记为公示方式。不动产登记簿以国家信誉作为保障,依法具有公信力。因而,不动产登记簿所记载的权利状态和内容以及动产占有所公示的权利状态,具有初步的推定力。受让人作为真实权利人和登记权利人以外的第三人,是难以知晓真实权利状态的。基于不动产登记簿的公信力,受让人只要相信了权利公示的正确性,并根据公示状态进行交易,应直接推定其为善意,无须受让人就其为该交易时的善意再行举证证明。真实权利人则需就受让人受让物权时存在明知或因重大过失而未知转让人无处分权的主观恶意,承担举证责任。

第四,已办理不动产抵押权登记。根据《物权法》第 187 条“不动产抵押权的设立应当办理抵押登记。抵押权自登记时设立”的规定,我国不动产抵押权采取登记生效主义,如果抵押权未经登记,真正权利人仍能追及物之所在并否定抵押权的效力,善意取得制度也就无法适用。

至于是否需要支付合理的对价，笔者以为，不动产抵押权的善意取得不需具备“以合理的价格受让”这一要件，因为抵押合同系单务、无偿合同，在抵押合同中，抵押人的主给付义务是以一定的财物向抵押权人设定抵押担保，而抵押权人通常无对应的主给付义务，自然也就谈不上要求抵押权人支付合理价格的问题。

善意取得是以牺牲真实权利人的利益为代价保护交易安全的一种制度设计，因而其从根本上是一种利益平衡机制。利益衡量的结论是，在符合严格构成要件的前提下，在物权法领域，以牺牲所有权的安全为代价来保障财产交易的安全；对所有权人因此遭受的牺牲则在债权法领域予以救济。根据《物权法》第 106 条第二款的规定，善意取得的债法效果是，所有人可对无权处分人主张损害赔偿。《最高人民法院关于适用〈中华人民共和国婚姻法〉若干问题的解释（三）》第 11 条第二款也规定：“夫妻一方擅自处分共同共有的房屋造成另一方损失，离婚时另一方请求赔偿损失，人民法院应予支持。”所以在本案中，小陈虽然无法消灭涉案房屋上的抵押权，但就其损失是可以向小严追责的。

从75个案例出发探讨侵害承租人优先购买权的损害赔偿问题

为了保障生存和安全价值，稳定租赁关系，增强房屋利用效率，承租人优先购买权成为当今世界各国普遍确立的一项民事法律制度，1999年《中华人民共和国合同法》第230条对该制度设有明文。

最高人民法院于2009年颁布的《最高人民法院关于审理城镇房屋租赁合同纠纷案件具体应用法律若干问题的解释》(以下简称《房屋租赁司法解释》)第21至第24条对承租人优先购买权进一步做出了规定。其中第21条规定："出租人出卖租赁房屋未在合理期限内通知承租人或者存在其他侵害承租人优先购买权情形，承租人请求出租人承担赔偿责任，人民法院应予支持。但请求确认出租人和第三人签订的房屋买卖合同无效的，人民法院则不予支持。"该条规定了承租人在优先购买权遭受侵害时可以获得损害赔偿的权利，确认了承租人优先购买权的债权性质，然而对于承租人要求损害赔偿的请求权依据以及损害赔偿范围等均没有更具体的规定。如果承租人优先购买权遭到侵害，承租人可以要求出租人赔偿哪些损失？具体的赔偿数额又该如何计算？这些问题有待进一步讨论。因此，笔者以"侵害优先购买权"为关键词，检索到全国各级法院裁判文书562篇，其中有75份裁判文书确认了承租人优先购买权受到侵害并就具体赔偿问题做出判定。本期文章就将通过对以上75份裁判文书进行归纳整理，探讨在缺乏法律明文规定的前提下，法院在实践中是如何确定该类损害赔偿标准的。

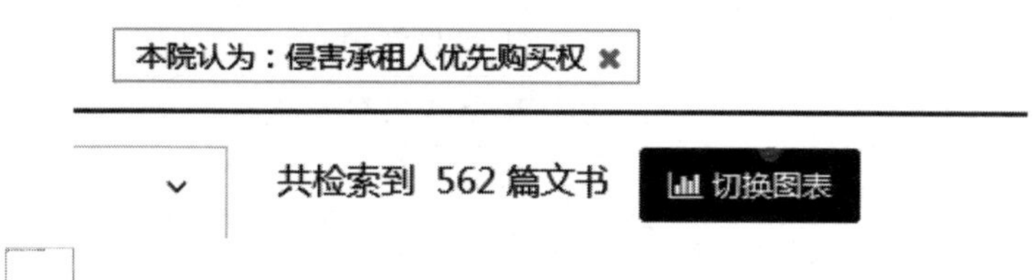

本院认为：侵害承租人优先购买权 ✖

共检索到 562 篇文书　切换图表

一、损害赔偿责任性质

要明确承租人优先购买权损害赔偿的标准，首先要明确该损害赔偿的性质。目前理论上主要有三种不同意见：侵权责任说——《房屋租赁司法解释》第 21 条系法律赋予房屋承租人的一项基本权利，出租人对该权利的侵害，将导致出租人对承租人的损失承担赔偿责任，性质上属于侵权责任；缔约过失责任说——承租人优先购买权系强制缔约请求权，侵害承租人优先购买权属于违反强制缔约义务的行为，该行为发生在缔约阶段，应承担缔约过失责任；违约责任说——根据《合同法》第 230 条，如果出租人未通知承租人而将租赁房屋出卖他人即违反了该条所确定的法定义务，因此出租人的通知义务是出租人与承租人在房屋租赁合同中的附随义务，出租人违反法定的附随义务属于违约行为，应承担违约责任。

表 1　裁判文书中有关侵害承租人优先购买权损害赔偿责任性质认定统计表

损害赔偿责任的性质	案号
侵权责任	(2014)深中法房终字第 1137 号
	(2016)苏 07 民终 2647 号
	(2016)豫 11 民终 1504 号
	(2018)苏 01 民终 4245 号
缔约过失责任	(2014)川民申字第 1243 号
	(2015)慈民一初重字第 013 号
	(2015)中中法民一终字第 37 号
	(2015)德中民终字第 1345 号
	(2016)苏民申 2392 号
	(2016)湘 0407 民初 772 号
	(2017)苏 1183 民初 2883 号
	(2017)粤 01 民终 6503 号
	(2017)苏 08 民终 3418 号
	(2017)皖 12 民再 32 号
	(2018)苏 0402 民初 3108 号
	(2018)闽 04 民终 674 号
违约责任	(2018)甘 09 民终 917 号
	(2017)赣 0421 民初 1308 号
	(2018)苏 06 民终 470 号
	(2018)苏 06 民终 472 号

续表

损害赔偿责任的性质	案号
违约责任	(2016)辽 01 民终 3014 号
	(2017)鄂 0881 民初 2750 号
	(2017)鄂 13 民终 690 号
	(2016)湘 01 民终 6887 号
	(2017)苏 08 民终 432 号
	(2017)粤 0306 民初 3715 号
	(2016)苏 06 民终 601 号
	(2015)内民初字第 01267 号
	(2013)深中法房终字第 2631 号
	(2015)长中民三终字第 00244 号
	(2014)漯民一终字 321 号
	(2013)绵民终字第 1483 号

实践中对该损害赔偿责任性质的认定同样存在分歧，在 75 份判决中有 4 份认定为侵权责任，12 份认定为缔约过失责任，16 份认定为违约责任，其余大部分判决则并未明确责任性质，而是直接根据《合同法》第 230 条和《房屋租赁司法解释》第 21 条的规定来确定损害赔偿范围。

二、损害赔偿范围的界定

由于损害赔偿责任性质认定的不同，赔偿范围相应的也会不同。笔者通过对 75 份判决进行整理，发现尽管在具体案件中法院对承租人损失认定的种类存在差别，但大体上可以分为两类：直接损失和间接损失。

1. 直接损失

直接损失具有现实性，直接因为出租人的侵害行为而产生。从整类案件总体上看，直接损失可以归纳总结为所受损害造成的现有财产因损害行为而减少，其中就包括要求出租人承担赔偿责任所支出的费用(如诉讼费、律师费、为确定房屋价格而发生的鉴定费等)。对司法裁判文书中认定的直接损失进行归类，具体包括以下项目：承租人另行租赁房屋产生的租金损失、房屋的装修装饰费损失、搬迁安置费损失、经营类损失、误工费损失以及租赁合同中事先约定的赔偿。

表 2　裁判文书中有关侵害承租人优先购买权损害赔偿“直接损失”事项认定统计表

直接损失种类	对该种损失予以认定的裁判文书案号
另寻租赁物的租金损失	(2016)闽 04 民终 674 号
	(2018)苏 0402 民初 3108 号
	(2018)苏 01 民终 4245 号
	(2011)内中民初字第 1754 号
	(2016)湘 0407 民初 772 号
	(2016)宁 05 民终 538 号
	(2013)中中法民一终字第 1062 号
	(2016)鄂 0106 民初 1222 号
	(2014)武侯民初字第 950 号
	(2015)德中民终字第 1345 号
房屋的装饰装修类	(2017)苏 1183 民初 2883 号
	(2018)桂 1102 民初 1469 号
	(2018)苏 06 民终 472 号
	(2017)鄂 0881 民初 2750 号
	(2016)湘 01 民终 6887 号
	(2017)苏 08 民终 432 号
	(2016)黔 01 民终 4740 号
	(2016)鲁 0902 民初 2730 号
	(2016)鄂 0106 民初 1222 号
	(2015)内民初字第 01267 号
	(2014)漯民一终字 321 号
	(2015)汉中民一终字第 00145 号
	(2013)东民初字第 1238 号
	(2014)洮市民初字第 93 号
	(2014)临民初字第 302 号
	(2014)韶浈法民一初字第 104 号
	(2013)汝民初字第 00822 号
	(2013)酒肃民二初字第 75 号

续表

直接损失种类	对该种损失予以认定的裁判文书案号
搬迁安置费	(2012)浙金民重字第1号
	(2018)苏06民终472号
	(2011)内中民初字第1754号
	(2017)浙06民终2953号
	(2017)苏08民终432号
	(2016)湘0407民初772号
	(2016)宁05民终538号
	(2015)穗中民终字第1345号
	(2014)韶浈法民一初字第104号

直接损失的认定比较客观直接，实践中争议不大。不过直接损失的发生需要承租人一方充分举证，如果承租人未能充分证明自己主张的损失数额，法院可能不予支持其诉请。例如，在(2018)川13民终179号判决书中，法院就认为："李涛主张在同地段租赁同类型房屋开展相同经营活动的租金损失，但其并未提供证据证明该损失已实际发生，应自行承担举证不能的法律后果。"

2. 间接损失

如果侵害优先购买权的损害赔偿范围参照违约责任损失予以处理，那么损失赔偿额应相当于因违约所造成的损失，包括合同履行后可以获得的利益，但不得超过违反合同一方订立合同时预见到或者应当预见到的因违反合同可能造成的损失；不同的是，如果出租人承担的是缔约过失责任，赔偿范围是对信赖利益损失的赔偿，即还包括实际履约过程中承租人丧失与他人订立合同的机会所引起的损失。虽然两种赔偿责任对间接损失的认定有所不同，但在司法实践领域通常以房屋转让价格与市场价格之差作为承租人的间接损失加以赔偿，具体分为以下两种情况：

(1) 房屋市场价格维持不变或变化较小时，出租人以低于市场价的价格出售给第三人，以市场价与实际交易价之间的差价作为认定损失的依据；

(2) 承租人要求赔偿时房屋市场价较高，以房屋出售时价格与起诉时或知悉优先购买权被侵害时房屋价格间的差价作为认定损失的依据。

值得注意的是，接近半数的判决认可房屋差价可以作为认定承租人间接损失依据的同时，也有不少法院对此持反对意见，例如钟祥市人民法院在(2017)鄂

0881民初2750号判决中就认为：“原告陈小燕因与被告豪龙公司订立租赁合同而对房屋所有人享有的权利属于债权的范围，而房屋涨价的利益属于物权的范围，故原告不享有案涉房屋涨价的利益。”该法院还特别强调：“本院注意到原告陈小燕的委托诉讼代理人在本案审理过程中向本院提交了数份其他法院关于损害承租人优先购买权判决赔偿的案例，案例中有相关法院将案涉房屋的涨价利益酌情判决部分或全部赔偿给承租人的做法，但本院认为有关法院对案涉房屋的涨价利益酌情判决部分或全部赔偿给承租人的做法并没有充分的法律依据，本院不予认同。”

表3　裁判文书中有关侵害承租人优先购买权损害赔偿“间接损失”内容认定统计表

法院对间接损失计算方式认定种类		对应的裁判文书案号
市场价与实际交易价之间的差价	全额支持	(2016)豫11民终1504号
		(2016)辽01民终3014号
		(2016)苏1291民初110号
		(2014)锡商终字第0477号
		(2013)驻民一终字第113号
	部分支持	(2018)甘09民终917号
		(2017)苏1183民初2883号
		(2017)粤01民终6503号
		(2017)皖12民再32号
		(2016)苏07民终2647号
		(2015)宿中民终字第00735号
		(2015)长中民三终字第00244号
		(2015)穗中民终字第1345号
		(2014)黔高民申字第776号
		(2014)益法民一终字第271号
		(2014)穗中法民五终字第406号
	不予支持	(2018)苏01民终4245号
		(2017)鄂13民终690号
		(2017)鄂1381民初103号
		(2016)苏03民终1587号
		(2015)穗中民终字第1345号
		(2014)武侯民初字第950号
		(2014)川民申字第1243号

续表

法院对间接损失计算方式认定种类		对应的裁判文书案号
房屋价格上涨变化	全额支持	(2018)津02民终3166号
		(2014)南中法民终字第442号
		(2014)沪一中民二(民)终字第290号
		(2013)东民初字第1238号
		(2011)东民初字第01026号
	部分支持	(2016)苏民申2392号
		(2015)沪一中民二(民)终字第2958号
		(2017)赣0421民初1308号
		(2017)苏1183民初2883号
		(2018)苏06民终470号
		(2018)苏06民终472号
		(2015)慈民一初重字第013号
		(2016)鲁01民终4094号
		(2017)苏08民终3418号
		(2016)苏06民终601号
		(2015)中中法民一终字第37号
		(2014)南中法民终字第442号
		(2014)漯民一终字321号
		(2013)绵民终字第1483号
		(2012)浙金民重字第1号
		(2011)沪一中民二(民)终字第835号
	不予支持	(2018)闽04民终674号
		(2018)川13民终179号
		(2018)甘09民终917号
		(2017)鄂0881民初2750号
		(2013)深中法房终字第2631号
		(2011)内中民初字第1754号
		(2011)浙甬民二终字第314号
		(2011)沪一中民二(民)终字第835号

三、损害赔偿数额的确定

由于法律对承租人优先购买权损害赔偿事项规定的缺位加之相关司法解释的

留白，在个案中法官必然需要运用自由裁量权以解决具体问题，因此不同的法院对于承租人损失赔偿数额形成各种计算标准在所难免。从全国的判决来看，承租人在诉讼中可能仅请求直接损失或间接损失，也可能两者都会请求。通过以上表 2、表 3 的统计数据可以看出，法院往往不会全额支持承租人的诉请。笔者在查阅案例时发现，当法院决定不完全支持承租人诉请的赔偿额后，几乎所有的裁判文书中仅仅简单的列明了酌定情节，然后就直接给出相应的赔偿数额或比例。例如(2018)苏 01 民终 4245 号裁定："一审法院结合本案的实际情况及当事人的过错程度，酌定由杭宝山赔偿周爱富损失 30000 元，并无不当，本院予以维持。"(2017)苏 08 民终 432 号判决："考虑到吴建武居住涉案房屋的时间、涉案房屋所处于的地段和拆迁等事宜，本院酌定认定淮信房产公司向吴建武赔偿 29 万元。"(2016)湘 0407 民初 772 号判决："本院根据原告因此需要另行租赁其他房屋所花费的寻找合适租赁点的费用损失及搬家费等，酌定被告赔偿原告损失 1000 元。"(2013)中中法民一终字第 1062 号判决："原审法院结合涉案房产的情况以及租金的额度，将吴燕、李玲娜、陈健、周洁侵害林苑媚、郭秋霞优先购买权所造成的损失酌定为 5 万元并无不妥。"由此可见，目前法院对赔偿数额的酌定主要依靠法官在个案中的自由心证，缺乏详细的标准。

四、思考与探讨

（一）关于损害赔偿性质及赔偿范围

通过对大量裁判文书进行整理和分析后，笔者认为，一方面，《房屋租赁司法解释》第 21 条已经将承租人的优先购买权定性为债权，属于缔约请求权范畴，债权不属于《中华人民共和国侵权责任法》规定的权利保护的范围，因此侵害优先购买权后承担侵权责任缺乏法律依据；另一方面，侵害承租人优先购买权的行为发生在缔约阶段，承租人和出租人之间尚未成立房屋买卖合同，故不能适用合同违约损害赔偿。出租人侵害承租人的优先购买权，实际上是侵害了承租人同其缔约磋商的机会，因此认定出租人承担缔约过失责任较为合理。

将承租人优先购买权损害赔偿的性质确认为缔约过失损害赔偿，则其赔偿范围的确定以缔约磋商时当事人的信赖利益为基础。一般认为信赖利益的保护是为了恢复到订立合同前的状态，与之对应信赖利益应当保护直接损失与间接损失。直接损失一般指缔结合同时花费的各种成本，其认定比较客观直接。而间接损失是指实际履约过程中丧失与他人订立合同的机会所引起的损失，在侵害承租人优先购买权的情形下即为承租人丧失同等条件下购买系争房屋的机会利益。对此笔者认为，从承租人优先购买权创设目的来说，应是保障自然人最基本的居住利益，促进物的连续性有效利用。而交易是提高效率、增进社会财富积累的手段，只有通过交易才能满足不同主体对不同的使用价值的追求，按照美国经济分析法学家的观点，有效率地使用资源必须借助于交易的方式。随着近年来房地产市场的连续上涨，房产交易日趋频繁，如果过多的保护承租人的优先购买权，将预期收益纳入赔偿范围将有损房屋所有权人对物的处分权，不仅有违公平原则和诚实信用原则，而且不利于实现资源的优化配置和最有效利用。同时优先购买权只是赋予承租人在同等条件下享有比其他人优先购买房屋的资格，承租人并非必然可以购买系争房屋，因此这种机会的丧失并不一定转化为经济损失，承租人也就不必然享有房屋升值所带来的利益。当然，优先购买权作为一项法定权益，在受到侵害后，对于承租人实际受到的损失应予以保护。因此，出租人因侵害承租人优先购买权产生的赔偿，不应包括预期利益而仅以实际发生的损失为限。

（二）关于损害赔偿标准的认定

前文已述，绝大多数裁判文书中并没有阐明酌定考量因素对具体赔偿数额计算方式的影响，不过在“浙江丽水便民药店连锁有限公司与永康市东风建筑工程有限公司租赁合同纠纷”一案中，浙江金华市中级人民法院不仅详细列明了影响赔偿责任的酌定因素，而且将各项酌定因素在计算损失赔偿额中所占比例也一一列举，最后根据上述标准清晰直观地计算出了被告应当承担的赔偿数额。

(2012)浙金民重字第 1 号判决节选：

“确定本案赔偿责任的考量因素包括：一、因便民公司实际租赁使用至租赁期满，停业损失不属于赔偿范围。便民公司在本院业已释明情况下，对于其提出的搬迁费用损失未提供证据予以证明，应承担举证不能的不利法律后果。二、本案所涉房屋包括部分未登记产权面积的违法建筑，因东风公司陈述在出卖给陈盼时未有专门定价，且也未提出相应的造价成本现值的鉴定申请，故在实际交易价格 3500000 元中不予考虑该违法建筑的实际价值。三、侵权行为的具体类别。优先购买权的实现需要出租人为通知出售意向、告知同等条件、复次告知等多个积极行为，侵害事实存在不同的时间段和行为差异。该考虑项对确定差价损失承担比例酌定为 50%。本案东风公司属于自始不作为，且租赁合同中明确约定了优先购买权，故此考虑项下应当满计 50%。四、租赁时间长短。该考虑项对确定差价损失承担比例酌定为 40%。因法律规定的最长租赁期限为 20 年，故可根据每满五年为一档，共分四档，每档增计 10%。本案便民公司自 2006 年 1 月租赁至 2011 年 5 月终止，属于五年以上，可按 20% 计量。五、租赁物现有用途。商业经营类租赁物的使用，在产权变更以后，沿袭原承租人的用途，可增计承担损害赔偿比例 10%。本案所涉房屋现在仍然用于药店经营，与便民公司属于同业经营，此项酌定考虑 10% 的赔偿比例。综上，本院确定东风公司的赔偿责任为：[3710000（2011 年 3 月 21 日归陈盼所有房屋的市场评估价格）－3500000（实际交易价格）]× 80%＝168000 元。”

以（2012）浙金民重字第 1 号判决为例，在计算具体案件中的赔偿数额时明确各项酌定情节及其在计算赔偿额时的占比是十分必要的，特别是在法律法规滞后于现实生活的情况下，通过实践来形成一致、确定的标准，可以避免案件事实实质上相同的当事人得到不同的裁判结果，从而维护法律的公平正义。

违反房屋规划用途订立的租赁合同是否有效?

《土地管理法》规定,"使用土地的单位和个人必须严格按照土地利用总体规划确定的用途使用土地"。《城市房地产管理法》规定,"土地使用者需要改变土地使用权出让合同约定的土地用途的,必须取得出让方和市、县人民政府城市规划行政主管部门的同意,签订土地使用权出让合同变更协议或者重新签订土地使用权出让合同,相应调整土地使用权出让金"。实践中,房屋"住宅改为商用"用于租赁的行为屡屡发生,那么在双方订立租赁合同时对涉案房屋的使用违反了规划用途,应当如何处理？首先,应当先看双方是否对于改变房屋规划用进行租赁达成合意。

1. 如双方并未对改变房屋规划用途进行租赁达成合意,表现为承租人违反《合同法》第 219 条之规定,承租人未按照约定的方法或者租赁物的性质使用租赁物,致使租赁物受到损失的,出租人可以解除合同并要求赔偿损失。

(2015)穗中法民五终字第 3804 号

本院认为,关于合同解除的归责问题,案涉房屋用途为住宅,黄某承租案涉房屋的目的为将其用作商业经营,因案涉房屋产权登记用途为住宅,导致黄某无法使用案涉房屋从事商业经营活动,不能实现合同目的。喻某明某案涉房屋用途为住宅,而将案涉房屋租赁给黄某用作经营使用,其对合同的解除存在过错。同时,黄某在签订合同时,理应对案涉房屋的用途进行谨慎审查,明确案涉房屋是否满足其经营用途要求,黄某在签订合同时未对案涉房屋用途进行审查,其亦存在过错。案涉合同的解除不可归责于单方,黄某上诉称黄某不存在过错,缺乏理据,本院不予采纳。

合同解除后,根据双方各自过错程度判定相关违约责任。

2. 如双方实际对改变规划用途进行租赁达成合意。实践中主要表现为将规划用途为"办公"的物业用于"酒店"商业用途出租,或者将规划用途为"住宅"的物业用于"商住两用"或者"住宅"通途出租的行为。

观点 A 认为，租赁合同因违反法律效力性强制规范而无效。

这种观点认为，一方面，《物权法》（第 77 条、第 140 条）《城镇国有土地使用权出让和转让暂行条例》（第 18 条）《土地管理法》明确规定了改变土地用途应经有关行政主管部门批准，比如《物权法》规定，“业主不得违反法律、法规以及管理规约，将住宅改变为经营性用房。”我国现有法律关于房屋规划用途的规定属于效力性强制规范。另一方面，从追溯该类立法原旨来看，如不将违反规划用途而出租在合同效力上做否定性评价，会激励房屋所有权人逃避补缴国家土地使用权出让金，不符合《土地管理法》的立法精神，也不利于城市规划与土地分类管理。不同规划用途的房屋在房屋结构、组织设计上的差别，违反规范用途出租所订立的租赁合同可能会产生危害人身权益、损害社会公共利益的后果。

因此，可以推知我国法律关于对房屋规划用途的规定属于效力性强制规范，违反该规范的，应当根据《合同法》第 52 条第五款规定，认定为无效。

观点 B 认为，租赁合同对物业的使用虽违反规划用途，但并未违反效力性强制规范，合同不因此无效。

这种观点认为，我国法律关于对房屋规划用途的规定不属于效力性强制规范，违反该规范的属于行政违法行为，合同不因此认定为无效。

（2019）最高法民终 879 号

“神旺公司上诉另主张，案涉租赁合同将规划设计用途为‘办公’的物业用于‘酒店’商业服务，属于行政违法行为，根据合同法第一百一十条第一款规定，属于法律上不能履行的情形。经本院审查，案涉租赁合同约定租赁标的物业用于酒店经营，神旺公司主张该物业的规划用途为办公用房，其主要的依据为其单方委托并依据其单方提供资料所形成的《房屋建筑面积测绘成果报告》，本院无法从其举示的证据认定案涉物业的规划用途确定为办公用房。且及时案涉租赁合同对于物业的使用违反了规划用途，但并未侵害国家、集体或者他人利益，不违反效力性强制规范，合同不必然因此无效。”

本案中，法院认为涉案租赁合同将规划设计用途为“办公”的物业改为用于商业用途，虽然违反了规划用途，但并未侵害到国家、集体或者他人利益，也没有违法效力性强制规范，合同并不因此无效。

从以上案例可以看出，对于改变房屋规划用途的房屋租赁合同是否有效的认定，是存在不同的观点的。

笔者认为，一般而言，房屋用途分为住宅和非住宅两种。违反房屋用途出租在现实中主要表现为将住宅用途房屋用作商业用途房屋出租。

在判断违反房屋用途订立的租赁合同是否有效问题上，关键在于判断我国法律关于房屋规划用途的规定是否属于效力性强制规范。

立法上的强制性规定既包括效力性强制性规范，也包含管理性强制性规范。所谓效力性规范，指法律及行政法规明确规定违反了这些禁止性规定将导致合同无效或者合同不成立的规范；或者是法律及行政法规虽然没有明确规定违反这些禁止性规范后将导致合同无效或者不成立，但是违反了这些禁止性规范后如果使合同继续有效将损害国家利益和社会公共利益的规范。所谓管理性规范，指法律及行政法规没有明确规定违反此类规范将导致合同无效或者不成立，而且违反此类规范后如果使合同继续有效也并不损害国家或者社会公共利益，而只是损害当事人的利益的规范。违反效力性强制规范的，合同固然无效；违反管理性强制性规定的，却未必无效。

参照最高人民法院《关于审理城镇房屋租赁合同纠纷案件具体应用法律若干问题的解释》，关于房屋租赁合同无效的规定体现在第 2 条（“出租人就未取得建设工程规划许可证或者未按照建设工程规划许可证的规定建设的房屋，与承租人订立的租赁合同无效”），第 3 条（“出租人就未经批准或者未按照批准内容建设的临时建筑，与承租人订立的租赁合同无效”），第 15 条（“承租人经出租人同意将租赁房屋转租给第三人时，转租期限超过承租人剩余租赁期限的，人民法院应当认定超过部分的约定无效”）等处，这些条款限定了判定租赁合同无效的范围。即便第 2 条规定了“出租人就未取得建设工程规划许可证或者未按照建设工程规划许可证的规定建设的房屋，与承租人订立的租赁合同无效”，也在其后规定“但在一审法庭辩论终结前取得建设工程规划许可证或者经主管部门批准建设的，人民法院应当认定有效”，可见法律上对于租赁合同无效的判定范围是有所限缩的。

根据《中华人民共和国合同法》第 52 条关于合同无效的规定，违反法律、行政法规的效力性强制性规定的合同应认定为无效合同，笔者通过检索、整理相关案例发现，各种诸如将租赁房屋用于商业经营，违反房屋规划用途的行为，并不属于违反法律、行政法规的效力性强制性规定的情形。按照当前司法实践中关于此问题的观点，法律及行政法规并没有明确规定违反房屋规划用途订立的合同无效或不成立，另外，违反此类规范后如果使合同继续有效也并不损害国家或者社会公共利益。

因此，结合目前的司法实践，笔者以为，房屋租赁用途虽然属于违反房屋规划用途，但不属于违反法律、行政法规的效力性强制性规定的情形，如果不存在其他违反法律法规导致其无效的情形，则房屋租赁合同仍然有效。

不过，房屋用途体现了房屋的使用价值，不同的房屋用途的房屋在建造设计、安全设置、消防验收上存在不同，如不对违反房屋用途签订的租赁合同进行适当的管理，会导致诸多房屋安全等房屋使用价值上的隐患。社会上擅自改变房屋规划用途的行为屡禁不止，有关部门必须加强监管。

购房指标转让协议效力该如何认定？

引言

房价的接连上涨令许多购房者望而却步，因此部分购房者通过购买他人单位集资房、经济适用房、市场运作房等特定优惠价格的购房指标，以实现低于市场价的价格购得房产的目的。但上述住房的往往需要拥有特定的身份才能获得购房指标，且由于房产的价格低于市场价，经常会出现交易方反悔的情况，从而导致此类交易中纠纷频发，合同效力也存在争议，以下笔者结合相关的案例和法律规定，对"购房指标转让"合同效力问题进行分析。

合同效力分析

购房指标转让指的是，购房指标所有人将其所拥有的购房指标转让给他人并收取一定费用的行为，双方约定购房指标所有人负有办理更名、过户等相关手续的义务，购房指标受让人负有支付转让费、首付款以及全部房款等义务。对于此类购房指标转让合同的效力，实践中存在不同的意见。

一种意见认为，购房指标转让协议无效，购房指标所有人系基于其拥有的特定的身份[如单位职工(单位集资房)、城市低收入住房困难家庭(经济适用房)等]才能获得购房指标，根据我国《合同法》第79条的规定，其性质应属于不得转让的合同，因此购房指标转让协议无效。

另一种意见认为，购房指标转让协议有效，因为该协议所指向的标的不是房屋，而是购房资格，虽具有一定身份属性、有一定福利性质，但能否进行转让，法律、行政法规并无禁止性规定，且在名额确定后已经属于个人所有的财产性权益，其是否转让该购房指标并不损害他人的权益。

对此，笔者结合以下案例进行具体分析：

西安市中级人民法院在(2019)陕01民终6450号案的审理中认定“我国现行法律没有明确规定禁止购房指标的转让,就民事行为而言,法律无明文禁止就是可以实施的,即使有单位规定集资房不得转让,但这只是单位的内部规定,不能对抗第三人,更不能成为合同无效的理由。……房屋作为一种不动产物权,我国实行不动产登记制度,不动产登记只是物权变动的成立要求,而非买卖合同成立的要件。本案中,张励作为单位职工,在获得集资建房资格后,即享有取得集资房屋的请求权,其与聂熙签订的购房指标转让协议时,尚未办理房屋权属登记证书,虽未取得该集资房屋的所有权,但其对集资房的权利属于资格权利,在法理上属于一种期待利益,属债权范畴,可依法转让。”

除此以外,广东省高级人民法院做出的(2017)粤民申5589号民事判决书以及南昌市中级人民法院在(2018)赣01民终2920号民事判决书均做出类似表述,通常将购房指标的性质认定为一种民事可期待权,在法律法规未对转让购房指标问题做出强制性规定禁止的情况下,依法可以转让。但对于其他案件的处理中不能一概而论地套用案例中的处理方式,因为每个案件中都可能存在不同的情况,因此,在尚无明确法律规定的前提下,笔者认为,应当根据案件的具体情况,考虑各方面的因素,如房屋购买指标的转让是否存在限制、抑或是否会损害他人利益、房屋的具体性质等,结合具体的法律规定,进行个案分析,才能最终判断出处理结果。

以下将结合案例以及相关规定对常见情况下购房指标转让协议的效力进行分析

1. 单位明确禁止转让购房指标

广东省高级人民法院(2017)粤民申5589号裁判意见节选:

> “本案中,案涉集资房系南航公司为解决民航专业人员及人才住房,经深圳市政府批准建设的限价商品房,具有政策保障性质。劳广伟和陈旭东签订《集资房指标转让及房产代持协议》,将尚不符合上市交易条件的案涉房屋私自转让给陈旭东,违反了《经济适用住房管理办法》《深圳市国家机关事业单位住房制度改革若干规定》有关规定,相关主管部门和南航公司可依规采取收回房屋等措施予以惩处。因《经济适用住房管理办法》、《深圳市国家机关事业单位住房制度改革若干规定》不属于全国人大及其常委会制定的法律和国务院制定的行政法规,加之集资房申购对象限于单位内部职工,不涉及社会公共利益,刘宝霞以案涉协议具有《中华人民共和国合同法》第52条第四项、第五项规定情形为由,诉请确认合同无效依据不足。”

不少涉及购房指标的纠纷其所指向的房屋系单位集资房或者人才优惠政策的限价商品房,对于此种房屋,可能不仅对购房指标获取人的身份有一定的要求,也有可能对其向外转让的方式也有明确规定，或者禁止对外转让，由上述案例可见，对于类似情况，法院更倾向于认定相关单位的内部规定以及政策等不属于全国人大及其常委会制定的法律和国务院制定的行政法规，从而认定其购房指标转让行为并不具备《合同法》第52条合同无效的情形，合同应属有效。因此，即便是单位禁止涉案房屋转让的，转让方也不能以此为抗辩认定合同无效而反悔转让购房指标事宜。

2. 未经配偶同意转让

河北省高级人民法院(2013)冀民申字第1307号民事判决书裁判意见节选：

> “再审申请人徐忠向被申请人何木天转让实质上是中煤建安筑路处集资建房指标，该种集资建房指标带有一定福利性质，即徐忠作为中煤建安筑路处职工，可依据相关政策从工作单位购房的权利，该权利属于徐忠个人独享，而不属徐忠和其前妻所共享，徐忠的前妻并非该权利的共同权利人。徐忠将自己所享有的集资建房指标转让给何木天，是其个人对自己权利的处分。双方的转让行为是在协商一致的基础上达成的，是双方的真实意思表示，并不违反法律、行政法规的强制性规定，也不损害他人利益，原审认定双方的转让行为合法有效，并无不当。故徐忠申请再审所提出集资建房指标不能进行转让的理由，本院不予支持。”

购房指标的取得是基于一定身份条件，依据单位制定的政策，按其资历或资格所享有的购房权利，该权利只属于资格权利，并非基于婚姻关系所产生的权利，只要他人有理由相信其为夫妻双方共同意思表示的，当事人以购房指标转让协议未经过配偶同意的抗辩理由就不能成立。因此，配偶一方不知情，不影响转让购房指标合同的效力。

3. 未办理预售许可证

购房指标是一种对预期购买房屋资格和权利的转让，在很多情况下，所对应的房屋尚未建成或者相关交易所需的文件、手续并不完毕，若双方交易发生纠纷，出让人可能会提出房地产开发商未取得房屋预售许可证，也并未在房管局进行备案进而导致房屋无法进行交易为由，根据《商品房买卖合同司法解释》第二条“第二条出卖人未取得商品房预售许可证明，与买受人订立的商品房预售合同，应当认定无效，但是在起诉前取得商品房预售许可证明的，可以认定有效。”的规定，从而主张双方协议无效。但这一主张并不能成立，因为在购房指标转让中，双方当事人所转让的标的是购房资格，而并非房屋本身，双方并未签订商品房买卖合同，其与买卖合同并非属于同一法律关系，并不符合这一情形，不能适用上述条款进行处理。

4. 关于经济适用房的购房指标转让

成都市中级人民法院(2018)川01民终15826号郑雁、李莎经济适用房转让合

同纠纷一案裁判意见节选:

> "经济适用住房性质上属于国家面向城市低收入住房困难家庭供应,具有保障性质的政策性住房,体现了国家对低收入群体的权益保护,体现了社会公共利益。目前,国家对城市低收入住房困难家庭购买新建的经济适用住房实行申请、审批制度。因此,经济适用住房的购房指标是对购房人资格的限制,不具备购买资格者无权购买。本案中,郑雁、李莎签订的《转让书》,郑雁将其购买经济适用住房购房指标转让给李莎,不符合经济适用房解决城市低收入家庭住房困难政策的目的,扰乱了社会秩序,损害了其他低收入群体的利益,应认定为违反社会公共利益,故郑雁、李莎签订的《转让书》无效。"

与前述关于职工集资房或者人才优惠的限价房不同的是,经济适用房属于政策性保障住房,其价格是由政府统一限定,并组织向符合购买资格的家庭出售,相关购房资格需要严格的审查程序和自身的特殊要求,购房资格所有者与转让人签订的关于经济适用房的《购房资格转让合同》违反了相关政策和法规对主体资格的要求。因此,法院对于类似情况的合同可能会以违反社会公共利益为由而认定为无效合同。

结语

综上来看,对于基于特定身份取得的购房指标进行能否进行转让问题,可能要从两个方面来看:一方面,在我国现行法律、行政法规尚未作强制性禁止规定的情况下,购房指标所有人因其个人身份或其他因素所享有购房优惠资格,该权利属于财产性资格权利而非人身性资格权利,其可以跟其他财产性权利一样进行对外转让,因此购房指标所有人享有该购房指标让与的权利,只要转让协议未具有《合同法》第 52 条合同无效的情况,认可此类购房转让协议有其合理性。另一方面,同时也要考购房指标的转让是否会存在违反相关政策和法规以及损害社会公共利益的情形,如经济适用房的相关购房资格的取得需要严格的审查程序和自身的特殊要求,如果随意转让将显然不符合经济适用房的政策目的,破坏了社会管理秩序,也损害了其他低收入群体的利益,在此情况下,相关的购房指标转让协议将可能会因违反社会公共利益被认定为无效合同。

因此,对于购房指标转让协议的效力问题,各地的司法实践中仍存在不同的处理意见,上述分析仅是笔者根据搜索部分案例的分析意见,实际上裁判机构将针对每个案件中的具体情况,考虑各方面的因素,如房屋购买指标的转让是否存在限制、抑或是否会损害他人利益、房屋的具体性质等,结合具体的法律规定,进行个案分析,才能最终判断出处理结果。

公司纠纷实务

股权让与担保的法律效力认定问题探讨

随着市场经济的发展和融资需求的增长，市场主体充分发挥能动性，创造性地催生了诸多新型融资方式与手段，其中让与担保由于其在增信和减少风险上的优势，越来越多地出现在商事实践之中。在实践中股权让与担保纠纷案件呈逐年上升态势，且与《公司法》相关纠纷交叉缠绕，亟须进行法律效力认定上的梳理和讨论。

1. 股权让与担保的立法与司法观瞻

股权让与担保的基本法律结构是：担保人将股权转让于债权人，如债务人不履行债务，债权人可就取得的股权保障债权的履行。2007 年的《物权法》并没有将让与担保列入法定担保形式，但 2015 年最高法的《关于审理民间借贷案件适用法律若干问题的规定》第 24 条实际上肯定了让与担保的合同效力，并在司法实践中采纳物权法定主义缓和说观点，类推适用典型担保物权的法律规定，即将让与担保中存在的买卖合同仅视为实现担保的形式，具有从属于借贷合同的性质。至于股权让与担保，2017 年最高院的《关于进一步加强金融审判工作的若干意见》明确提出："除符合合同第五十二条规定的合同无效情形外，应当依法认定新类型担保合同有效"，赋予股权让与担保以物权效力。

从实践层面窥测，股权让与担保是自然人与中小企业融资的重要手段之一，法院普遍承认其效力，但是由于规范依据的欠缺，存在着裁判逻辑上的龃龉不通。股权让与担保一般包含一主一从两个底层合同，一个是借款合同，一个是股权转让合同，而在股权转让的具体实行上，当事方往往会签订《回购协议》，并履行股权转让的公示程序。

然而，裁判实践一方面肯定了股权让与担保的物权效力，另一方面并未赋予股权转让完整的法律效力，法院一般对股权让与担保下股权转让的效力认定持包容态度，但是债权人在实体法上却并未能实际取得股权。为更清晰地说明这个问题，

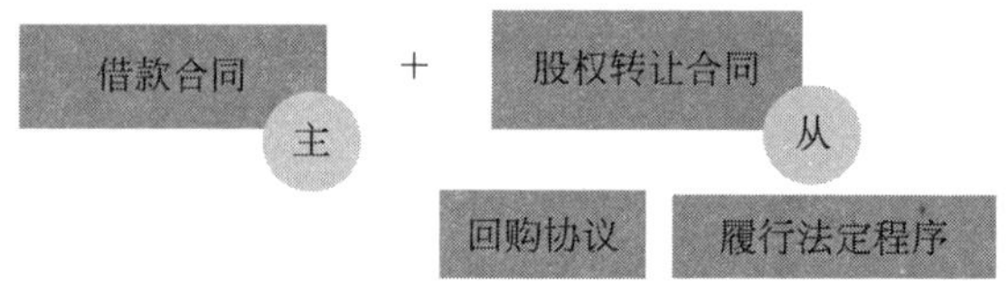

图1　股权让与担保的一般形式

下文将从股权转让合同的效力认定和股权让与担保的内外效力两个方面进行分析。

2. 股权转让合同的效力认定

实践中虽然普遍承认股权让与担保的效力，但对于股权转让合同是否有效，却存在两种认知上的分野：

以《民法总则》第146条判定股转合同无效

(2014)盱商初字第0633号

从原被告提供的证据来看原告张秀文与被告陈林生签订股权转让协议，系其受案外人张毅的指示而办理的，且张毅告知其是为了张毅开办的泰兴天宁金属制品厂发展需要才将股权转让给被告陈林生的，被告陈林生并未将合同约定的转让款支付给原告张秀文，且**被告陈林生在诉讼中也认可该股权转让系为张毅借款提供的担保**，故本院认为**本案原被告签订的股权转让协议并不是双方当事人对股权转让的真实意思表示**。综上，本院认定原被告于2011年3月20日签订的股权转让协议无效。

评析：本案中，一审法院认为当事人实际上并未达成股权转让的合意，股权转让并非当事人的真实意思表示。认定股转合同无效的依据主要来源于《民法总则》第146条规定，"行为人与相对人以虚假的意思表示实施的民事法律行为无效。"由于当事人之间存在通谋的虚伪意思表示，该表面行为无效，不产生股权转让的实际效果。此种观点对于借款合同、股转合同做了单独的法律评价，以意思表示形式和内容名实不副为出发点认定作为表面行为的股转合同无效。

以股转合同与借款合同之间存在主从关系判定股权合同效力

(2017)苏01民终8741号

本院认为，**让与担保合同是主借款合同的从合同，担保合同的履行必须依借款合同的履行来确定**。作为主借款合同的履行情况是担保合同作为从合同履行的前提和依据，当借款合同确定的借款没有实际支付或者债务已经清偿完毕，担保人可以依借款合同的履行情况提出让与担保合同履行的抗辩；当借款合同确定的借款实际支付或债务未清偿完毕时，担保权人可以依借款合同的履行情况行使让与担保合同确定的权利。由上可以看出，不管是让与合同担保人还是担保权人，要在履行让与担保合同确定的权利和义务时，均需要以借款合同的履行情况作为依据。因此**本案虽是担保合同纠纷，但借款合同的履行情况亦即借款合同确定的债务是否已经清偿，是本案必须要查明的事实，是双方当事人能否按让与担保合同主张自己权利的前提和依据**。

评析：本案中法院将让与担保合同看作是借款合同的从合同，即将股权转让作为双方交易借款结构的一个环节来看，认为股转合同的效力依托于借款合同的效力。在这种逻辑思维下，股权让与的意思表示并非是虚伪的，让与意思表示与借款意思表示有逻辑上的关联，是真实的意思表示。从目前的司法政策与裁判态度来看，一般认为股权转让合同系从属于借款合同，不进行单独的评价。

3. 股权让与担保的对内对外效力

股权兼有社团权、身份权与财产权的属性，股权让与担保与他种让与担保不同。债权人虽可经由股权让与担保取得股权，但其实际上并未成为真实股东，而是名义股东，这表现在股权让与担保在对内对外效力的差异。

对内效力

债权人经由与债务人签订的《借款合同》及《股权转让合同》取得股权，但以上协议是当事人之间的内部协议。债权人因此取得的股权并不完整，债权人仅是名义上的股东。

首先，股权让与担保只涉及股权中的财产权部分。

2019 京 01 民终 2736 号

该院认为，有限公司股权权能中包含财产权及社员权，而**股权让与担保本身仅涉及其中的财产权部分，但不应影响实际股东社员权利的行使**。胡雅奇并不因此完全丧失股东身份，故本案胡雅奇仍为博源公司的实际股东并行使相应的股东权利，而西藏信托公司作为名义股东，其权利的行使应受到实际股东权利的合理限制。

再者，债权人只能在担保目的范围内按照与债务人的约定实现股权，对于超出双方约定行使股权的，法院一般不予支持。

同时，股权让与担保同样适用流质性契约之禁止的规则。

（2018）湘 04 民终 1652 号

……其合同的根本是目的是以股权担保而非股权转让，即股权让与担保。这种“以让渡股权的方式设定担保”，并没有违反法律的禁止性规定，合法有效。**但是，由于其本意在于实现担保债权受偿的经济目的，而禁止双方当事人直接约定债**

权无法受偿时直接获取担保标的所有权，即禁止流质的法律规定，而本案中北京融信创投公司系中信息诚公司的全资子公司，未支付合理对价，实际上，是直接获取了担保标的所有权，**违反了禁止流质的法律规定**。

对外效力

在外部关系上，由于债权人与债务人之间达成的协议是内部的，如债权人已通过《公司法》第 32 条规定履行了股权变更登记(变更登记的意义在于将股权让与担保的意思对外公示)程序，成为名义股东，则产生了对外公示的效力。债权人成为名义股东，债务人则是实际股东。由于双方约定的是一个“秘密的质权”，第三人很难从外表探知，基于权利外观第三人应当受到信赖利益保护。

但是，出于股权让与担保下的股权转让是一种担保方式的考量，对于其他债权人要求债权人补足出资额的诉求，实践中一般不予认可。

2018 鲁 1603 民初 1211 号

被告张兴振受让股权并非实质股权转让，而是债务人为保证清偿借款而与债权人做出“债务人将股权转让至债权人名下，待债务人履行清偿义务后，债权人应将股权返还”的非典型的股权让与担保，是以股权转让的方式为债务提供担保。虽在工商部门办理了股权变更登记，但**被告张兴振仅为公司的名义股东，而非实际股东，并不享有股权**，且该股权已经按照约定变更到卫东峰指定的车日安名下，因此原告**要求其承担补充赔偿责任的请求，无事实和法律依据**，本院不予支持。

公司注销后发现遗漏债权，股东能否作为主张债权的主体？

大家都知道公司在注销之前就应当把债权问题处理完毕，但在实际中总有遗漏债权的情况发生。若这时候公司已经被注销了我们又该如何处理这些问题？作为公司股东可以继续主张债权吗？

一、现实困惑

就像自然人过世前立下遗嘱对其身后遗产问题进行分配一样，公司在注销前应对相关债权债务进行安排处理，处理这些问题需经过清算程序。然而，部分公司注销后仍存在遗漏债权的情况时有发生。“公司注销后遗漏债权”是指经过清算程序，公司法人资格注销后，又发现与公司存续经营过程中有关，且在清算注销过程中未经处理的相关债权。通俗来讲，就是公司关门大吉了，发现还有人欠公司的钱。

根据《中华人民共和国公司法》（下称《公司法》）规定，公司解散后应当成立清算组对公司进行清算，经过合法的清算程序后，公司剩余的财产由股东依法进行分配。但是对于公司注销登记后，未经清算的遗漏债权应当作何处理，《公司法》及相关司法解释均无明确规定。

该问题争议焦点主要集中于：已注销公司存续期间享有的债权是否仍可以继续主张？公司原股东是否可以主张？在司法实务中，部分法院已经就“已注销公司的原股东能否向原公司债务人主张未经清算的遗漏债权”的问题，给予肯定的答复。

二、援引案例

王玉峰与丁彦星、陈秀明、中兴建设有限公司买卖合同纠纷案

审理法院：广东省广州市中级人民法院

案号：(2017)粤 01 民终 3985 号

案由：买卖合同纠纷

原告主张：被告中兴公司拖欠其货款，请求被告立即向其支付拖欠货款 2167997.10 元及违约金。

被告辩称：三原告系杰峰公司的股东，该杰峰在原一审期间已经其股东会决议解散，并依法予以清算注销，包括本案债权在内的杰峰公司全部债权债务已经清理完毕。杰峰公司清算组向工商行政管理部门做出的企业债权债务已经清理完毕的承诺具有对公承诺的效力，应视为杰峰公司清算组已经对涉案债权做出了放弃债务的处理，该放弃行为的效力及于公司的债权人和债务人，故杰峰公司及其权利承继者均无权再向中兴公司追偿。

法院观点：关于中兴公司主张杰峰公司清算时，已做出所有债权债务已处理完毕，即对涉案债权已做出处理，无权再追偿的问题。王玉峰、陈秀明、丁彦星是杰峰公司的股东。杰峰公司在注销前对中兴公司享有 2167997.10 元的货款债权，但至今对该债权双方仍存在争议。杰峰公司清算组在向工商部门申请办理注销手续时曾明确表示债权债务已清理完毕，但该表示只是对工商登记机关在办理注销公司登记时必须履行的承诺，其效力不及于公司债权人和债务人。杰峰公司未明确向中兴公司表示放弃涉案债权，故对中兴公司抗辩杰峰公司清算组已承诺债权债务已清理完毕，即无权再追偿的意见，一审法院不予采纳。

关于王玉峰、陈秀明、丁彦星主体是否适格的问题。根据《中华人民共和国公司法》第 186 条第二款的规定："公司财产在分别支付清算费用、职工的工资、社会保险费用和法定补偿金，缴纳所欠税款，清偿公司债务后的剩余财产，有限责任公司按照股东的出资比例分配，股份有限公司按照股东持有的股份比例分配"，故本案杰峰公司对中兴公司的债权属于公司的剩余财产。参照《最高人民法院关于适用若干问题的规定(二)》第 19 条之规定："有限责任公司的股东、股份有限公司的董事和控股股东，以及公司的实际控制人在公司解散后，恶意处置公司财产给债权人造成损失，或者未经依法清算，以虚假的清算报告骗取公司登记机关办理法人注销登记，债权人主张其对公司债务承担相应赔偿责任的，人民法院应依法予以支持。"

这表明公司虽注销，但在符合上述情形时，债权人仍可向公司股东主张权利；而本案情形正是相反，是公司清算活动中，遗漏公司对债务人拥有的债权即办理了注销登记。公司与公司股东在法律上虽然是两个独立的民事主体，但因存在投资关系，股东对公司经营成果享有收益权利，并对公司解散负有清算责任，股东成为已注销公司的义务主体。

依据公司股东权利义务对等的原则，在法律对本案情形缺乏明确规定的情况下，对最相近似的法律进行反向解释后，可得出在公司注销登记后对尚未处理的债权，公司股东根据民法权利承继原则，全体股东亦可成为权利主体。虽然公司注销后，其法人人格已经消灭，但公司的债权不因其主体的消灭而灭失。公司的原股东仍可以一般债权人的身份主张其权利。中兴公司以债权人注销为由，认为其无须再向债权人清偿债务的理由，与上述法律规定的精神相悖，故一审法院对中兴公司的抗辩意见不予采纳。

三、法理分析，股东有权作为主张遗漏债权的主体

根据上述案例，笔者认为，公司注销登记后，遗漏的原公司债权应属于原公司的剩余财产，只不过该剩余财产未在公司清算过程中进行处理。在公司已经注销的情况下，原公司未经清算的剩余财产应当由原公司股东所有，股东有权就遗漏的原公司债权向原公司债务人主张权利。

1. 根据民法权利继承原则，公司原股东可作为遗漏债权的主张主体

公司的财产是在股东出资或者认购股份的基础上形成的。股东将自己的财产以投资方式交付公司后，就因取得公司的股权而丧失了对该财产的所有权，而公司在取得股东所交付财产的所有权后形成公司法人财产权。在法律上，公司与其股东虽是两个独立的民事主体，但因存在投资关系，股东对公司经营成果享有收益，并对公司解散负有清算责任。在公司注销登记后，对于尚未处理的债权，根据民法权利继承原则，公司全体股东成为权利主体。公司虽然注销，法人人格已经消灭，但其债权不因主体的消灭而灭失。公司原股东仍可以一般债权人的身份主张其权利。换句话说，公司的股东对公司的财产应当享有继承权。

2. 根据权利义务对等原则，股东拥有对公司财产的最终处置和所有权

《最高人民法院关于适用公司法若干问题的规定(二)》第19条规定："有限责任公司的股东未经依法清算，以虚假的清算报告骗取公司登记机关办理法人注销登记，债权人主张其对公司债务承担相应赔偿责任的，人民法院应依法予以支持。"第20条规定："公司解散应当在依法清算完毕后，申请办理注销登记。公司未经清算即办理注销登记，导致公司无法进行清算，债权人主张有限责任公司的股东对公司债务承担清偿责任的，人民法院应依法予以支持。"

根据以上规定，即使公司已经注销了，原公司债权人也可以向原公司股东主张权利。所以基于权利义务对等原则，在法律法规缺乏明确规定的情况下，公司股东也应当可以对公司注销后遗漏的债权主张权利。

3. 根据民法的公平原则，债权债务平衡

股东作为公司的投资人，在公司正常经营状态下，享有公司盈余的分配权。同

样的，在公司注销的情况下也应当享有债权的追索权。如果原股东不能对公司注销后的遗漏债权主张权利，则相当于原公司的债务人免除了个人债务，变相地获得了原公司的财产，侵害了股东的合法权益，这显然有悖于权利义务对等、债权债务平衡公平的原则。

最后，虽然在司法实践中，只要公司未明确放弃债权，法院会支持原股东以自己的名义诉请主张公司注销后发现的遗漏债权。但为避免诉累，清算组在清算时仍然应当谨慎、认真理清债权债务。

实务中，夫妻公司的对外债务纠纷应如何处理？

现实生活中，有很多夫妻档公司，即公司是由夫妻双方出资设立的、股东仅有夫妻两人的有限公司。夫妻公司由于股东之间的特殊身份，在处理对外债务时可能出现违法规避债务或损害案外第三方利益的情形，此时，对于夫妻公司能否视为一人公司并对公司债务承担连带责任呢？公司法对于夫妻公司又有何规定呢？由于审判实践中观点不一，且均有一定的道理，上述问题很有研究的必要，今天，笔者将结合典型案例，探讨一二。

一、夫妻公司的特点

(1) 夫妻公司大多是由传统的个体工商户、家庭作坊演变而来，经营模式、经营范围、股东等因素与传统经营并无多大区别，且夫妻作为股东在公司的权力构架中处于绝对的控制地位。

(2) 夫妻公司的股东之间包含了两层法律关系，既受《中华人民共和国公司法》(以下简称《公司法》)关于股东权利义务之间的调整，又受《中华人民共和国婚姻法》(以下简称《婚姻法》)关于夫妻财产关系的调整。正是因为这种情况，一旦公司对外负债，其面对的不仅仅是单纯的夫妻关系或者股东关系，易出现适用《公司法》法人人格否认的情形，这也是下文案例即将探讨的。

(3) 我国《婚姻法》第 17、18、19 条规定确定了夫妻财产制的基本原则，即在夫妻之间无书面约定夫妻财产归属的情形下，婚姻关系存续期间取得的工资、生产经营收益、股利等均属于夫妻的共同财产。而现实中，夫妻在存续期间注册成立的公司，其出资财产性质往往难以认定，即存在共同财产出资还是各自财产出资的认定难问题。

二、一人公司？否定法人人格？

对于涉及夫妻公司的上述问题，在司法审判实践中观点尚未形成统一，而对于这个问题的分析，其实大致可从两方面着手：

(1) 应否将夫妻公司视为一人有限公司，即可不可以否认其法人人格？

(2) 对于夫妻档公司与股东财产混同的举证责任在哪一方？

上述第一层面，主要围绕夫妻公司是否应认定为一人公司进行探讨，该问题也是目前争议较大的，审判实践中也是观点不一，且均有一定道理，下面笔者将以司法案例为视角而展开探讨。第二层面，则是由于第一层面的分歧导致，即举证责任的分配问题，如果夫妻公司一旦认定为一人公司，则根据我国《公司法》第 63 条规定，夫妻股东应承担举证责任，证明公司财产与夫妻共同财产互相独立。

案例

周某、雷某为夫妻关系，2002 年 4 月 3 日，周某与雷某作为仅有的两名股东注册成立了沂德公司。冯某与沂德公司劳动争议纠纷一案，经法院审理做出了第 5399 号判决，判令沂德公司应支付冯某解除劳动关系经济补偿金等费用。该判决生效后，在执行程序中经法院调查，发现沂德公司暂无财产可供执行，遂裁定终结执行。后冯某遂再提起诉讼，要求沂德公司的股东周某、雷某清偿沂德公司的上述债务。

——(2017)粤 01 民终 406 号案

裁判观点摘要：

一审法院：公司有独立的法人人格，能够对公司债务独立承担责任，股东无需对公司的债务承担责任。公司股东只有实施了滥用公司法人人格的行为，严重损害公司债权人的利益，才能否认公司的法人人格，由股东直接承担公司的债务。本案中，冯某提交的证据不足以断定周某、雷某个人财产与沂德公司财产混同。因此，综合案件证据，周某、雷某作为公司股东，没有实施滥用公司法人人格的行为，冯某的诉请不能成立，一审法院不予支持。

二审法院：参照《公司登记管理若干问题的规定》(该规定于 2006 年 6 月 23 日被废止)第 23 条规定："家庭成员共同出资设立有限责任公司，必须以各自拥有的财产作为注册资本，并各自承担相应的责任，登记时需提交财产分割的书面证明或者协议。"本案中，经查明，周某和雷某在沂德公司设立时向工商部门提供的个人资料中包括两人的计生证明显示的配偶并非其两人的真实配偶，即周某和雷某隐瞒了夫妻关系的事实，其目的是规避当时的相关规定，成立沂德公司。而根据《最高人民法院关于适用〈公司法〉若干问题的规定(一)》第 2 条及《公司法》第 20 条的规定可知，周某和雷某为成立沂德公司，规避当时的相关规定，应属滥用公司法人独立地位和股东有限责任，其目的是逃避债务，故根据前述公司法的规定，周某和雷某应对沂德公司欠付冯某的债务，承担连带责任。

探讨分析

从上述判决意见可见，我国《公司法》并没有对夫妻公司加以限制或否定的直接规定，所以审判实务的理解与适用中难以形成统一观点。

一审法院或许是基于“私法领域，法无明文皆自由”的理念，认为仅以夫妻公司股东为夫妻二人为由而否认其法人人格理由不够充分，在此基础上，冯某也没有充分证据证明周某和雷某滥用公司人格以致侵害债权人利益或国家、公共利益，故驳回了诉讼请求。

而梳理二审法院的裁决思路可知，其主要认为夫妻是一种“法定财产共同体”，并将出资举证责任划分给了作为股东的夫妻二人。因为一般情况下，以夫妻共有财产出资成立公司，其出资体是单一的，不符合旧《公司法》关于有限责任公司必须有二个以上的股东，其实质是“一人公司”，也不符合公司的社团性特征，与有限责任之前提“分离原则”根本背道而驰。在此角度，二审法院否认了该公司的法人人格，认定周某和雷某应承担连带责任。

相关案例检索：

佛山市顺德区赛奇贸易有限公司与刘琼房屋租赁合同纠纷案

——(2017)粤06民终6670号案

该案中，对于刘琼、张锦宏是否应对赛奇公司所支付租金及利息承担连带清偿责任的问题，一、二审法院均认为，我国《公司法》虽对公司承担责任有着严格的限制，但赛奇公司的股东变更为仅有刘琼、张锦宏夫妻两人，且刘琼、张锦宏未提供有效证据证明刘琼、张锦宏在办理股东变更登记时提交了财产分割的书面证明，没有证据表明赛奇公司财产独立于刘琼、张锦宏二人家庭财产，该公司财产实际属于一个所有权主体，与一个自然人投资设立的公司一样，应视为一人公司。

程某与某教育公司培训合同纠纷案

——(2018)京03民终8566号案

该案中，一、二审法院均认为，前股东滥用公司法人独立地位和股东有限责任，逃避债务，严重损害了债权人利益的，应对公司债务承担连带责任。因此，认定夫妻二人的共同不当经营致使该教育公司适用人格否认制度，由此产生的债务属于夫妻共同债务。

由于《公司法》规定有限责任公司必须二人以上出资设立，故现实生活中，存在许多以夫妻二人的名义设立有限责任公司以获得股东有限责任的“护身符”，从而规避法律责任的情况。但从法律风险把控的角度来看，笔者以为此举并不妥，因为通过研究上述案例不难发现，我国新《公司法》在一人公司财产混同方面实际上采取了“举证责任倒置”的规定，这使得一人公司并不能成为真正的“护身符”，而夫妻公司往往因为出资财产性质、公司经营或财产管理问题而被揭开面纱的风险很高，所以抱着成立夫妻公司以规避风险的选择并不高明。

当然，如果在成立夫妻公司时，能在登记备案的公司章程中明确以各自拥有的财产作为注册资本、各自承担相应的责任，并附带相关财产分割的书面证明或者协议。且在公司经营期间，做到严格区分公司财产和家庭财产的，也可达到防止滥用公司法人独立地位和股东承担有限责任的效果。

公司未经依法清算注销后，以公司名义签订的合同中的仲裁条款对公司股东是否具有约束力？

一、基本案情

2018 年 12 月 20 日，某房地产公司（下称 A 公司）与某咨询服务公司（下称 B 公司）签订了《商品房买卖合同（预售）》，约定：B 公司购买由 A 公司投资建设的位于××城××街××号的××房，房款总价 95 万元，第一期房款 5 万元于网签之日支付，第二期房款 50 万元于 2019 年 2 月 25 日前支付，第三期房款 40 万元于 2019 年 10 月 25 日前支付。合同同时约定，“本合同在履行过程中发生的争议，由双方当事人协商解决；协商不成的，提交××仲裁委员会仲裁”。

合同签订后，B 公司仅支付了第一期房款 5 万元，并未按约支付其余款项。催收过程中，经 A 公司向当地市场监督管理局查询获悉，B 公司已于 2019 年 12 月 21 日被核准注销，而 C 作为 B 公司唯一股东出具《全体投资人承诺书》，承诺：B 公司已将债权债务清算完结，不存在未结清清算费用、职工工资等，清算工作已全面完结。C 对以上承诺的真实性负责，如果违法失信，则由 C 承担相应的法律后果和责任。A 公司根据《商品房买卖合同（预售）》中的仲裁条款，以 C 作为被申请人，向××仲裁委员会申请仲裁。

A 公司认为，根据《最高人民法院关于适用〈中华人民共和国公司法〉若干问题的规定（二）》第 20 条第二款：**“公司未经依法清算即办理注销登记，股东或者第三人在公司登记机关办理注销登记时承诺对公司债务承担责任，债权人主张其对公司债务承担相应民事责任的，人民法院应依法予以支持”**之规定，C 在向 B 公司登记机关办理注销登记时书面承诺对公司债务承担责任，因此，C 应当向 A 公司支付《商品房买卖合同（预售）》项下剩余购房款 90 万元。

C 则在案件审理过程中提出了管辖权异议。C 认为，双方之间是因公司清算产生纠纷，而不是基于《商品房买卖合同（预售）》产生纠纷，且 C 不是该合同的当事人，不应当受到其中仲裁条款的约束，××仲裁委员会对于 A 公司和 C 之间的纠纷不具有管辖权。

C 的管辖权异议是否能够成立？司法实践中存在不同的观点。

一种观点认为：

根据《最高人民法院关于适用〈中华人民共和国仲裁法〉若干问题的解释》第 8 条规定，当事人订立仲裁协议后合并、分立的，仲裁协议对其权利义务的继受人有效。当事人订立仲裁协议后死亡的，仲裁协议对其继承人有效。该条款实际是对仲裁协议效力延伸的规定，条文中对当事人"合并""分立""死亡"三种情形做出了仲裁协议效力延伸至继受人或者继承人的明确规定，但"注销"并未包括在内。股东就其未依法清算给债权人造成损失承担赔偿属于"法定之债"而非"意定之债"，因违反清算义务产生的纠纷与原合同属于不同的法律关系，股东不能当然受到原合同仲裁条款的约束。【例如阳城县润城镇上庄村民委员会与李某、晋城市易泉文化传播有限公司合同纠纷二审民事案，无锡友合建筑工程技术有限公司与刘霞培、葛汉明等清算责任纠纷二审民事案，白俊杰、陈伟伟与公司有关的纠纷案】

另一种观点也是目前的主流观点则认为：

对于《最高人民法院关于适用〈中华人民共和国仲裁法〉若干问题的解释》第 8 条的规定应作扩大解释，该条款可以理解为最高人民法院对于企业法人的分立与合并所涉及的权利义务的继受采取了肯定的态度，充分体现了对当事人意思自治的尊重，同时给予订立仲裁条款的当事人享有特别约定的权利。而**企业法人的注销实质上等同于企业法人在法律层面上的"死亡"，同样会出现权利义务的继受**，且这样的继受与法人的合并与分立等权利义务的继受并无实质上的区别，故企业法人的注销同样适用该条款的规定。股东作为公司注销后的权利义务继受人，公司签订的合同中的仲裁条款效力应当及于股东。【例如周静仪等与广州红地集团有限公司、卢昌荣等房屋买卖合同纠纷系列案，湖南省金府投资有限公司、邓志伟民间借贷纠纷案，安顺天天商贸有限公司与姜雪服务合同纠纷案，北京正通网络通信有限公司与王锦等房屋租赁合同纠纷案，曹县古营集镇人民政府与济南一建集团总公司建设工程施工合同纠纷案，苏光明、大恭文化发展（天津）有限公司合同纠纷案】

二、评析

在我国注册的有限责任公司和股份有限公司的股东对公司债务承担的是有限责任，为了避免股东滥用公司的法人资格逃避债务，公司在注销时应依法经过清算程序，在债权债务清理完毕后方能办理注销登记。根据目前《公司法》及相关司法解释的规定，在公司以虚假清算报告骗取公司登记机关办理注销登记或公司未经依法清算注销的情形下，对于以公司名义签订而未履行完毕的合同，合同相对方仍对股东享有诉权，不能因股东的过错和责任导致合同相对方得不到救济。不过实务中，对于合同相对方以何种方式主张权利存在争议。

笔者认为，目前的主流观点更具合理性，即**公司股东仍应受到原合同仲裁条款的约束**。**一方面**，在公司以虚假清算报告办理注销的情形下，股东继受公司清算后的剩余财产，该继受可视为股东对公司合同项下的权利义务在**形式上**的继受。虽然基于合同相对性，仲裁协议的效力一般只约束签订协议的双方当事人，但合同相对方要求股东承担的债务系公司在原合同项下需要承担的债务时，公司与股东应视为一个当事人整体，所以并未脱离原合同仲裁条款约定的效力范围；**另一方面**，结合《最高人民法院关于适用〈中华人民共和国仲裁法〉若干问题的解释》第 9 条规定：“**债权债务全部或者部分转让的，仲裁协议对受让人有效，但当事人另有约定、在受让债权债务时受让人明确反对或者不知有单独仲裁协议的除外**。”为保障公司债权人的相关权益，同时避免一些公司利用法律的漏洞，通过公司注销来躲避债务，公司登记机关往往会在企业提交相应注销文件时，一并要求公司股东或第三人提交《承诺书》，对于公司注销后又发现遗漏未处理债务的，要求其对该债务承担法律责任。在公司未经依法清算即注销的情形下，若公司股东承诺愿意在法律规定的范围内对公司未尽债务承担责任，实际上构成了免责式的债务承担，**免责式债务承担情形下原合同仲裁条款对新债务人具有约束力**，除非新债务人明确做出了相反的意思表示或者能够提供证据证明不知道该仲裁条款的存在。至于公司注销后，股东是否实际继受公司在合同项下的权利义务、股东对于公司债务是否需要承担责任则属于实体审理的范围了，不应当成为判断仲裁协议效力的因素。

隐名股东的债权人能否申请查封隐名股东被代持的股权？

案例：问题的提出

A与C约定，由C代持A享有的甲公司部分股权，甲公司的股东名册及工商登记均显示C为甲公司的股东之一。现B是A的债权人，D是C的债权人。B明确知悉A与C之间的股权代持协议，而D对此不知情。问：

（1）D能否向法院申请查封C代持的A的甲公司股权？若A提出执行异议，法院是否予以支持？

（2）B能否向法院申请查封C代持的A的甲公司股权？若C提出执行异议，法院是否予以支持？

实践中，类似于A这种为了规避债务而将股权交由他人代持的情况非常普遍。关于第一个问题涉及的隐名股东A与善意第三人D之间的利益冲突时有发生，理论界与实务界对此多有论述。法院的裁判准则并不统一，有基于保护善意第三人的角度及商事外观主义，认为A的实际股权权益不能对抗法院查封的；有基于保护隐名股东的角度，认为法院不能强制执行实际不属于C的责任财产。

而关于第二个问题却鲜有人提及，虽然实践中此类情况比较少见，但这并不意味着它没有讨论的价值。**在B明知A存在被代持的实际股权的情况下，其能否申请法院查封该股权并在执行中受偿，法律并没有明确规定**，这往往导致债权人B的合法权益无法得到有效保障。

一、公司法的立法倾向

问题的关键在于我国《公司法》对股东身份认定及股权代持协议的立法倾向性。

《公司法》第32条第二款、第三款规定：记载于股东名册的股东，可以依股东名册主张行使股东权利。公司应当将股东的姓名或者名称向公司登记机关登记;登记事项发生变更的,应当办理变更登记。未经登记或者变更登记的,不得对抗第三人。

从上述规定来看,我国《公司法》对于股东或股权的登记采用的是登记对抗主义,而非登记设立主义。

《公司法司法解释三》第25条规定:有限责任公司的实际出资人与名义出资人订立合同,约定由实际出资人出资并享有投资权益,以名义出资人为名义股东,实际出资人与名义股东对该合同效力发生争议的,如无合同法第五十二条规定的情形,人民法院应当认定该**合同有效**。

前款规定的实际出资人与名义股东因投资权益的归属发生争议,**实际出资人以其实际履行了出资义务为由向名义股东主张权利的,人民法院应予支持**。名义股东以公司股东名册记载、公司登记机关登记为由否认实际出资人权利的,人民法院不予支持。

第26条规定:名义股东将登记于其名下的股权转让、质押或者以其他方式处分,实际出资人以其对于股权享有实际权利为由,请求认定处分股权行为无效的,人民法院可以**参照《物权法》第106条的规定处理**。

从《公司法司法解释三》的上述规定可以看出,首先,我国立法承认股权代持协议的效力;其次,股权代持关系是隐名股东与名义股东之间的内部关系,在该内部关系中,隐名股东才是实际股东权益享有者;最后,股权代持协议不能对抗善意第三人。

我们今天所讨论的问题中的债权人B,明知股权代持协议的存在,其正是基于A与C之间的股权代持关系而申请法院查封登记在C名下其实由A真正享有的股权。对于B而言,其面对的是实际投资权益享有者A。对于C而言,其在面对B的查封申请时,相当于面对的是实际股东A。**结合《公司法》及《公司法司法解释三》的规定来看,C在面对A的实际股权时是无法以其对B不承担债务为由来对抗B的查封申请**。

二、实务中的倾向性意见

通过检索,目前实务中对此问题最直接的论述,仅最高人民法院执行工作办公室在《关于深圳金安集团公司和深圳市鹏金安实业发展有限公司执行申诉案的复函》(〔2001〕执监字第188号)中有提及:

“请你院监督执行法院进一步核实此三公司的注册资本投入和鹏金安公司受让深圳市金来顺饮食有限公司和深圳市京来顺饮食有限公司各90%股权的情况,**如三公司确系金安公司全部或部分投资,现有其他股东全部或部分为名义股东,可**

依据《最高人民法院关于人民法院执行工作若干问题的规定（试行）》第 53 条、第 54 条的规定，执行金安公司在三公司享有的投资权益。但不应在执行程序中直接裁定否定三公司的法人资格。”

该复函的意见表明实践中法院的倾向与我们上述的法律分析是一致的。同时它也表明这个问题真正的难点在于，如何确认 A 对甲公司享有投资权益，即如何确认 A 的隐名股东身份。**这涉及债权人 B 的举证能力以及法院对股权代持协议的具体审查**。

三、题外话

文章的最后，回到篇首的两个问题，我们考虑一种实践中很难发生，但理论上有可能存在的极端情况，即：B 和 D 同时向法院申请查封，法院对 B 和 D 的查封申请均予以支持，此时，D 的查封是否优先于 B 呢？对此，需要提醒大家注意，虽然 D 系善意第三人，但是 B 与 D 系基于不同的债权债务关系而向法院申请查封。对于 B 而言，D 并非善意第三人，故其债权并不优先于 B。因此，如果出现这种极端情况，二者在执行受偿时按照查封时间先后处理即可。

关联交易内部赔偿，不是想要就能要

——兼谈对《公司法司法解释五》第1条的思考

“第一条　关联交易损害公司利益，原告公司依据公司法第二十一条规定请求控股股东、实际控制人、董事、监事、高级管理人员赔偿所造成的损失，被告仅以该交易已经履行了信息披露、经股东会或者股东大会同意等法律、行政法规或者公司章程规定的程序为由抗辩的，人民法院不予支持。

公司没有提起诉讼的，符合公司法第一百五十一条第一款规定条件的股东，可以依据公司法第一百五十一条第二款、第三款规定向人民法院提起诉讼。”

自2019年4月28日最高院发布《最高人民法院关于适用〈中华人民共和国公司法〉若干问题的规定（五）》（以下简称《解释五》），即受到业界的关注和热议，其中不乏对《解释五》在保护中小股东权益方面所做变化的赞许和期待，但也有专业人士对此提出了进一步的疑问和担忧。

《解释五》第1条对关联交易的内部赔偿责任问题作了规定，明确规定关联交易损害公司利益的，履行法定程序不能豁免关联交易赔偿责任，为中小股东提供了追究关联人责任，保护公司和自身利益的利器。本文，笔者将通过两个案例，针对公司关联交易损害责任问题，从关联交易的认定、关联交易的合法性和关联交易的结果三个方面展开分析，并探讨《解释五》第1条在实务应用中可能存在的问题。

案例1：东莞市真功夫餐料生产有限公司与蔡达标、王志斌公司关联交易损害责任纠纷

案号：（2015）东中法民二终字第1913号

案情简介：蔡达标为真功夫公司的股东之一。蔡达标与蔡春红是兄妹关系，蔡春红与王志斌是夫妻关系。王志斌是个体工商户志利源经营部的经营者。东莞真功夫公司曾与志利源经营部签订《真功夫采购框架合同》《真功夫采购合同》，约定志利源经营部向东莞真功夫公司及其关联公司供货。东莞真功夫公司提交的

《专项审计报告》显示，真功夫公司等于 2008—2010 年向志利源经营部、东莞市虎门优中康三鸟经营部支付关联交易款共 56128745.28 元。东莞真功夫公司称，蔡达标、王志斌、蔡春红通过关联交易在 2008—2010 年收取东莞真功夫公司 26624860.07 元，应未向东莞真功夫公司交付货物，要求蔡达标、王志斌、蔡春红赔偿由此给东莞真功夫公司造成的损失 19058209.76 元(其中货款 14366822.14 元、利息 469137.61 元)。

案例 2：佛山市三水宏通土石方工程有限公司、广州东方饮食娱乐有限公司公司关联交易损害责任纠纷

案号：(2017)粤 06 民终 643 号

案情简介：东方公司为外资公司，出资人为华兴公司，法定代表人为叶耀松。千叶酒店的投资人为华兴公司、宏通公司和千叶房产公司，认缴出资额的比例分别为 54%、36%和 10%。叶耀松为千叶酒店的董事长兼法定代表人。千叶酒店于 2003 年 2 月 1 日，与东方公司签订了《委托管理书》，约定由千叶酒店委托东方公司作为咨询顾问并对酒店各项工作提供管理业务。此外，千叶酒店于 2003 年 2 月 5 日，与叶耀松还签订《聘用总经理合同》。之后，截止到 2004 年年底，千叶酒店向东方公司共支付了管理费 116 万元。宏通公司认为东方公司与千叶酒店之间的委托管理交易为虚构交易，且千叶酒店并未实际得到东方公司的委托管理服务，但却向东方公司支付了巨额管理费，严重损害了千叶酒店的利益，因此要求东方公司、叶耀松连带赔偿千叶酒店 116 万元的损失。

一、关联交易的认定

虽然我国公司法没有明确“关联交易”的概念，但《中华人民共和国公司法》第 216 条第(四)项规定：“关联关系，是指公司控股股东、实际控制人、董事、监事、高级管理人员与其直接或者间接控制的企业之间的关系，以及可能导致公司利益转移的其他关系。但是，国家控股的企业之间不仅因为同受国家控股而具有关联关系。”通过该项规定对“关联关系”的界定，关联交易的认定变得简单明确。下面我们来看看案例 1 和案例 2 中法院是如何认定的。

案例 1 中，法院认为：蔡达标为真功夫公司的股东，其与蔡春红是兄妹关系，而个体工商户志利源经营部的经营者王志斌与蔡春红是夫妻关系，基于蔡达标、蔡春红、王志斌之间亲属关系发生的交易可能导致公司利益转移，故构成关联关系。东莞真功夫公司为真功夫公司下属公司，东莞真功夫公司与志利源经营部之间基于买卖合同存在交易行为，故案涉交易为关联交易。

案例 2 中，法院认为：华兴公司是千叶酒店的控股股东，叶耀松既是华兴公司的出资人，又是千叶酒店的董事长兼法定代表人，而东方公司是华兴公司独资的外资企业，叶耀松同为东方公司的法定代表人。千叶酒店与东方公司签订《委托管理书》，属于公司控股股东设立的独资公司与公司之间的交易，交易双方具有明显的关联性。千叶酒店与叶耀松签订的《聘用总经理合同》属于公司高级管理人员与公司之间的交易，也具有明显的关联性。所以，千叶酒店委托（聘请）东方公司、叶耀松进行管理，属于关联交易。

可见在实务中，关联交易的认定难度并没有太大的障碍，通常主要还是从关联主体的性质、关联主体的关系、关联主体之间的行为以及可能产生的结果等方面进行判断。

二、关联交易的合法性

法律并不禁止关联交易，允许企业从事公平合理的关联交易。实践中，合法有效的关联交易通常需要同时满足交易信息披露充分、交易程序合法、交易对价公允三个要件。

案例1中，一审二审法院均认为：从真功夫公司《2008年第三次董事会记录》、2009年1月5日《临时董事会纪要》载明的参加会议人员以及议案情况来看，蔡达标并未隐瞒或未充分披露案涉交易信息。其次，从《异动提议审批表》记录情况等证据来看，真功夫公司采购货物由专门的采购委员会审核通过，无证据显示蔡达标影响采购委员会选定供应商或采购货物的价格。最后，无证据显示案涉交易存在价格不公允的情况，且《异动提议审批表》显示志利源经营部最终供货价格比其他供应商"温氏"还要便宜0.1元。综合以上三个交易条件分析，案涉交易均为合法有效的关联交易。

案例2中，二审法院认为：从交易动机上看，东方公司的营业范围与千叶酒店相似。叶耀松是东方公司的法定代表人。无论是东方公司还是叶耀松本人，相对于千叶酒店的其他股东、董事更具有酒店经营方面的便捷和优势。因此，东方公司与千叶酒店签订委托管理协议，对千叶酒店自身的经营发展是必要的，也是符合经济规律的。从交易行为上看，由于宏通公司未能就关联公司之间就收益、成本、费用与损益的摊计不合理或不公正的行为举证证明，而审计报告统计的千叶酒店营业收入数据可以显示酒店处于正常运营且处于上升期。故二审法院认定宏通公司关于不真实、不合法关联交易的主张不成立。

三、关联交易的结果——是否损害公司利益

法律并不禁止关联交易，因为关联交易虽然易被利用损害公司和中小股东的利益，但也并非绝对。因此在不损害公司利益的前提下，关联交易是允许的。

我国《公司法》第 21 条规定："公司的控股股东、实际控制人、董事、监事、高级管理人员不得利用其关联关系损害公司利益。违反前款规定，给公司造成损失的，应当承担赔偿责任。"该条规定概括说明了合法的关联交易和违法的关联交易的界限，是否损害公司利益成为判断违法关联交易的根本标准，也是判定关联交易赔偿责任的一条根本标准。

但由于公司关联交易损害责任纠纷属于侵权类赔偿请求，因此在民事诉讼中仍需严格遵守"谁主张，谁举证"的原则，公司要想胜诉，必须对关联交易给公司权利造成损失的基本事实承担举证责任。

案例 1 中，法院认为，东莞真功夫公司主张志利源经营部"应未向东莞真功夫公司交付货物"，但蔡达标、王志斌、蔡春红提交的《广东省增值税专用发票》及东莞真功夫公司提交的《结算业务详细信息》显示，志利源经营部与东莞真功夫公司已依采购合同约定的付款条件履行相应的开发票、付款程序，故应推定此前的收货、对账程序亦已履行完毕。东莞真功夫公司有义务举证推翻上述证据推定的事实，但《专项审计报告》未提及志利源经营部未交货，东莞真功夫公司亦未提交其他证据证明志利源经营部未交货，故东莞真功夫公司应承担举证不能的不利后果。

案例 2 中，一审法院认为，千叶酒店委托东方公司进行酒店咨询、管理，聘请叶耀松担任酒店总经理，虽然没有经过董事会表决同意，在程序上违背了公司章程，但不能当然视为侵害公司或者其他股东的合法权益。根据 2003 年和 2004 年东方公司和叶耀松对千叶酒店提供经营管理而言，结合千叶酒店的业务规模，千叶酒店先后向东方公司、叶耀松支付管理费共计 116 万元，并非过高，该支出也不能视为千叶酒店的损失。

二审法院认为，宏通公司并未就东方公司、叶耀松关联交易的动机即两当事人在关联交易中具有牟取私利，损害公司利益等主观恶意提供证据证明，也未提供证据否定千叶酒店运营良好的情况与东方公司对千叶酒店的管理之间的因果关系，亦未提供证据证明千叶酒店的 116 万元管理费支出无必要，属于财产损失。因此，对宏通公司提出的赔偿请求不予支持。

上述两个案例中的原告（上诉人），均因未能充分举证证明关联交易损害了公司利益而败诉。

正常的关联交易有助于公司发展。但在实践中，许多大股东或者实际控制人等利用其关联关系或地位优势，通过关联交易，用"合法形式"包装"恶意交易"，从而达到操纵公司资产或利润、占用公司商业机会等目的，损害公司和其他投资者利益。因而在世界各国或地区，关联交易在不损害公司利益的前提下是允许的，但对关联交易的规制要求严格程度则不同。

我国公司法对于关联交易的规定并不详尽，《公司法》第216条对关联关系作了定义，第21条为关联交易的禁止性规定和赔偿规定，第121条、第124条涉及上市公司关联交易的批准程序。但这些条文均未有从董事会和股东会的特别决议、独立财务顾问的评价报告和信息披露内容等方面，对关联交易确立较为严格的程序性约束机制，也并没有一个判断公允关联交易的标准。而另一方面，在实践中，由于大股东的股权优势，小股东在股东会决议上的意志常被大股东压制，关联交易形式上的合法并不能解决实质上的不公。

为此，《解释五》第1条对履行法定程序不能豁免关联交易赔偿责任作了规定。最高院民二庭负责人在答记者问中指出，关联交易的核心是公平，本条司法解释强调的是尽管交易已经履行了相应程序，但如果违反公平原则，损害公司利益，公司依然可以主张行为人承担损害赔偿责任。

笔者认为，一方面，该条规定对于解决上文提到的"不公平"具有积极的意义，法院以后对关联交易进行司法审查时，不仅要关注"程序的合法性"，更会注重"交易的公平性"。例如案例2中，千叶酒店委托东方公司、聘请叶耀松是否真的是为满足公司的管理经营需要，千叶酒店向其支付的管理费是否公允，都是司法审查中需要考虑的问题。

另一方面，虽然该条规定在关联交易的赔偿责任认定上有所突破，一定程度上有利于中小投资者权益的保护，但依然有两个关键问题未能解决：一是如何界定公司利益受到损害；二是举证责任的问题。

(1) 对于第一个问题，界定公司利益是否受到损害，首先应需要考虑关联交易双方的动机（如案例2中的二审意见），即是否存在恶意，但该条规定未予明确。其次，界定"公司利益"，法院主要会从公司的生产利润、经营利润和转售利润等方面考量，但针对一些无形资产，例如商誉，如果公司通过关联交易计提商誉减值，从而产生巨额亏损爆雷，这种情况法院该如何判定商誉的合理价值进而认定公司利益损害呢？

(2) 对于第二个问题，该条规定并未减轻原告的举证责任。现实中的关联交易十分复杂和隐蔽，根据"谁主张，谁举证"原则，举证证明关联交易的非公允性，对于普通的中小股东依然存在较大难度。案例1中，一审法院从董事会会议纪要内容和《异动提议审批表》记录情况判断蔡达标已经履行了披露义务、涉案交易并无不公，但东莞真功夫公司却未能举证证明案涉关联交易存在不当。案例2中，法院认为即使千叶酒店委托东方公司和聘请叶耀松的行为没有履行法定程序，但关键问题还是在于宏通公司未能充分举证证明东方公司和叶耀松主观动机的恶意、交易行为的非常规性和交易结果给公司造成的损失，从而对宏通公司的赔偿损害主张不予支持。在此案中，关联交易行为是否履行了法定程序只是法院考量的因素之一，交易行为的结果即是否损害了公司利益才是关键。可见，公司利益受到损害的举证责任，重点还是落在原告的肩上。

看似《解释五》第 1 条可以为中小股东“保驾护航”，但该条规定还有许多不明确之处，在实践中的应用还有待观察，在举证责任方面，关联交易的非真实性、非公允性以及损失的认定仍然是原告举证的难点。但不可否认的是，《解释五》第 1 条是对中小股东权利保护机制完善的又一次推动。

公司股东兼具监事的身份，能否直接以股东身份提起股东代表诉讼？

根据《公司法》第151条第一款规定，公司董事、高级管理人员执行公司职务时违反法律、行政法规或者公司章程的规定，给公司造成损失的，符合条件的股东可以书面请求监事会/监事向人民法院提起诉讼。这是为了维护公司内部自治结构的稳定性而规定的股东代表诉讼的前置程序。结合《公司法》第151条第二款的规定，只有在监事/监事会书面拒绝，或者监事/监事会收到书面请求后30日内未提起诉讼以及情况紧急时，股东才可以提起股东代表诉讼？但在实践中，公司股东兼具监事身份的情况大量存在，此时，该股东能否直接提起股东代表诉讼？

一、两种截然相反的裁判结果

从检索的案例情况来看，司法实践中对此裁判尺度并不统一，甚至存在两种截然相反的观点。

观点一：支持。

理由：监事未控制公司公章，无法以公司名义提起诉讼。作为监事的股东已经竭尽内部救济途径，如不允许股东直接提起代表诉讼，将使其丧失救济的合理性。

代表案例

依据《公司法》第53条及第151条的规定，李金秋作为兴琦公司的股东，如其认为该公司的执行董事即李奇存在侵害公司利益的行为，其应向监事也即李金秋自己提出书面请求，由李金秋以公司的名义提起诉讼。但李金秋并不控制兴琦公司的公章，无法以兴琦公司的名义起诉，如不允许其选择股东代表诉讼，将使其丧失救济的合理途径。因而，为及时维护公司利益，在本案的特殊情况下，应予免除李金秋履行前置程序的义务。故李金秋有权以自己的名义提起本案诉讼。——(2017)京02民终10639号裁判意见节选

《中华人民共和国公司法》第 151 条设定了股东代位诉讼的前置程序。通常情况下，只有经过了前置程序，公司有关机关决定不起诉或者怠于提起诉讼，股东才有权提起代位诉讼。本案上诉人李月英担任大连铭弘实业有限公司监事，其已通过提起本案诉讼的方式同意另一股东提起本案诉讼。虽然监事依据上述法律规定应以公司名义提起诉讼，但因李月英不掌握公司公章，故其以公司名义提起诉讼在实践中确有困难。同时，上诉人李月英亦系大连铭弘实业有限公司股东，二上诉人已竭尽公司内部救济途径。——(2017)辽 02 民终 8188 号裁判意见节选

观点二：反对。

理由：股东兼具监事的身份时，股东提起先诉请求已无意义，可直接进行内部救济。

代表案例

根据《公司法》第 151 条及《公司法司法解释四》第 23 条的相关规定，在公司利益受到损害时，首先应以公司名义提起诉讼，而股东代表诉讼是在公司内部监督机制失灵情况下的补充救济手段，其适用的前提是穷尽公司内部救济手段；换言之，股东在公司利益受到相关主体的侵害时，不得立即直接提起诉讼，而应履行法定的前置程序要求。根据本案查明的事实，原告牛梦娇既是公司股东又是公司唯一监事，具有双重身份，现要求其作为股东提起先诉请求已无意义，牛梦娇作为监事能够代表公司行使权利，不存在公司内部救济手段不能的情况，其应按照最高人民法院关于适用《中华人民共和国公司法》若干问题的规定(四)第 23 条规定，以监事身份做出起诉的意思决定，并以公司名义作为原告提起诉讼，而非直接提起股东代表诉讼。——2018 渝 0106 民初 8475 号裁判意见节选

细究上述裁判意见，不难发现，两种裁判意见的法律依据无外乎都是《公司法》第 53 条、第 151 条以及《公司法司法解释四》第 23 条。从法律规定来说，观点二的论述在逻辑上是可以自洽的。但是观点一的两个案例除了依据上述法律规定，同时还提到了一个事实依据，即：公司的公章并非由监事控制。故而据此得出在股东兼具监事身份时，如果公司公章并不由该监事控制，则无法寻求公司内部救济，因此该监事可以股东身份提起股东代表诉讼。

我们无从得知，也无法从观点二中的案例中的裁判意见倒推该案中的监事掌控着公司的公章。问题是公司的公章是否由监事控制，是否影响监事向法院提起诉讼？

二、公章是否成为监事提起损害公司利益之诉的障碍？

从上述截然不同的裁判结果来看，实践中对于监事针对董事、高管提起的损害公司利益之诉的条件，存在不同的审查标准。那么，要求监事提起的损害公司利益

之诉加盖公章是否合法合理呢？

1. 从法律规定来看

《公司法司法解释四》第23条第一款规定：

监事会或者不设监事会的有限责任公司的监事依据公司法第151条第一款规定对董事、高级管理人员提起诉讼的，应当列公司为原告，依法由监事会主席或者不设监事会的有限责任公司的监事代表公司进行诉讼。

从上述法律规定来看，在该类案件中，监事应当以公司的名义提起诉讼，同时监事在该类案件中的地位是公司的诉讼代表。实际上，并没有法律规定同时法律也不可能做出类似加盖了公章才能认定该行为系公司真实意思表示的规定。在民事法律关系中，能够代表公司真实意思表示的并非公司公章，而是公司的议事机关，即股东(大)会。因此，从法律规定层面看，以公章并未被监事所控制，从而认定其无法提起损害公司利益之诉的观点，缺乏法律依据。

2. 从监事(会)的性质来看

监事(会)是公司的监督机关，《公司法》第53条明确规定了监事(会)的各项监督职能。且法律明确规定了监事不能担任公司董事及高管。出于对外交往及业务开展的需要，公司公章往往并不由监事掌控，实践中，由执行董事或高管管理公章的情形居多(具体公章管理还是要看公司章程及股东内部有无协议约定)。如果说要求监事提起损害公司利益之诉时，需要在起诉状上加盖公章，则极有可能会造成因公章控制在被告手中，而导致监事无法代表公司提起相关诉讼的荒谬情形。而以此为由认定股东代表诉讼的前置程序无法适用，进而支持监事以股东个人名义提起股东代表诉讼更是破坏了公司内部自治的稳定性。

综上所述，观点一的裁判意见缺乏法律依据，亦不符合现实的公司治理情况。虽然实践中类似案例并不多，但这背后反映的是法院在股东代表诉讼审查中并未正确适用法律，亦未从实际情况出发。

三、结语：司法实践中应当正确适用前置程序

《九民会议纪要》第25条“正确适用前置程序”明确指出，一般情况下，股东没有履行前置程序提起股东代表诉讼的，人民法院应当驳回起诉。但是，该项前置程序针对的是公司治理的一般情况，即在股东向公司有关机关提出书面申请之时，存在公司有关机关提起诉讼的可能性。如果查明的相关事实表明，根本不存在该种可能性的，人民法院不应当以原告未履行前置程序为由驳回起诉。该规定看似是在《公司法》第151条第二款规定的基础上，放宽了前置程序的豁免情形，其实不然，该条的重点仍是“正确适用前置程序”。特别指出，根据本文前述分析，监事未

掌控公司公章并非《九民会议纪要》此处规定的“不存在公司有关机关提起诉讼的可能性”的情况。股东代表诉讼的终极目的是保护中小股东利益，避免大股东或者公司实际控制人利用职务之便损害公司利益，最终影响中小股东的利益。但股东代表诉讼在一定程度上破坏了公司内部自治的稳定性，为了避免股东滥用代表诉讼的权利，因此法律对其做出了严格限制，司法实践也应当严格审查股东代表诉讼是否符合法律规定的前置程序豁免情形。

有关股东代表诉讼的法律适用问题辨析

——以(2014)民提字第170号为例

一、案例概览

(一)案情简介

2008年8月3日,福生公司、张小宝公司与(株)圃木园控股为设立圃园福生公司签署《公司章程》及《合资合同》各一份,明确(株)圃木园控股、福生公司、张小宝公司的出资及占股比例,并约定监事会由3名监事组成,其中福生公司和(株)圃木园控股各指定1名。公司设立后,监事会并未成立。(株)圃木园控股剩余出资220万美元未缴付,福生公司公司亦未足额缴纳出资款。2009年9月,三方就圃园福生公司经营管理等事宜发生争议,后(株)圃木园控股不再参与圃园福生公司的经营管理,但圃园福生公司的公章、财务专用章等则由(株)圃木园控股委派至圃园福生公司担任总经理的杜镇雨持有。此后,圃园福生公司与福生公司、张小宝公司先后向(株)圃木园控股发出通知,要求其履行出资义务,补足注册资金。2012年12月19日,张小宝公司以特快专递方式向圃园福生公司发出《关于催告韩方的通知》,要求圃园福生公司向(株)圃木园控股诉讼主张履行出资的义务,否则其将代为诉讼,该信函后因“收件人看不清、手机关机、门卫拒收”退回。

后福生公司、张小宝公司就提起本案的股东代表诉讼,要求(株)圃木园控股补足出资并赔偿圃园福生公司的损失。

争议焦点:福生公司、张小宝公司是否有权提起股东代表诉讼?

(二)裁判意见

一、二审观点:圃园福生公司公章由(株)圃木园控股方持有,福生公司、张小宝公司、(株)圃木园控股及圃园福生公司之间同时期又存在多起诉讼及仲裁案件,在福生公司、张小宝公司仅共同持有圃园福生公司49%的股权,且在7人董事会中也仅占 3 席、监事会仅占 1 席的情况下，要求福生公司、张小宝公司先行请求公司董事会或监事会对(株)圃木园控股提起诉讼已无实质意义，其直接提起股东代表诉讼属合理。此外，股东对公司的出资系法定义务，福生公司、张小宝公司提起的系股东代表诉讼，而非基于出资协议提起的违约之诉，故福生公司、张小宝公司是否已全面履行出资义务，不影响其代表圃园福生公司提起本案诉讼。

再审观点：股东代表诉讼制度的设置基础在于股东本没有诉权而公司又怠于行使诉权或者因情况紧急可能损害公司利益时，赋予股东代表公司提起诉讼的权利。当股东能够通过自身起诉的途径获得救济时，则不应提起代表诉讼，否则将有悖股东代表诉讼制度的设置意图。根据《公司法司法解释三》第 13 条第一款的规定，福生公司、张小宝公司作为股东本身即享有诉权，而通过股东代表诉讼起诉的后果，则剥夺了另一方股东(株)圃木园控股反诉福生公司、张小宝公司履行出资义务的诉讼权利，因为其无法针对合资公司提起反诉，由此造成股东之间诉讼权利的不平等。

二、案例辨析

从裁判意见来看，一、二审与再审均是围绕福生公司与张小宝公司有无资格提起股东代表诉讼这一争议焦点来审查，但各有侧重。一、二审注重审查股东代表诉讼的前置程序，而再审则抛开法律规定的前置程序的条条框框，重点论述福生公司、张小宝公司有无穷尽股东的救济途径，从而得出相反的结论。下面笔者将就本案裁判意见涉及的关于股东代表诉讼的两个法律适用问题，展开论述。

(一)“其他股东”请求未履行出资义务股东向公司全面履行出资义务，是否适用股东代表诉讼？

依据《公司法》第 151 条第三款的规定，他人侵犯公司合法权益，给公司造成损失的，本条第一款规定的股东可以依照前两款的规定向人民法院提起诉讼。股东未履行或未全面履行对公司的出资义务，造成对公司利益的损害，符合“他人侵犯公司合法权益”的情形，其他股东在穷尽公司内部救济的情况下，根据该款规定以自己的名义提起股东代表诉讼，有法可依。

但再审法院认为虽然本案符合上述法律规定的情形，但是福生公司与张小宝公司在提起股东代表诉讼前仍可以根据《公司法司法解释三》第 13 条第一款的规定进行救济，即其并未穷尽股东自身救济的一切途径，故其无资格提起股东代表诉讼。言外之意，再审法院认为司法解释的该规定并非股东代表诉讼。

《公司法司法解释三》第 13 条第一款：股东未履行或者未全面履行出资义务，公司或者其他股东请求其向公司依法全面履行出资义务的，人民法院应予支持。

股东按约出资,即是对公司的义务,也是对其他股东的义务。诚然,其他股东可以向未履行出资义务的股东提起诉讼,但应区别股东间因出资协议产生的纠纷与股东代表公司提起的股东出资纠纷。股东未按约履行出资义务,其他股东可就内部的出资协议或约定主张其违约责任,由此产生的纠纷仍属于合同纠纷。而《公司法司法解释三》第13条第一款规定的公司或者其他股东针对未履行出资义务的股东提起的诉讼,属于股东出资纠纷。二者诉请的基础法律关系不同,因而提出的诉请亦不相同。从字面意思来看,《公司法司法解释三》第13条第一款规定的并非股东间的出资协议纠纷,而是股东出资纠纷,即福生公司与张小宝公司的诉请仍只能要求(株)圃木园控股对圃园福生公司履行出资义务,而非要求其向自身承担出资不足的违约责任。

司法解释是对具体法律适用问题做出的解释,为审判提供指引,在一定程度上也具有填补法律漏洞的作用,但其本质上还是对现行法律规定做出的解释。从《公司法司法解释三》第13条第一款的表述来看,它也仅是在公司或其他股东请求未出资股东全面履行出资义务时,人民法院应当如何裁判进行规定,而非对股东在公司利益遭受"他人"侵害时在股东代表诉讼前,提供第二种救济途径(首先是请求公司内部救济)。

因此,公司股东未适当履行出资义务的,其他股东以自己的名义提起的请求该股东向公司履行出资义务的诉讼,属于股东代表诉讼,裁判机构应当严格依照《公司法》第151条有关股东代表诉讼前置程序的规定,审查其是否具备股东代表诉讼的资格。

(二) 未适当履行出资义务的股东,能否针对提起该等诉讼?

关于有权提起股东代表诉讼的股东身份,《公司法》第151条仅是规定了"有限责任公司的股东、股份有限公司连续一百八十日以上单独或者合计持有公司百分之一以上股份的股东",并未提及股东如果本身存在损害公司利益的情形,能否提起股东代表诉讼。但最高院在《〈全国法院民商事审判工作会议纪要〉理解与适用》也提到了股东代表诉讼的"洁手原则":

"为防止股东滥用诉权,必须有相应的恶意诉讼防止机制。洁手原则也是对原告股东资格通常进行的一种限制措施。所谓洁手原则,是指原告股东必须与案涉不法行为没有牵连,才有资格提起股东代表诉讼……我国虽然没有明确规定这一原则,但是基于诚实信用原则,提起股东代表诉讼的原告应当是没有同意、默认或者追认过所诉不法行为的股东。"

股东代表诉讼本身就是在公司内部人员或者他人对公司实施不法行为时,公司怠于自身权利救济,而赋予符合条件的股东以自身名义代表公司提起诉讼,该制度最终维护的是中小股东的利益。从制度设计的初衷以及“洁手原则”的应有之义来看，如果股东本身即存在损害公司利益的行为或者与该行为有牵连，其不存在提起股东代表诉讼的正当性。

本案二审法院认为，出资义务系股东对公司的法定义务，而福生公司、张小宝公司未履行出资义务，系对(株)圃木园控股在《合资合同》项下的违约，这并不影响其提起股东代表诉讼。该裁判意见表面上看并未违反法律规定，有一定的合理性。但实际上却忽略了福生公司、张小宝公司作为公司股东，未足额出资，亦违反了对公司的法定义务，造成对公司利益的损害。

三、小结

根据上述粗浅的法律适用分析，笔者认为福生公司、张小宝公司不具备提起股东代表诉讼的资格，并非系未充分履行前置程序，而是因为其本身亦存在未足额出资的不法行为，针对(株)圃木园控股未全面履行出资义务的不法行为，其不具备提起股东代表诉讼的合法身份。

“案情简介”仅是围绕股东代表诉讼资格这一焦点进行的截取，本案背景较为复杂。从案件处理的法律效果来看，一、二审与再审应当都是进行了一番利益衡量，并不能简单以对错而论。而本文的“辨析”也仅是就“法律”论“适用”，难免以偏概全。

“对赌协议”中的业绩补偿与股份回购可否同时适用?

在投融资领域中,投资主体与融资主体达成投融资协议时,投资方为了防止目标公司业绩的下滑、亏损或其他原因而遭受投资损失,甚至无法实现退出的情形。投资人在投资目标公司时往往会与目标公司原股东、实际控制人对未来不确定的情况做出约定,此类约定即为对赌。

实践中的对赌协议,是指在股权性融资协议中包含了股份回购或者现金补偿等约定条件。如果没能达到约定条件,投资方可以要求义务人进行现金补偿或回购其股权,其实质是投融资双方对股权投资价值的或然性约定,是一种投资保障工具。

2019 年 11 月 14 日,最高人民法院发布了《九民会议纪要》,该纪要第 5 条对“对赌协议”的性质作了阐述:

“对赌协议”又称估值调整协议,是投资方与融资方在达成股权性融资协议时,为解决交易双方对目标公司未来发展的不确定性、信息不对称以及代理成本而设计的包含了股权回购、金钱补偿等对未来目标公司的估值进行调整的协议。

实践中,投资人与目标公司原股东签订对赌协议,往往会同时设置业绩补偿和股权回购条款,以达到“双保险”的目的,确保投资收益,确保能够顺利退出。

但是,当业绩补偿条款和股权回购条款条件同时成就时,投资方向融资方同时主张业绩补偿和股权回购能否得到支持,目前司法实践尚未完全统一裁判规则,上述《九民会议纪要》也未对此进行明确规定。

本文探讨的问题就是:投资方与目标公司股东或实际控制人签订的“对赌协议”中业绩补偿与股权回购条件同时触发时,能否同时得到支持。

现就上述问题检索相关案例,

案例观点如下:

支持方:业绩补偿与股份回购可以同时适用

案例：王大民、王艳丽股权转让纠纷

案号：(2017)赣民终159号

审理法院：江西省高级人民法院

案情简介：

2011年5月5日，大民种业、王大民与正邦公司签订《合作协议书》，约定正邦公司向大民种业出资6000万元，成为大民种业的参股股东，持有大民种业25%的股份；同时约定了业绩承诺：大民种业承诺2014年税后净利润不低于3600万元，2015年税后净利润不低于4320万元，若未达到上述承诺的利润额，不足部分由王大民现金补足。股权回购：在正邦集团有限公司向人民种业注入第一期增资款5000万元之日起4年内，大民种业未完成公开发行股票并上市的目标，则王大民有义务收购正邦公司持有的全部股权。

2011—2015年，大民种业未完成业绩承诺，王大民按照合同约定已向正邦公司支付了相应的业绩补偿款。2016年6月，因此未完成公开发行股票并上市的目标。正邦公司要求王大民按照约定价格回购全部大民种业的股份并因协商未果将王大民诉至法院。

法院观点：

双方在合同中约定的业绩补偿款，与股份回购款并非同一事项，不应从股份回购款中扣除。涉案《合作协议书》《补充协议》，**属当事人自愿达成的协议，未违反法律法规强制性规定，合法有效，应受法律保护。**大民种业向九穗禾公司支付240万元分红款，该款为公司向股东的分红，股东分红是九穗禾公司作为股东享有的权利，与股份回购亦非同一事项。故王大民主张应在股份回购款中将该业绩补偿款和分红款扣除，无事实和法律依据，不予支持。

例案：佛山市优势集成创业投资合伙企业、潘远来合同纠纷

案号：(2019)粤06民终187号

审理法院：佛山市中级人民法院

法院观点：

对于业绩补偿，双方已经签订补充协议，明确补偿金额，并对支付时间和违约责任进行约定。融资方未按约定支付第二期业绩补偿款，构成违约，应当支付业绩补偿款、利息及逾期利息。对于股权回购，**在股权回购的条件已成就的情况下，投资方要求支付1000万元股权回购款和利息确有相应的合同依据。**

案例分析：支持的观点认为“对赌协议”中业绩补偿及股权回购约定系双方真实意思表示，未违反法律法规强制性规定。二者属于不同的法律关系，股东分红是股东享有的权利，与股份回购并非同一事项，在条件均成就的情况下可以同时得到支持。而且投资方要求目标公司实际控制人支付现金补偿款不存在股东身份的障碍。

反对方:业绩补偿与股份回购不可同时适用

案例:深圳前海盛世圣金投资企业(有限合伙)与徐茂栋等股权转让纠纷

案号:(2017)京01民初814号

审理法院:北京市第一中级人民法院

案情简介:2015年8月4日,前海盛世与目标公司星河互联集团实际控制人徐茂栋等人签订协议,约定前海盛世按照目标公司投前估值人民币100亿元的价格,受让徐茂栋等人转让的目标公司股权。同时约定对赌条款:

(1) 业绩承诺指标:目标公司2015年经审计的扣除非经常性损益的税后净利润需达到2015年预测净利润(¥10.5亿元)的60%。否则,投资方有权选择:(1)要求原股东中任意一方或多方受让投资方持有的目标公司的部分股权;(2)要求原股东中的任意一方或多方向投资方无偿转让所持有的目标公司的部分股权作为补偿。

(2) 挂牌承诺:如目标公司在2016年12月31日之前未在全国中小企业股份转让系统或其他交易所挂牌的,则投资方有权选择要求原股东中任意一方或多方或其实际控制人受让投资方持有的目标公司全部股份,支付投资方对价为投资方的投资款加上自投资款到账之日至投资方收到回购或受让款止期间的利息。

后因目标公司未完成业绩和挂牌目标,前海盛世于是向法院诉请要求徐茂栋等人(1)回购前海盛世持有的全部目标公司股权;(2)业绩补偿折价款、股权回购违约金、业绩补偿违约金等。

法院观点:从协议内容来看,涉案协议实质为对赌协议,本案对赌协议虽然同时约定了2015年业绩承诺和2016年挂牌承诺,但是从合同目的及对赌标的角度来看,主要是投融资双方因对赌而产生的股权回购;

其次,前海盛世企业作为投资人要求目标公司各股东进行业绩补偿,前海盛世企业依然保持星河互联公司股东身份不变,但是前海盛世企业要求回购股权,实质是退出星河互联公司,不再拥有股东身份,两者存在一定矛盾;

最后,如星河互联公司在2016年12月31日之前未完成挂牌,则之前的业绩很可能未达到相应要求,从协议约定的业绩补偿方式来看,补偿方式之一为"要求原股东中任意一方或多方受让投资方持有的目标公司的部分股权",该方式与股权回购义务有重合之处,说明星河互联公司未如期挂牌的法律后果中已经处理了业绩补偿,前海盛世企业单独索要的2015年业绩补偿,存在重复计算。

综上所述，本院依据协议，仅支持前海盛世企业关于股权回购本金、利息及违约金的主张，对于业绩补偿折价款及业绩补偿违约金的主张不予支持。

案例：深圳市创新投资集团有限公司、山东华乐实业集团有限公司与公司有关的纠纷

案号：（2016）鲁民终 1620 号

审理法院：山东省高级人民法院

法院观点：关于一审认定的股权回购款数额是否正确的问题。本院认为，《增资合同补充协议》虽然约定，"股权回购价格为按银行同期贷款利率计算的投资本金和利息之和"。深圳创投公司在本案中既主张了的股权回购款利息又主张了现金补偿款。**二者的性质均为对深圳创投公司股权投资款的补偿，深圳创投公司可以选择但不能同时主张。**因此，一审法院关于股权回购款数额中不包含利息损失并无不当。

案例分析：反对的观点认为，一方面，投资方要求大股东和目标公司履行协议约定的业绩补偿义务前提是投资人享有股东身份。投资方在保持目标公司股东身份不变的情况下，要求回购股权，实质是退出目标公司，不再拥有股东身份，两者存在矛盾。投资方在主张股权回购的同时即丧失了要求目标公司进行业绩补偿的权利。另一方面，对赌条款首要目的与出发点是用该激励机制督促目标公司正常的经营发展壮大，从而实现投资方的投资回报，而非让私募股权投资机构获得投资的绝对保障或者获取较高的投资回报。

支持 VS 反对

综合分析上述观点，笔者认为既然"对赌协议"中关于业绩补偿和股权回购的双保险约定并未违反法律法规的强制性规定，又是双方当事人真实意思的表示，在约定条件触发时，同时使用理应得到的支持。

理由如下：

第一，**目标公司债权人或者目标公司利益不会受到影响。**投资人与目标公司的股东或实际控制人"对赌"，没有达到双方约定的目标，即宣告"对赌"失败，届时投资人诉请要求目标公司的股东或者实际控制人履行回购义务或者现金补偿义务的。

此时，不管是履行回购义务还是承担现金补偿义务，系投资人与目标公司的股东或实际控制人对"对赌协议"的遵照执行，不会影响到目标公司债权人或者目标公司利益，人民法院审查不违反合同法等相关规定的，应支持实际履行。

第二，**业绩补偿和股权回购是针对标的企业经营行为不同阶段的估值调整。**业绩补偿是针对公司经营业绩的要求，通常是按照年度审计报告计算，鞭策融资方在每一个会计年度内创造更高的收益。而股权回购则是投资人为企业设立的长期目标,在一段时间内企业不能实现 IPO 或挂牌新三板,确保投资人可顺利退出。

投资人在提出股权回购时或许的确丧失了公司股东的主体地位,但并不应该影响投资人作为公司股东期间而应当享有的股东权益。如仅限定为一种,此时会挫伤投资方积极性,有违鼓励投资方对实体企业投资原则。

第三,**退出公司与获取业绩补偿并不矛盾**。对于一个没有签订“对赌协议”的股东,在投资期间享有分红权,在转让股权时也可以收回股权对应的价值,二者并不矛盾,且受到《公司法》《合同法》等法律的保护,而对赌协议中的股权回购可以看作“溢价股权转让”,并不影响此前股东基于股东身份享有的“分红”。所以,**不能否认签订了“对赌协议”的股东同时获得两类收益的合理性**。

第四,**对赌协议的签订是融资方与投资方真实意思的表示,未违反法律法规强制性规定,合法有效,应受法律保护**。《九民会议纪要》中虽未明确规定业绩补偿与股份回购可以同时适用,但其中“关于对赌协议的效率及履行”的篇章中载明:对于投资方与目标公司的股东或者实际控制人订立的“对赌协议”如无其他无效事由,认定有效并支持实际履行。

可见《九民会议纪要》有关“对赌协议”在符合目前现有强制性规定的情况,不存在其他影响合同效力事由的情形下,原则上是认定有效的。况且投资人在投资当时,对于投资收益的期望本身也就包含了每年度业绩收入带着的收益和最终退出时股权产生的溢价两个部分,投资时以高溢价认购公司股份,其中对于目标公司的估值也是以上述两种收益作为基础的。

综上所述,笔者认为如果“对赌协议”中同时约定了业绩补偿与股权回购,二者均属于投融资双方的真实意思表示、已达到触发条件且不违反法律法规强制性规定情形下,司法不应过多干预,体现意思自治的契约精神。

“战疫”法律专栏

合同履行受到新冠肺炎疫情影响，是该继续履行还是解除合同？

自 2020 年 1 月中下旬以来，由于新型冠状病毒肺炎疫情的产生和暴发，中央和地方各级政府相继出台若干关于加强疫情防控工作及延期复工的通知，疫情最为严重的湖北省武汉市及其他城市均采取了不同程度的“封城”措施。可以预见，交通限制、公共场所封禁、复工延期等因素将对诸多合同的履行产生影响，许多当事人可能面临合同履行困难导致违约。

疫情期间，全国许多省高院相继也发布了有关新冠肺炎疫情防控期间民事法律纠纷处理的相关指导意见。

广东省高院在 2020 年 2 月 9 日发布了《关于依法审理新冠肺炎疫情防控期间民事行政案件的通告》，其中明确指出，要妥善处理合同纠纷。因疫情发生以及防控疫情应急措施等原因，导致买卖、租赁、旅游、住宿、餐饮、运输等合同不能履行，或者按合同履行对一方当事人权益有重大影响的，可以根据约定解除或者变更合同；没有约定的，鼓励和支持双方当事人协商解决，经济损失按公平原则合理分担。

浙江省高院在 2020 年 2 月 10 日发布的《关于规范涉新冠肺炎疫情相关民事法律纠纷的实施意见（试行）》中也指出，要妥善审理有关合同纠纷案件。疫情期间合同可以履行的，鼓励合同继续履行，当事人主张解除合同的，一般不予支持. 一方可以履行而拒绝履行的，另一方可依照《中华人民共和国合同法》相关规定，要求其承担相应违约责任。由于疫情原因，继续履行合同对于一方当事人明显不公平或者不能实现合同目的，当事人请求人民法院变更或者解除合同的，人民法院应当根据公平原则，依照《最高人民法院关于适用〈中华人民共和国合同法〉若干问题的解释（二）》等规定对相关情形进行认定。确因政府及有关部门为防控疫情而采取行政措施导致合同不能履行，或者由于疫情的影响致使合同当事人根本不能履行而引起的纠纷，当事人主张减轻或者免除自身的法律责任的，应当依法按照《中华人民共和国合同法》第 117 条和第 118 条的规定妥善处理。

从上述两高院发布的文件可知，对于因新冠肺炎疫情及防控措施而引起的合同纠纷，一方面，双方当事人可以根据合同约定解除或者变更合同；如果没有合同约定，法院鼓励在合同可以履行的情况下继续履行合同，在满足特定条件下(如不可抗力)支持合同解除。另一方面，由此造成违约责任，违约一方当事人也可根据实际情况主张减免。

实践中，如果当事人已经在合同中就合同的解除、违约责任等进行了详细的约定，自然应该按照合同约定来履行。然而，在合同未做出约定的情况，合同的履行受到新冠肺炎疫情影响，是否一定可以解除合同？是否一定能以新冠肺炎疫情为由减免责任？答案当然是否定的。

此次突如其来的疫情必将对各企业以及个人造成一定的冲击和影响，合同后续如何履行也是大家必须面对的问题。笔者认为，在符合法定条件下，为避免损失扩大或产生过高的履约成本，应该解除合同；但在合同的履行基础未受到实质影响或合同目的未根本不能实现的情况下，从鼓励交易和维护市场交易秩序稳定的角度出发，应鼓励继续履行合同。下面笔者将结合相关法律原则、法律法规和案例进行论述。

【法条指引】

《合同法》第 94 条第(一)项：“有下列情形之一的，当事人可以解除合同：(一)因不可抗力致使不能实现合同目的。”

《合同法司法解释二》第 26 条：“合同成立以后客观情况发生了当事人在订立合同时无法预见的、非不可抗力造成的不属于商业风险的重大变化，继续履行合同对于一方当事人明显不公平或者不能实现合同目的，当事人请求人民法院变更或者解除合同的，人民法院应当根据公平原则，并结合案件的实际情况确定是否变更或者解除。”

《合同法》第 117 条：“因不可抗力不能履行合同的，根据不可抗力的影响，部分或者全部免除责任，但法律另有规定的除外。当事人迟延履行后发生不可抗力的，不能免除责任。本法所称不可抗力，是指不能预见、不能避免并不能克服的客观情况。”

《合同法》第 118 条：“当事人一方因不可抗力不能履行合同的，应当及时通知对方，以减轻可能给对方造成的损失，并应当在合理期限内提供证明。”

一、《合同法》对合同的法定解除规定严格

依据《合同法》第 94 条第(一)项的规定，不可抗力致使合同目的无法实现的，

当事人才享有合同解除权。即使新冠肺炎疫情构成不可抗力影响合同履行，只有疫情导致合同全部不能履行，或者延期履行、部分履行不能实现合同目的，才能据此解除合同。

例如，在《美国东江旅游集团公司与长江轮船海外旅游总公司租赁合同纠纷上诉案》(〔2007〕鄂民四终字第 47 号)中，湖北省高院认为："《合同法》虽赋予合同当事人单方解除权，但该规定同时强调了解除合同的另一要件，即不可抗力事件对合同影响的程度，只有在不可抗力事件影响到合同目的的实现时，合同当事人才可单方解除合同，反之，如果不可抗力事件未影响到合同目的的实现，则合同当事人并不享有法定解除权。是否可以存在不可抗力事件为由单方解除合同，还取决于事件对合同目的的影响。虽然"非典"疫情对涉案租船合同的履行造成了较大影响，但这一影响尚未达到令合同目的不能实现的程度，东江公司以"非典"疫情之发生单方面行使合同解除权的做法本院不予支持，在法定要件尚不具备的情况下其单方解除涉案租船合同构成违约。"

再如，在《大连鹏程假日大沐有限公司与大连正典表业有限公司房屋租赁合同纠纷再审民事判决书》[(2013)辽审二民抗字第 14 号]中，辽宁省高院认为，"因'非典'疫情和政府有关部门因此而下发的停止野生动物经营的通知，只是对正典公司的部分经营活动造成影响，尚不足以导致其与鹏程公司之间的租赁合'直接'或'根本'不能履行，不能据此认定为双方合同的解除系不可抗力的原因所致"。

可见，在司法实践中，即使新冠肺炎疫情属于不可抗力事由，合同是否能够解除，依然有赖于对合同目的是否能够实现为判断基础，换一句话说，即使疫情造成了合同履行困难，但未致使合同目的不能实现，当事人则无权解除合同。

此外，即使新冠肺炎疫情构成情势变更，当事人也并不一定能解除合同。

《惠州市国航汽车贸易有限公司等与广西航空有限公司租赁合同纠纷上诉案》(〔2007〕桂民四终字第 1 号)中，广西高院给出观点："'非典'对上诉人与广升公司之间租赁合同的履行基础不构成实质影响，不能成为可变更或解除租赁合同的情势变更状况……即使'非典'对租赁合同的履行构成情势变更，上诉人有权要求的是对合同作合理的变更，以体现公平原则。"以情势变更为由主张解除合同，同样需要考虑新冠肺炎疫情对合同目的的影响程度、合同继续履会产生的成本以及守约方在合同解除后会遭受的损失等各种因素。

二、鼓励交易原则对合同解除权的限制

鼓励交易原则是合同法的一个重要原则和价值目标。但鼓励交易不是鼓励当事人之间的任意交易，而是鼓励合法的、公平的、符合诚实信用原则的交易，从根本上说是鼓励有利于市场经济健康发展的交易，因此其中也包含对合同自由的限制。

其中对合同解除权的限制就是体现之一。合同的解除说明双方交易不可能继续履行，而守约方在很多时候为了己方的利益，不希望交易终止履行，如果此时继续以违约为由解除合同，对守约方造成的损失是没有必要的。这既不利于保护守约方的合同权益，也不能体现合同交易的重要目标。因此，限制合同解除权的行使，是出于保障交易安全的考虑，有利于鼓励交易，避免因解除合同而发生的损失和浪费。

然而，鼓励交易应是鼓励可能履行、最有效率的交易。从效率的角度看，鼓励交易应以真正能够实现资源优化配置、实现效率价值为目标。当合同因为客观情况已经根本不能履行或者需要花费巨大的成本继续履行合同时，违约也是一种合同目的无法实现情况下的不得已选择。对已经不能履行的合同，以鼓励交易为名使其有效，这也不是鼓励交易原则的真义。因此，当因新冠肺炎疫情及防控的影响导致合同履行不能时，在符合法定条件下，为了避免损失的扩大和过高的履约成本，当事人要求解除合同的应予以支持。

三、合同未予解除，但可减免违约责任

如上所述，《合同法》对合同的解除做出了限制。法院在审查合同的法定解除权时也十分的严格和谨慎。从上文提到的浙江省高院发布的《关于规范涉新冠肺炎疫情相关民事法律纠纷的实施意见（试行）》可知，对于不符合法定条件而解除合同的，解除合同的一方当事人需要承担相应的违约责任。而对于确实因新冠肺炎疫情导致合同根本不能履行的造成违约后果的，当事人可依据《合同法》第 117 条的规定，主张减轻或者免除违约责任。

例如，在《殷文敏与三亚长源物业发展有限公司商品房预售合同纠纷上诉案》［（2005）三亚民一终字第 79 号］中，三亚市中院认为："'非典'疫情对房产项目各项施工的完成构成不可抗力因素，相应地由此造成工期延误而导致开发商公司的延迟交房违约责任可以免除。"在新冠肺炎疫情防控期间，当事人由于疫情原因导致违约，如果合同未解除，法院通常会根据案件的具体情况（如不可抗力对合同造成的影响），减轻或免除违约方的责任。而由疫情所造成的损失法院也会根据公平原则由合同各方当事人进行分担。

然而，是否所有的合同都可适用《合同法》第 117 条来主张减免责任，依然要结合疫情与合同签订的时间先后、因果关系、疫情发生前是否存在迟延履行等具体情形予以认定。例如，在《大连鹏程假日大沐有限公司与大连正典表业有限公司房屋租赁合同纠纷再审民事判决书》［（2013）辽审二民抗字第 14 号］中，辽宁省高院认为，"因'非典'疫情和政府有关部门因此而下发的停止野生动物经营的通知，只是对正典公司的部分经营活动造成影响，尚不足以导致其与鹏程公司之间的租

赁合同‘直接’或‘根本’不能履行，……正典公司没有按照合同约定期限支付租金，行为构成违约，应承担违约责任”。因此，当事人在主张不可抗力免责时也要谨慎行之。

四、政府相关政策为合同履行提供保障

此次突如其来的新冠肺炎疫情，对我国许多行业来说无疑是一次巨大的冲击，大量企业（尤其是中小型企业）都面临着生产经营、资金周转、人力成本等诸多方面的困难。从中央到地方，各级党委和政府也十分迅速地出台了一系列措施和相关扶持政策，在金融机构融资、劳动用工安排、税费缴付减免、政府财政补贴等各个方面都给予了支持，帮助企业渡过难关。政府针对疫情出台的相关政策，为受疫情影响的企业在履行合同义务时提供了客观保障。

例如，广东省政府发布的《关于新型冠状病毒感染的肺炎疫情支持企业复工复产的若干政策措施》中提出，“允许疫情防控期间准许企业延期申报纳税。对符合延期缴纳税款条件的企业，依法延长不超过三个月的税款缴纳期限。对纳税确有困难的企业，依法合理予以减免房产税、城镇土地使用税。”

再如，重庆市人民政府办公厅《关于应对新型冠状病毒感染的肺炎疫情支持中小企业共渡难关的二十条政策措施》中提出，“对受疫情影响，缴纳房产税和城镇土地使用税确有困难的中小企业，可向主管税务机关提出申请，经审核后，给予不少于 2 个月的应纳税款减免”，并对符合条件的企业推出延期缴纳税款、缓缴社会保险费等一系列举措。在现金流趋紧的形势下，要求企业按照现有标准与规定期限缴付相关税费无疑会使企业现金流雪上加霜，而允许企业迟延缴纳税款、社保等款项，为企业减免税收，无疑可为企业争取更多的生存时间和空间，帮助企业降低损失和违约风险。

合同已经存在，面对突如其来的疫情，大量企业将会遭遇因新冠肺炎疫情引发的客观情况变化，导致合同履行出现障碍的问题。政府向企业伸出援手，出台相应政策与企业共同合理分担风险，鼓励企业将挑战转化为机会。当合同履行受到疫情的影响，企业应当及时审查自己的履约能力，评估合同继续履约的可行性和合理性，通过友好协商的方式与合同相对方共探风险分担之策，在合同履行的基础未受到实质影响下，应尽可能继续履行合同，努力握紧这只“看得见的手”，灵活运用政府提供的政策，将新冠肺炎疫情对企业造成的不利影响降到最小。

在这样一场特殊的没有硝烟的战争中，各企业和个人应与政府、企业员工、合作伙伴携手共进，互相体谅、互相帮助、共克时艰，相信此次疫情退去之后等待我国市场经济发展的又是一片春天。

参考文献

1. 广东省高级人民法院《关于依法审理新冠肺炎疫情防控期间民事行政案件的通告》。

2. 浙江省高级人民法院《关于规范涉新冠肺炎疫情相关民事法律纠纷的实施意见(试行)》。

3. 许冰梅：《评合同法的价值取向之一——鼓励交易》，载《法制日报》2000 年 10 月 8 日第 3 版。

4. 胡朝霞：《从〈合同法〉的基本原则谈合同自由及对合同自由的限制》，载《法制与社会》2009 年第 28 期，第 328-329 页。

5. 马胜：《我国合同法中鼓励交易制度的适用研究》，载《中南大学》2012 年。

6. 罗昆：《鼓励交易原则的反思与合理表达》，载《政治与法律》2017 年第 7 期，第 25-38 页。

7. 崔建远：《合同法》，法律出版社 2016 年版，第 110 页。

新冠肺炎疫情形势下企业运营法律风险提示

新冠肺炎疫情给国内广大小微企业带来了前所未有的挑战。疫情期间，企业复工复产面临合同履行、债务偿还、资金周转等重重困难。

广东省相关政府部门出台一系列政策，汇集社会各方力量，助力企业复工。

共克时艰，抗击疫情，广仲也在前行。在有序推进企业复工复产期间，广仲一以贯之地加大疫情防控法律服务，通过化磨难，解纠纷，向小微企业传递仲裁人的专业力量与温度。

为经济社会平稳发展提供优质便捷高效的仲裁服务，2020 年 2 月 17 日起，广仲在公众号平台特别制作《广仲战“疫”》法律专栏，梳理疫情可能导致的合同履行、金融融资等热点难点法律问题，分析和解答了小微企业在疫情阶段可能遇到的法律问题。

在总结和提炼前期《广仲战“疫”》法律问题探讨中，我们制作了本次《疫情形势下企业运营法律风险提示》，本文上篇将首先对新冠肺炎疫情法律性质认定做出分析，梳理疫情形势下企业运营法律风险的背景；下篇将分析企业在疫情阶段可能遇到的合同风险、金融税收风险、公司清算等法律风险，并给出相应的防范建议。

一、新冠肺炎疫情法律性质认定

自 2019 年年底至今的新型冠状病毒肺炎疫情，其法律性质是什么？是否属于法定的不可抗力情形？或是属于情势变更？因疫情无法履行的合同在司法实践中应如何处理？为厘清企业运营法律风险，应当先对本次新冠肺炎疫情法律性质有一定认识：

（1）新冠肺炎疫情属于突发公共卫生事件。疫情防控工作需要遵守《传染病防治法》及《突发公共卫生事件应急条例》的相关规定。防控疫情需要采取限制交通、企业开工延后等防疫手段，避免人口大规模流动，对合同履行等问题产生一定障碍。

（2）疫情及其导致的政府防疫行为是否属于不可抗力，应当按照《中华人民共和国民法总则》第 180 条和《中华人民共和国合同法》第 94 条第（一）项、第 117 条、第 118 条的规定，并结合案件的具体情况综合判断。

我们在之前的战"疫"法律专栏（以下文章详见我们的微信公众平台，微信号：gzac_gziac）中集中探讨了关于不可抗力的法律界定。

战"疫"法律专栏中涉及不可抗力的文章有：

1. 经战"疫"法律专栏 | 当事人能否约定排除不可抗力免责？

2. 新冠肺炎疫情下，"不可抗力"在合同履行中免责抗辩的适用 | 战"疫"法律专栏⑦

3. 从实例出发探讨涉新冠肺炎疫情案件是否可适用不可抗力（上）| 战"疫"法律专栏⑭

4. 从实例出发探讨涉新冠肺炎疫情案件是否可以适用不可抗力（下）| 战"疫"法律专栏⑮

"不可抗力"的法律规定及新冠肺炎疫情是否符合不可抗力特征

《合同法》第117条第二款及《民法总则》第180条第二款均规定了**"不可抗力，是指不能预见、不能避免并不能克服的客观情况"。**

由于此次新冠肺炎作为突发性的客观情况，当事人不能预见且至今还未有确切的传染源和治疗方法，因而一般认为新冠肺炎疫情符合不可抗力的特征。同时，政府采取的相应疫情防控措施，也符合不可抗力的特征。

虽然疫情及防控措施构成不可抗力，但是否能够作为合同履行的免责抗辩还需结合个案，对合同履行障碍情况、直接因果关系、抗辩方的通知和证明义务等综合认定，适用条件严格。

（摘自：《新冠肺炎疫情下，"不可抗力"在合同履行中免责抗辩的适用》）

（3）不可抗力、情势变更的区别。"新冠肺炎疫情"发生后，实务界对"新冠肺炎疫情"是否构成不可抗力或情势变更各抒己见，我们在《从实例出发探讨涉新冠肺炎疫情案件是否可以适用不可抗力（上）》以及《从实例出发探讨涉新冠肺炎疫情案件是否可以适用不可抗力（上）》也对不可抗力以及情势变更的界分发表了意见，文章认为"不可抗力与情势变更既然作为两项独立的制度存在，两者必然是有区别的，"通过分析（2006）桂民四终字第 1 号案，提出两者之间的区别在于：不可抗力作为法定的免责事由，其适用已存在违约事实为前提，功能在于公平分配当事人的违约责任；而情势变更不是法定免责事由，虽然它也能免除当事人变更或解除合同的责任，但其主要作用在于由合同双方共担相应的风险的情况下使合同继续得以顺利履行。

首先，笔者认为疫情本身及其导致的政府行为属于特定时空下在现有科学技术水平下难以控制、难以克服的客观情况，具备无法预见、无法预防、无法避免和无法控制的特征，符合《民法总则》第180条以及《合同法》第117条关于不可抗力的规定，属于不可抗力。因此在判断是否可以以疫情影响为由要求减免租金上，应当考虑该疫情影响是否达到不可抗力的构成要件（注：当然，正如蒋教授、杨博士文中提出的“对于新型肺炎疫情下房屋租赁合同履行问题，不应简单关注疫情是不可抗力，还是情势变更，而是着眼与合同基础的变化和合同目的的实现”，在考量疫情与租金减免之间的关系上应更加民法对于公平、公正价值的追求，不应一概而论）。

另外，由于各地区、各省市、不同人群、不同行业受到疫情波及的程度不同，对于新型冠状病毒疫情及其导致的政府行为是否构成可得减免租金的情形，需要结合具体情况判断。

（摘自《如果我是租客，能否以受疫情影响为由，要求房东减免房租？》）

（4）不可抗力的判定。《新冠肺炎疫情下，“不可抗力”在合同履行中免责抗辩的适用》一文中列举了适用“不可抗力”三大免责抗辩条件：

A. 合同当事人应结合合同情况，区分疫情或防控措施对自身合同履行的影响程度，只有在对合同履行构成障碍，达到“部分或全部履行不能”的履行障碍程度，方可适用“不可抗力”进行部分或者全部免责。

B. “不可抗力”与“合同不能履行”这一结果之间的因果关系。

C. 因不可抗力为不可归责于合同任何一方的突发性事件，合同当事人适用“不可抗力”免除自身违约责任时也应基于诚实信用原则为合同相对方降低损失，因而及时通知合同相对方并提供证明是该合同当事人是否可适用“不可抗力”减免责任的重要考量因素。

综合上述观点，我们认为不可抗力与情势变更之间存在如下表区别：

	不可抗力	情势变更
表现形式	自然灾害、社会行为等。	社会经济形势的巨变。
影响范围	绝对法律关系与相对法律关系。	合同关系。
法律后果	既是侵权和违约责任的免责事由，也可发生合同的变更和解除，并发生诉讼时效中止等法律效果。	合同的变更和解除。但如法院驳回了当事人请求，则仍应继续履行合同义务。
损害后果	合同履行障碍或者人身财产损害。	合同继续履行将显失公平。

(5) 是否可以以受疫情影响为由要求解除合同。首先合同解除分为约定解除、协商解除以及法定解除。第一，协商解除。合同双方当事人经协商一致后可以解除合同。第二，约定解除。在发生合同约定的解除权行使情形下，解除权人可以解除合同，并通知对方当事人。第三，法定解除。因为疫情影响致使合同当事人不能实现合同目的的，可以适用不可抗力的相关规定，根据《合同法》第 94 条解除合同，并且应当通知对方。合同自通知到达对方时解除，对方有异议的，可以请求人民法院或者仲裁机构确认解除合同的效力。

二、企业在疫情阶段的法律风险及防范建议

本次疫情对受疫情或防控措施影响的当事人特别是中小微企业产生前所未有的冲击，以下梳理了当事人在疫情阶段常见的法律风险及应对措施。

1. 合同履行风险

因疫情影响，引发租赁合同的履约问题，如合同履行障碍、合同的变更、合同的解除等问题，对此，前述已做出相应梳理。结合最高人民法院在“非典”期间发布的通知文件法《关于在防治传染性非典型肺炎期间依法做好人民法院相关审判、执行工作的通知》(〔2003〕72 号，现已失效)，由于“非典”疫情原因，按原合同履行对一方当事人的权益有重大影响的合同纠纷案件，可以根据具体情况，适用公平原则处理。因政府及有关部门为防治“非典”疫情而采取行政措施直接导致合同不能履行，或者由于“非典”疫情的影响致使合同当事人根本不能履行而引起的纠纷，按照《中华人民共和国合同法》第 117 条和第 118 条关于不可抗力的规定进行处理。再参照相关案例，因“非典”疫情导致合同不能履行，法院倾向于认为“非典”属于不可抗力，或认为符合“情势变更原则”，或根据公平原则，免除不能履行合同一方当事人的全部或合同责任，但在各具体场景下的判定存有一定差异。

(1) 合同履行风险的类型(见下表)

类型	表现	风险提示	法条
违约风险	受疫情影响导致合同迟延履行或无法履行，企业面临违约风险，如因延迟交货导致的违约风险。	1. 对于潜在违约方：可以根据法定不可抗力事由，或者援引合同约定不可抗力事由主张免除违约责任。 同时应当做到： (1) 将不可抗力事由及影响书面通知合同想对方；	《合同法》第 117 条、第 118 条。

续表

类型	表现	风险提示	法条
违约风险	受疫情影响导致合同迟延履行或无法履行,企业面临违约风险,如因延迟交货导致的违约风险。	(2) 积极采取补救措施,减少可能给合同相对方造成的损失; (3) 保存疫情影响合同履行的相关证据; 2. 对于合同相对方:对潜在违约方履约地疫情防控以及合同履行情况保持密切、动态关注,防范对方以受疫情影响恶意违约。	《合同法》第 117 条、第 118 条。
合同变更风险	受疫情影响致使继续履行合同会造成明显不公平,请求变更合同,如企业以受疫情影响无法正常营业为由请求减免租金。	从实践情况来看,受疫情影响导致合同变更,请求权方主要依据以不可抗力为由请求变更合同,请求适用情势变更原则变更合同,或者请求法院或仲裁机构根据公平原则合理分担损失。企业在遇到原材料上涨、资金融通问题等导致履约成本增加需要变更合同时,可以先与合同相对方进行沟通协商,同时应当提前搜集、整理合同履行存在不可抗力/可适用情势变更原则/继续履行合同将导致显失公平后果的证据,以便在协商不成时维护自身合法权益。	《合同法》第 77 条、78 条;《最高人民法院关于适用〈中华人民共和国合同法〉若干问题的解释(二)》第 26 条。
解约风险	受疫情影响致使合同目的不能实现,要求解除合同。	一方面,企业应当审慎选择解除合同,应当全面理解法定不可抗力事由的法律意义,并且考虑受疫情妨碍合同履行的程度和时间段,如果机械地、简单地理解不可抗力法定事由,以不可抗力为由单方面解除合同,可能会导致违约风险;另一方面,企业在行使解除权时,应当及时、书面通知合同相对方,积极采取减少合同相对方损失的措施,并保存相关证据。	《合同法》第 94 条、第 118 条。

（2）几种典型合同的风险提示（见下表）

类型	风险提示	延伸
买卖合同	企业应当提前评估疫情防控对买卖合同履行情况的影响，考虑原材料供应情况、货物在途运输风险、合同履行地复工复产情况安排等问题，并与合同相对方就该问题进行充分的沟通，减少履约风险。同时做好合同履行风险预判，保存相关证据。	《口罩缺货，物价波动，我们该如何应对？丨战“疫”法律专栏④》。 《疫情期间，买卖双方签订的违反〈价格法〉的买卖合同是否有效丨战“疫”法律专栏⑫》。
租赁合同	承租人可依据“不可抗力”等规定请求减免部分租金，也可以通过请求提前终止租赁合同。如果选择终止履行，双方可根据具体情况选择以支付对方违约金的方式终止履行，相关责任按照公平原则处理。	《如果我是租客，能否以受疫情影响为由，要求房东减免房租？丨战“疫”法律专栏②》 《疫情之下，这些租赁法律问题值得关注丨战“疫”法律专栏⑨》。
建筑施工合同	企业可以分析合同中的不可抗力条款，如果使用了示范条文，则可通过寻找通用条款，发现其中关于不可抗力的约定。对于需要延期安排施工的，充分考虑开工施工的各种影响因素，分析主张延期的期限。其次，对于疫情影响合同履行情况，应当按照约定向合同相对方发出书面通知，并积极采取减损措施。	《“逾期索赔失权”是否适用于因疫情导致的工程索赔？丨战“疫”法律专栏⑧》。
金融借款合同	对金融企业：应按照有关疫情防控部署，加强疫情防控期间金融服务网点日常经营活动管理，建立“绿色通道”，简化信贷审批流程，加大对疫情防治重点企业的信贷支持，解决相关企业流动性需求。 对借款企业：尽管疫情构成不可抗力事由，但借款人的还款义务是不能因此免除的，故借款人不能以疫情为由拒绝还款。如借款企业确需延长还款期限的，应当与银行等金融机构就还款期限、续贷、减免逾期利息等进行协商。	《疫情防控期间关于金融借款的处理探讨丨战“疫”法律专栏⑥》。

总之，对于合同履行风险，建议当事人对合同的履行现状以及履行障碍进行梳理，提前做好准备。一方面，积极与合同相对方进行协商，在友好、平等的基础上协商解决合同履行问题。另一方面，如通过协商不能解决的，通过诉讼或者仲裁的等法律途径解决问题。

2. 金融税收风险

对于疫情影响正常经营、遇到暂时困难的企业，若因疫情受到重大影响，是否可以“不可抗力”为由向银行申请减免银行贷款利息或者申请延期、减免缴纳税款，应当根据最新的政策而定。

2020 年 2 月 27 日国务院联防联控机制召开新闻发布会，围绕金融系统支持中小微企业发展和加大对个体工商户扶持力度等有关情况进行了介绍。其中提到银保监会加大了对疫情防控相关领域以及民营和小微企业等重点领域的信贷支持，并为受疫情影响较大的地区、企业和个人提供差异化优惠金融服务，通过适当延长贷款还本付息期限、下调贷款利率、增加信用贷款和中长期贷款等方式，支持相关企业战胜疫情。对此，各个商业银行的金融政策有所差异，具体情况当事人可向商业银行了解相关政策，进行沟通协调。

同时，2020 年 2 月 7 日，广州市出台关于支持中小微企业在打赢疫情防控阻击战过程中健康发展的十五条措施，保障中小微企业良好运转和健康发展。主要内容包括：

(1) 确保信贷余额和户数不下降。要求各银行机构加大对中小微企业的支持，确保 2020 年上半年小微企业、个人经营性信贷余额和户数不低于 2019 年同期。对受疫情影响较大的中小微企业，银行不得盲目抽贷、断贷、压贷，对疫情期间到期的贷款，鼓励银行展期或续贷。

(2) 确保融资成本有所降低。针对受疫情影响较大的餐饮、住宿、旅游、商贸、交通等行业，鼓励银行机构在原有贷款利率水平上降低 10%以上，确保 2020 年上半年小微企业和个人经营性贷款融资成本低于 2019 年同期。

(3) 综合运用金融支持工具。市、区两级政策性融资担保公司取消反担保要求，对受影响的企业担保费率较去年同期水平下调 1 个百分点，市融资再担保公司取消再担保收费。推动各类政府基金对暂时受影响的中小企业开展投资。鼓励小额贷款、典当、融资租赁、商业保理等地方金融机构对受疫情影响的中小微企业，增加贷款额度、延长贷款周期、缓收或减免息费，对执行情况好的地方金融机构在监管评级、人才评定等方面给予支持。

(4) 市属金融企业加大支持力度。2020 年，广州银行、广州农商行计划新增中小微企业贷款 570 亿元，并全面下调新投放中小微企业贷款利率，比去年同期利率整体下调幅度不低于 10%。

(摘自《疫情防控期间关于金融借款的处理探讨 | 战“疫”法律专栏⑥》——广州仲裁委员会官网)

在税收方面，国家税务总局相继于 2020 年 2 月 17 日发布了《关于进一步延长 2020 年 2 月份纳税申报期限有关事项的通知》(税总函〔2020〕27 号)，将除湖北省外，纳税申报期限进一步延至 2 月 28 日；2020 年 2 月 20 日发布《关于做好新型冠状病毒感染的肺炎疫情防控期间出口退(免)税有关工作的通知》(税总函〔2020〕28 号)；在 2020 年 2 月 27 日发布了《关于开展 2020 年"便民办税春风行动"的意见》(税总发〔2020〕11 号)，提出落实和完善税收优惠政策，落实阶段性减免社保费政策，落实延期申报、延期缴税和发票保障措施，着力支持小微企业等相关措施。相关企业、当事人应当积极了解税收最新政策，做好税收工作。2020 年 3 月 30 日发布《关于延长 2020 年 4 月纳税申报期限有关事项的通知》，提出：一、对按月申报、按季申报的纳税人，在全国范围内将纳税申报期限由 4 月 20 日延长至 4 月 24 日；湖北省可以视情况再适当延长，具体适用范围和截止日期由湖北省税务局依法明确。二、纳税人受疫情影响，在 2020 年 4 月纳税申报期限内办理申报仍有困难的，可以依法向税务机关申请办理延期申报。

3. 公司清算风险

疫情过后，部分中小企业难以为继，在无法清偿到期债务、资不抵债等情况下面临清算的困境，使得股东、债权人、劳动者等面临着法律风险。对此，各地法院针对已经申请破产或正在考虑申请破产的企业出台了一系列举措，如南京市中院发布《关于做好当前疫情防控期间破产审判工作的指导意见》，浙江省高院发布《浙江省高级人民法院民事审判第五庭关于疫情防控期间稳妥开展企业破产审判工作助力经济社会平稳运行的通知》。广东高院也于近日发布了《关于疫情防控期间管理人工作开展的通知》，对破产管理人开展相关工作进行指引。对此，公司应当严格遵循《公司法》第 184 条至第 189 条通过自行清算、强制清算或破产清算方式开展清算工作，密切关注最高院及地方各级人民法院出台的相关的政策、法规，妥善处理好清算过程中的权利义务关系。

如果我是租客，能否以受新冠肺炎疫情影响为由，要求房东减免房租？

自2019年12月出现新冠肺炎疫情以来，我国已经进入全民战“疫”状态，湖北各县市“封城”，多地采取限制交通、企业开工延后等防疫手段，减缓社会流动。疫情也给住房租赁行业经营市场带来了前所未有的冲击。2020年1月30日，广东省广州市住房租赁行业协会发布《致全市业主（房东）的减租倡议书》，其中提到“建议（房东）2020年2月1日—2月29日（影响最大最直接的2月份）免租一个月，3月1日—4月30日租金减半两个月”，另外，广东省又有多个地区行业协会发出减免租金的倡议书，引发了因疫情影响要求房东减免租金是否合理的讨论。

那么，承租人是否可以以受疫情影响，以《合同法》第117条关于不可抗力的规定或者依据公平原则、情势变更原则等为由要求减免租金呢？

对此，蒋教授、杨博士在《新型肺炎疫情下房屋租金调整的法律分析》一文中以一项案例为导入，根据对于现行民事法律框架下的公平原则、情势变更和不可抗力的专业学理分析，提出：解决疫情下房屋租金调整问题应着眼于“公平”的价值追求和“均衡”利益的矫正正义。蒋教授、杨博士分析鞭辟入里，将理论与司法实践相结合。笔者从中受到启发，择选了“非典”疫情期间相关案例，进行类型化的整理与分析，从案例的角度继续分析这一问题。

一、类型化案例整理

本次新冠肺炎疫情影响与2003年“非典”时期的疫情影响相近，为更好地梳理分析上述问题，笔者主要以在“非典”疫情期间法院是否对减免租金的诉讼请求予以支持及其理由分类，检索并整理了如下相关案例：

1. 支持减免租金的案例

(1) 根据公平原则支持减免租金

(2004)沪二中民二(民)终字第 354 号：基于我国在 2003 年春夏季节发生“非典”疫情一事众所周知，而且当时娱乐行业响应政府部门防治“非典”的要求而停业也是公知的事实，因此，根据公平原则，上诉人提出其停业三个月的租金应免除的理由成立，本院予以支持，故上诉人所欠租金中应扣除 3 个月的租金。

(2) 认为疫情属于不可抗力支持减免租金

(2018)晋 0423 民初 491 号：承租人使用了租赁物，按照《合同法》第 226 条之规定，应按约定的期限支付租金 55 万元，《合同法》第 117 条规定，“因不可抗力不能履行合同的，根据不可抗力的影响，部分或者全部免除责任，但法律另有规定的除外。当事人迟延履行后发生不可抗力的，不能免除责任。”本案承租人刚经营酒店不久，2018 年 4 月酒店抗击“非典”关门歇业，歇业 5 个月，2014 年 5 月许，酒店逢门前榆黄路拓宽改造，又歇业 5 个月，“非典”、榆黄路拓宽改造均是订立合同时不可预见、不可避免、不可克服的客观情况，属不可抗力，不可抗力期间承租人没有经营收入，依法应免除承租人 10 个月租金。

(3) 根据情势变更原则支持减免租金

(2018)鲁 06 民终 268 号：关于“非典”期间扣减租赁费的争议。“非典”疫情，是突发的、不可预知的灾害。在“非典”期间，原告租赁的宾馆停止营业，造成经济损失是现实存在的，该损失是双方订立租赁合同时无法预计的，超出了“市场风险”的范围。因此，适当减免租赁费符合情势变更原则，且有两委成员签字认可，对此应予认定。

(4) 其他理由支持减免租金

(2008)绍中民一终字第 143 号：关于被上诉人应付租赁款的数额。双方的争议在于“非典”期间停业是否可以免除租赁费。依据当地文化主管部门的规定，“非典”期间停止营业，在特定的历史事件条件下，被上诉人要求免除此期间的租金是合理的，结合双方在此事件前后均按义务履行，上诉人也未立即追索此期间租赁款等情况，一审法院认定上诉人同意减免租赁费用符合情理。

2. 不支持减免租金的案例

(1) 认为非属不可抗力不支持减免租金

(2013)辽审二民抗字第 14 号：经调阅 A 酒店的工商档案，其经营范围为“中餐加工零售；烟、酒、饮料零售”，并非专门从事野生动物的餐饮经营，野生动物经营活动的停止，只是对其餐饮经营造成部分影响而不是全部，大连市西岗区阿六蛇城酒店还可以正常经营与野生动物无关的其他中餐。由此可见，因“非典”疫情和政府有关部门因此而下发的停止野生动物经营的通知，只是对正典公司的部分经营活动造成影响，尚不足以导致其与鹏程公司之间的租赁合同“直接”或“根本”不能履行，本案的案情不符合《最高人民法院关于在防治传染性非典型肺炎期间依法做好人民法院相关审判、执行工作的通知》中所指出的“因政府及有关部门为防治‘非典’疫情而采取行政措施直接导致合同不能履行，或者由于‘非典’疫情的影响致使合同当事人根本不能履行而引起的纠纷”的情形，故本案不能据此认定为双方合同的解除系不可抗力的原因所致。

(2) 认为非系情势变更不支持减免租金

(2007)桂民四终字第1号：上诉人认为，根据情势变更原则，上诉人在“非典”期间的租金应当免除。被上诉人认为，“非典”并不构成情势变更，广升公司已减半收取“非典”期间的租金且免除派驻人员的全部工资，体现了公平合理的原则。本院认为，情势变更是指因不可归责于当事人的原因，使合同赖以成立的基础或环境发生当事人预料不到的重大变化，若继续维持合同原有效力则显失公平，受不利影响的一方当事人有权请求变更或解除合同的法律制度……“非典”这一突发事件的发生，虽然给酒店业的经营造成一定的影响，但不能必然导致上诉人承租大厦经营酒店目的的落空，上诉人申请停业是其经营策略而非“非典”导致的必然结果。故“非典”对上诉人与广升公司之间租赁合同的履行基础不构成实质影响，不能成为可变更或解除租赁合同的情势变更状况。而即使“非典”对租赁合同的履行构成情势变更，上诉人有权要求的是对合同作合理的变更，以体现公平原则。经双方协商，广升公司已经减收上诉人因“非典”停业三个月期间的一半租金并免除派驻人员的全部工资，已合理分担了“非典”事件对上诉人经营带来的不利影响，体现了公平的原则。相反，如果免除上诉人“非典”三个月期间全部租金，其实质是让广升公司承担“非典”所致的全部不利后果，反而有失公平。故上诉人认为被上诉人应当免除“非典”三个月期间全部租金的上诉请求于法无据，本院不予支持。

(3) 认为疫情属于商业风险不支持减免租金

(2005)沪一中民二(民)终字第2390号：一审法院认为，“非典”期间，国家确实处于一种非常状态，对娱乐服务业的经营活动造成很大的冲击，但商业经营活动本身就具有一定风险，且“非典”持续时间也较短，蓝天星海浴场不能因此拒付租金和物业管理费，英达方物业要求蓝天星海浴场支付2003年5—6月租金和物业管理费的诉讼请求应予支持，但考虑到“非典”这一特殊情况，英达方物业要求蓝天星海浴场支付违约金的诉讼请求不予支持。

二、案例分析

通过以上的案例可见，司法实践中对承租人是否可以以受疫情影响为由要求减免租金上有不同的看法。

首先，对于疫情及其导致的政府防疫行为是否属于不可抗力。

有些法院认为疫情属于不可预见、不可避免、不可克服的客观情况，满足不可抗力的法定构成要件，属于不可抗力。

而在（2013）辽审二民抗字第14号一案中，法院提出因该案涉案当事人并非专门从事野生动物的餐饮经营，因“非典”疫情和政府有关部门因此而下发的停止野生动物经营的通知，只是对涉案当事人的部分经营活动造成影响，尚不足以导致其租赁合同根本不能履行，故没有将其定性为不可抗力。

另外从（2005）沪一中民二（民）终字第2390号中提到的一审判决来看，一审法院认为“非典”疫情虽对娱乐服务业的经营活动造成很大的冲击，但因为商业经营活动本身具备商业风险，且“非典”持续时间也较短，涉案当事人不能因此拒付租金。即以疫情属于商业风险为由否定其为不可抗力。

关于不可抗力认定的问题在我们前面的文章中已有论述此次疫情算不算法律上的“不可抗力”？我们又该如何应对？即应当结合具体案例的实际情况做出个案认定，此处不再赘述。另外，在这个问题的认定上，需要明确的是，2003年的“非典”疫情与此次“新型冠状病毒”的传播特征、影响时空、对于社会流动性的影响程度上有诸多不同，不同省市地方受疫情影响的程序也有差别，比如就当下而言，疫情对于湖北地区的影响比对其他省市影响要更加严重，由疫情导致的政府防疫行为要相对严厉，这对疫情引发的不可抗力的认定有较大的影响。

再则，对于疫情是否构成情势变更。

《最高人民法院关于适用〈中华人民共和国合同法〉若干问题的解释（二）》第二十六条规定了情势变更制度，即：合同成立以后客观情况发生了当事人在订立合同时无法预见的、非不可抗力造成的不属于商业风险的重大变化，继续履行合同对于一方当事人明显不公平或者不能实现合同目的，当事人请求人民法院变更或者解除合同的，人民法院应当根据公平原则，并结合案件的实际情况确定是否变更或者解除。

根据文义解释，其中的“情势”应当泛指一切与合同有关的客观事实，且其并非属于不可抗力，亦非商业风险，但应包含政府行为。

有些观点认为疫情属于突发不可预知的灾害，因其造成的经济损失属于双方订立租赁合同时无法预计的，且超出商业风险范围，满足了情势变更的适用条件，法院可以结合案件情况根据公平原则减免租金，见（2018）鲁06民终268号。

另一种观点认为，疫情虽属于突发事件，并给经营造成一定的影响，但不能必然导致双方租赁合同的合同目的的落空，对双方租赁合同的履行基础不构成实质影响，见(2007)桂民四终字第1号案。

但是在情势变更的认定与处理上，无论哪一种观点，其实在本质上皆并未离开情势变更制度的制度设计原旨，也就是公平原则，在不支持减免租金的(2007)桂民四终字第1号一案中，法院在论证中提到“即使‘非典’对租赁合同的履行构成情势变更，上诉人有权要求的是对合同作合理的变更，以体现公平原则”“如果免除上诉人‘非典’三个月期间全部租金，其实质是让广升公司承担‘非典’所致的全部不利后果，反而有失公平”。

由此带入了司法实践在认定是否对承租人请求在疫情时期减免租金予以支持的认定理由的第三个方面，也是就公平原则。

在(2004)沪二中民二(民)终字第354号案中，法院认为“娱乐行业响应政府部门防治‘非典’的要求而停业也是公知的事实，因此，根据公平原则，上诉人提出其停业三个月的租金应免除的理由成立”，而在(2008)绍中民一终字第143号案中，法院认为“非典”期间停止营业，在特定的历史事件条件下，涉案当事人要求免除此期间的租金是合理的。以上两个案例虽然都支持了承租人减免租金的请求，但并非系以不可抗力或者情势变更为理由，而是根据《民法总则》第6条规定的公平原则结合案件具体情况进行个案处理。

总的来说，司法实践中法院大多数情况对于承租人以受疫情影响为由要求减免租金的请求予以支持，理由主要是以疫情或者相关政府行为构成以《合同法》第117条规定的不可抗力，或者符合《最高人民法院关于适用〈中华人民共和国合同法〉若干问题的解释(二)》第26条规定的情势变更原则，或者依据公平原则判断，具体需要结合疫情情况、租赁合同履行基础以及实际受损情况之间的关系来综合判断。也有少数法院对其未予支持。

三、延伸

当下，新型冠状病毒疫情“来势汹汹”，各地区陆续实施封城、实施交通管制、延长假期等政府行为，疫情影响下，居民足不出户，商铺暂停营业，租金压力不言而喻。但是司法实践中对于承租人是否可以受疫情影响为由要求减免租金这一问题的回答并不统一。

首先，笔者认为疫情本身及其导致的政府行为属于特定时空下在现有科学技术水平下难以控制、难以克服的客观情况，具备无法预见、无法预防、无法避免和无法控制的特征，符合《民法总则》第180条以及《合同法》第117条关于不可抗力的规定，属于不可抗力。因此在判断是否可以以疫情影响为由要求减免租金上，应当考虑该疫情影响是否达到不可抗力的构成要件（注：当然，正如蒋教授、杨博士文中提出的“对于新型肺炎疫情下房屋租赁合同履行问题，不应简单关注疫情是不可抗力，还是情势变更，而是着眼于合同基础的变化和合同目的的实现”，在考量疫情与租金减免之间的关系上应更加民法对于公平、公正价值的追求，不应一概而论）。

另外，由于各地区、各省市、不同人群、不同行业受到疫情波及的程度不同，对于新型冠状病毒疫情及其导致的政府行为是否构成可得减免租金的情形，需要结合具体情况判断。

目前，除身处疫区的湖北省规定各类企业复工时间不早于 2 月 13 日外，全国大多数省市规定企业（除涉及重要国计民生的相关企业）复工时间不早于 2 月 9 日，也就是说，疫情对于不同的省市、地区的影响时间范围是不同的。从行业影响来看，疫情期间对于餐饮、服务、建筑工程等相关行业影响较大，对于计算机、传媒、公共事业行业的影响相对较小，甚至没有太大影响。如前述分析，司法实践应当结合疫情对于经营行业的实际影响，来认定是否构成不可抗力，或者是否应当减免租金。另在本次疫情中因防疫需要禁止大规模人群聚集活动，对于事先已经拟定场地租赁合同开办演唱会等，涉及的即不再是请求减免租金的问题，而是是否可以以不可抗力为由解除租赁合同的问题。

广东省人民政府关于企业复工

和学校开学时间的通知

各地级以上市人民政府，各县（市、区）人民政府，省政府各部门、各直属机构：

为加强新型冠状病毒感染肺炎疫情防控工作，有效减少人员聚集，阻断疫情传播，更好保障人民群众生命安全和身体健康，按照党中央、国务院防控工作部署，根据《中华人民共和国突发事件应对法》《中华人民共和国传染病防治法》和广东省突发公共卫生事件一级响应机制的有关规定，现就我省企业复工和学校开学时间通知如下：

一、本行政区域内各类企业复工时间不早于2月9日24时，涉及保障城乡运行必需（供水、供电、油气、通讯、公共交通、环保、市政环卫等行业）、疫情防控必需（医疗器械、药品、防护用品生产运输和销售等行业）、群众生活必需（超市卖场、食品生产、物流配送等行业）和其他涉及重要国计民生、供港供澳及特殊情况急需复工的相关企业除外。用人单位应当依法保障员工合法权益。

二、本行政区域内中小学、幼儿园2月17日前不开学，大专院校、中职学校、技工院校2月24日前不开学。各地级以上市教育部门、人力资源社会保障部门和大专院校、中职学校、技工院校根据疫情形势和防控情况，科学研判后确定具体开学时间。

三、对确因工作需要于2月9日24时前返粤的人员，各地、相关部门和用人单位应加强检疫查验和健康防护，所在单位要及时报告相关信息；对来自或去过疫情重点地区的人员，应严格按照《关于印发新型冠状病毒感染的肺炎疫情发生地来粤人员健康监测管理方案（第二版）的通知》（粤卫明电〔2020〕11号）落实防控措施。

四、各类企业、学校及用人单位要落实防控主体责任，加强职工和师生健康监测，完善相应设施设备，提供卫生用品和隔离观察场所，开展环境卫生整治和重点场所消毒，把各项防控和服务保障措施落实落细。

五、各地级以上市人民政府要根据本地实际情况制定切实可行的新型冠状病毒感染肺炎疫情防控措施和方案，把工作和责任落实到具体责任单位和责任人。

2020 年 1 月 28 日：《广东省人民政府关于复工和学校开学时间的通知》

最后，在认定应当减免租金的情况下，减免多少租金、多长时间的租金，更需要租赁双方协商处理，协商不成的，应当根据公平原则由出租人与承租人合理分担。参考最高院在2003年“非典”期间出台的《关于在防治传染性非典型肺炎期间依法做好人民法院相关审判、执行工作的通知》（法〔2003〕72号）第3条的规定，由于“非典”疫情原因，按原合同履行对一方当事人的权益有重大影响的合同纠纷案件，可以根据具体情况，适用公平原则处理。虽然该通知已失效，但其中的观点对于处理疫情给合同造成的影响仍有借鉴意义。

疫情来临，我们都处于风暴之中。目前，各个行业相继发出了减租倡议，许多企业也自发“减租金”，主动承担社会责任。有人评论说，“减租金”可能是最实惠的同舟共济方式。的确，同舟共济、共渡难关是中华民族的传统美德，但理性和善识也告诉我们，同舟共济不应当成为“道德包袱”。出租人与承租人在面对疫情背景下租金纠纷之时，首先应当秉承互助互谅的原则，通过协商解决纠纷。无法达成一致意见的，在疫情得到控制后通过仲裁或诉讼等其他途径主张权利。

当然，因疫情影响，也会引发租赁合同的其他履约问题，如租金延交、解除租约问题等，笔者也就普通租客在疫情期间三个常见问题做了梳理，并给出建议，仅作参考：

因受疫情影响，因为无法返回租住地，能否要求免除租金？

答：民用租房不仅具备租赁功能，还具备储存物品的功能。且因疫情构成不可抗力时，也应由合同双方按照公平原则合理分担责任。继续履行合同没有对一方造成明显的不公平或者不能达到合同目的。一般而言，租客无权要求免除租金。建议租客与房东进行协商，如双方同意，可适当减免一部分租金。

租客因疫情原因，迟延交付租金并达到约定的解除条件，房东能否解除合同？

答：在此情况下，应当适当限制房东的解除权。从社会公共利益和善良风俗的角度，如租客受疫情影响收入受限，不能及时交付租金，但并非情形恶劣，应当作为影响合同履行的客观因素予以考量。在此情况下，建议租客与房东之间友善沟通，在公平、合理的原则范围内，进行磋商，适当延缓租金的支付期限。

长租公寓运营商号召业主减免房租的倡议是否有强制效力？

答：首先，需要明确的是减免房租的倡议没有法律强制力，也不会对业主产生直接的权利义务关系。疫情如确实导致不可抗力，并引起经济损失。各方当事人应当按照公平原则分担合同权利和义务。运营商和业主均处于艰难运营期，减免租金应当取得双方同意。如运营商要求减免租金，则亦应取得业主的同意，不应强行减免租金。

因新冠肺炎疫情导致境内外游不能实现，能否要求旅行社全额退款？

有人说，等这次疫情结束，我一定要去旅行，去过好每一天。

未试过隔离，哪知对自由和美景的珍惜。

这次疫情影响了许多人的出行计划。随着疫情的发展，WHO 宣布本次疫情构成“国际公共卫生紧急事件”。部分国家为切断病毒传播途径采取了入境管制等措施。

部分采取入境管制的国家：

澳大利亚、俄罗斯、菲律宾、捷克、马尔代夫、美国、缅甸、斯里兰卡、新加坡、新西兰、以色列、印度尼西亚、越南等，这些均为出境热门目的地。

我国境内的管控则更为严格。2020 年 1 月 24 日，我国文化和旅游部办公厅下发《关于全力做好新型冠状病毒感染的肺炎疫情防控工作暂停旅游企业经营活动的紧急通知》：“一、即日起，全国旅行社及在线旅游企业暂停经营团队旅游及‘机票＋酒店’旅游产品。二、已出行的旅游团队，可按合同约定继续完成行程。行程中，密切关注游客身体状况，做好健康防护……妥善处理好游客行程调整和退团退费等合理诉求。”

2020 年 1 月 24 日至 2 月 1 日，仅广东省取消的境内外旅游团就已逾 2 万个，取消游客超 35 万人。全国各地旅游景区及公共场所均暂停对外开放。

境内外游都无法成行，换言之旅游合同也难以继续履行。然而，不少消费者在取消行程后都遇到了退订容易退费难的问题。尤其在出境跟团游产品退费改期方面，消费者和旅行社、航空公司、酒店等旅游相关企业存在较大争议，甚至由此引发投诉、仲裁或诉讼等纠纷。

那么问题来了：

因疫情取消行程，境内外旅游合同是否均可解除？费用能否全退？旅游企业和消费者还能通过什么方式解决纠纷？下文将逐一进行分析。

一、常见问题

1. 境外游是否也能援引不可抗力免责？

首先，本专栏在之前的“此次疫情算不算法律上的‘不可抗力’？我们又该如何应对？”中已经分析了不可抗力的认定与适用，在此不再赘述。

其次，基于上述客观背景，在疫情期间签订或部分履行的旅游合同基本可以适用《合同法》第94条关于以不可抗力事由法定解除合同之规定。

而且，在司法实践中不乏裁判者比如北京市第三中级人民法院郑吉喆法官给出观点：由于国家文旅部已经暂停了包括出境团队在内的所有团队游业务、机加酒服务，可以认定此次疫情已经构成旅游合同履行的不可抗力。

但是，并非所有旅游合同都可以适用不可抗力，因为疫情对每个合同的影响不完全相同。

根据疫情在世界各国的确诊人数、时间不同，各国法律规定及采取的政策和对当地旅游业影响的不同，各国的司法实践处理可能也不同。如果境外旅游合同因素涉外，可能需要考虑到国外的相关法律规定。

大多数国家对不可抗力免责事由的规定与我国相近，但表述和适用上存在差异。

如《法国民法典》第1148条规定：“如债务人因不可抗力或意外事件不能履行其承担的给付或作为之债务，或者违约进行对其禁止之事项，不引起任何损害赔偿责任。”但法院会根据具体案件情况裁量不可抗力作为免责主张是否成立。

其他支持国家的规定或实践做法：

英国：如果合同中约定不可抗力条款，如何证明和适用该条款依据具体的合同而定，如果没有约定，那么根据合同适用法律，在英格兰和威尔士可以适用普通法中合同落空原则。

意大利：一般认为本次疫情属于不可抗力事件，应属不可抗力。《意大利民法典》第1218条规定，未能履行约定义务的债务人应对相应损失承担责任，除非可以证明其无法履行不应归因于其。“无法履行”强调绝对无可能性，“不应归因于其”强调非其所能控制、无法预见、无法避免。

西班牙：也一般认为疫情属于不可抗力，《西班牙民法典》第1105条规定法律明示，及默示的责任范围之外，任何一方无须为不可预见的，或(即使预见)仍不可避免的事件负责。适用该条须满足严格的标准，西班牙最高院一般会援引另一条类似“合同落空”原则的规定来解决。

但也有国家未将不可抗力规定为一般免责事由，如《德国民法典》总则以及侵权法部分无不可抗力的一般规定，只在单行特别侵权法中个别地加以规定，旅游合同若适用德国民法则无法以不可抗力事由免责。

严格解释和适用的地区

俄罗斯：目前并无此事件相关的法院案例，但俄罗斯商会已建议并鼓励企业将不可抗力纳入考量，并且考虑推迟合同义务的履行直到不可抗力结束。

非洲：南非、加纳的法院接受不可抗力的抗辩，但是对于不可抗力的认定将适用严格解释。除了中国贸促会的相关证明外，可能需要提供额外证据，如世界卫生组织已宣布疫情为世界紧急卫生事件。

因而，境外游旅游合同解除援引不可抗力免责需要根据当地疫情发展程度，并结合当地法律适用、出台的新规或措施等在具体案件中进行法律适用。

2. 能否将旅游合同权利或义务转让他人？

消费者能否把权利转让给第三人，或者旅游经营者能否把义务转让给其他经营者？

一般情形下，根据《旅游法》第 64 条、《最高人民法院关于审理旅游合同纠纷案件适用法律问题的若干解释》(以下简称《解释》)第 11 条规定，除合同性质不宜转让或合同另有约定外，原则上支持转让。条款的重点在于已取得对方的同意，而非单方可以擅自变更。

此条规定涉及第三人继受合同权利或义务，三方配合完成合同的转让变更比双方之间变更履行内容的难度要大，因而选择这条解决途径的时候需尊重第三人的意愿。

尤其是在疫情背景之下，不仅仅是合同权利人履行不能，其他旅游经营者也面临着经营难题，其他消费者出行意愿也和合同权利人一样显著下降。如果未经充分的协商一致，就将合同转让，可能引得第三人也参与到纠纷当中，造成司法资源的浪费和纠纷解决压力的加增。

3. 可否变更旅游景点继续履行合同？

如在出发前，双方协商一致变更旅游景点，合同履行则不存在问题。

但如果在出行前旅行社拒绝退费并擅自变更旅游景点或项目，又或者消费者已经抵达目的地却遭到禁止入境时旅行社擅自变更旅游景点的，当属于《旅游法》第 70 条规定中"旅行社不履行包价旅游合同义务或者履行合同义务不符合约定的情况。"

消费者可以据此条及《解释》第 17 条规定请求旅游经营者赔偿未完成约定旅游服务项目等合理费用。

另外，根据《解释》第 17 条规定，如果旅行社谎称无法履行擅自变更地点，但实际具备履行条件的，经消费者要求仍拒绝履行合同，造成旅游者人身损害、滞留等严重后果的，消费者可以要求旅行社支付旅游费用一倍以上三倍以下的赔偿金。

二、合同解除后费用退多少？

根据合同的不同完成情况，解除合同后的退费比例必然不同。比如出境游旅游合同义务人在前期为预订酒店、包车、安排地接等方面支付了部分费用，权利人在主张退费时，根据《旅游法》第 67 条第（二）款规定，旅行社可以扣除已经支付且无法退还的部分，再将余款退回消费者。

那如果未实际发生旅游费用，费用就一定能全部退还吗？我们来看一个发生在 2003 年“非典”期间并载于最高法公报（《中华人民共和国最高人民法院公报》2005 年第 2 期（总第 100 期））的案例：

案情摘要

原告孟元于 2004 年 4 月 21 日与被告中佳国际合作旅行社签订了旅游协议，委托被告代订机票和酒店服务，并向被告交纳 21480 元。由于出现“非典”疫情，4 月 24 日，原告向被告提出退团、返还费用请求，遭对方拒绝，4 月 28 日，原告向被告发出书面退团通知，但没有得到满意的答复，由此发生旅游合同纠纷。

被告辩称同意解除合同，但支付的费用已不能退还。4 月 28 日 16 时，被告接到原告的书面退团申请后，当即用传真方式通知原告，此后，再没有接到原告的电话，而 4 月 30 日即为出发日期。原告以“非典”为由提出退团要求时，被告已经开始履行协议，故费用无法退还原告。

一审中法院支持解除合同却未支持原告的退费请求。法院认为，原被告双方签订的旅游合同，是双方真实意思的表示，合同的内容不违背法律的禁止性规定，应认定有效。事实上，双方已经按照合同的约定履行了各自的义务。原告以出现“非典”疫情为由，要求与被告解除合同并全部退款，其免责解除合同请求权的行使，应符合《合同法》的规定。当时我国虽然出现了“非典”病例，但疫情范围很小，不构成对普通公众的日常生活形成危害，即原告不能以当时“非典”疫情的出现作为免责解除合同的依据。且根据《合同法》第一百一十七条的规定，不可抗力因素亦不是当事人不承担解除合同责任的必然条件，故原告以此为由，单方面要求解除合同并由对方承担全部责任的主张，缺乏事实和法律依据。

二审法院给出以下观点并维持原判：

在双方没有达成一致时，被告仍应继续履行合同所规定的权利和义务，违反合同约定的一方，应承担合同违约的责任。上诉人在双方未对是否解除合同达成一致意见时，拒绝对方减少损失的建议，坚持要求对方承担解除合同全部损失，并放弃履行合同，致使损害结果发生，故应承担全部责任。一方提出解除合同的，应积极与对方协商，而不能强行要求解除合同，并要求对方承担全部损失。上诉人未与对方协商一致即单方面终止合同，由此造成的经济损失，应自行负责。

原因分析

由上述案例可见，法院仅支持旅游消费者解约但没有支持对旅行社退费的请求，存在以下原因：

1. “非典”的疫情影响范围小，对普通公众的日常生活没有显著的影响，不足以援引“不可抗力”作为免责解除合同的依据

而本次新冠肺炎疫情与“非典”疫情对合同履行的影响不同之处在于：

（1）疫情范围影响较大，且时间对应春节长假，各地政府采取的交通管制、卫生防控工作对出行计划的影响都远大于非典时期，如继续履行旅游合同，消费者的住宿、餐饮成本上升，可选择就餐和住宿服务的范围受限，极大影响旅游体验及旅游服务质量。基于此，消费者可以援引不可抗力条款向旅行社协商解除合同并退还全部或部分费用。

（2）旅游合同的履行情况及反馈程度比非典时期更透明，消费者与经营者可以通过电话、网络及社交软件取得及时的协商，积极配合取消各项预定。本次疫情我国文化和旅游部办公厅及各地旅游局反应及时，迅速采取无手续费退机票、高铁票和让各地政府积极退还旅行社的旅游服务质量保证金等措施，将上游损失减少至最小，也为旅游合同当事人提供了最大的协商空间。

（3）相较“非典”时期，现在的旅游产品及组团形式较为多样化，所以可能存在比“非典”时期要复杂的因素需要裁判者考虑，平衡各方权益进行综合判定。如果消费者是参团的，由于团游参与人数较多，处理投诉、纠纷具有集团、类型性，需谨慎妥善处理和尽量统一标准来帮助解决纠纷。

2. 上述案例中法院未支持原告的另一重要原因在于：被告在未得到明确肯定的取消预订意思表示时，依约履行了其约定义务

所以对于消费者，在提出解除旅游合同的要求同时要注意，消费者的协商态度应当积极且表示明确，否则因怠于通知或明确表示导致对方继续履行合同从而导致损失的扩大，产生的该部分损失可能将由消费者自行承担。

对于经营者及服务辅助者而言，其应当积极联系消费者确认是否继续履行合同，如在疫情暴发前已经产生必要费用的，应保留好协议、发票、收据等凭据。

小结：退费需考虑的因素

（1）影响范围大小。影响范围覆盖行程范围的，除已实际发生费用应全额退还，部分合同履行不受影响的，根据实际情况结算即可。

（2）目的地位置。这点主要针对境外游，如因我国出境限制或经停国、目的地国的入境管制等障碍无法继续履行合同的，可以要求相应退费。

（3）是否实际发生费用。旅行社按约实际支付了费用且不可退换的，一般当予以扣减。

（4）有无积极减少损失。合同当事人怠于通知、协助而造成损失的，应由其承担损失部分的费用。

三、对旅游企业、消费者的建议

在重大疫情面前，对各行各业经营的影响是每个人都不愿意看到的。

总的来说，无论是旅游合同义务人、履行辅助人还是权利人都应该遵照法律法规及相关指导，相互理解，共克时艰，互助减少双方的损失。

具体建议

（1）建议旅行社在面对退订、退费投诉时，提供合同变更与合同解除两种选项供旅游者选择，如能协商一致延期履行或变更旅游目的地，是为双方损失最小的解决方案，费用上根据实际多退少补即可。

（2）消费者可留心关注部分境外游目的地政府、旅游平台推出了对中国旅游者减免费用或优惠政策，相关组团社退款时应充分利用有利于消费者的优惠政策制定退款方案，减少纠纷。

（3）鉴于当前多数国内外航空公司出台了无损退改政策，如旅行社主张航空公司不退款或包机不退款，应承担相应的举证责任，消费者也可直接与航空公司客服核实退费情况。

（4）当事人主张不可抗力免责时，尽量找相关部门开具不可抗力证明作为间接证据，并搜集旅游目的地政策、类似纠纷解决案例，便于保护自己的合法权益。

（5）即使对退费金额不能达成一致意见，旅游经营者仍须保证消费者安全回国或安置好游客在当地的食宿，后再在返还费用时举证主张扣除发生费用即可。如果经营者因退费争议而放任消费者滞留外地或造成其他严重后果的，消费者可以依法主张赔偿。

（6）部分保险公司对于未生效意外保险合同的保费，旅行社应积极核实并协助游客办理退费。

（7）对于同一旅行团旅游者，尽量采取相同处理原则，避免争议。对于未能达成和解协议的，当事人双方应依法通过法律途径解决退团退费问题。

（8）疫情对旅游企业经营的负面影响甚大。建议消费者在提出请求时尽可能体谅旅游经营者的生存压力，可考虑以错峰申请退款、同意延缓退费、变通履行合同或减少退赔数额要求等方式帮助经营者渡过难关。同时也能给经营者机会去提高对退费问题的解决质量。

从实例出发探讨涉新冠肺炎疫情案件是否可适用不可抗力

突如其来的新冠肺炎疫情，不仅威胁着人们的身心健康，也给市场经济秩序和社会公众原有的生活秩序带来了巨大冲击：商铺被迫暂停营业没有了收入来源，物流停运货物无法如期送达，项目只能延期开工，节后的旅行计划也不得不搁置……

随着疫情的蔓延及政府各项防控措施的发布，法律专业人士们敏锐地察觉到本次疫情将对合同履行带来的影响，为社会公众和市场主体可能面临的经济损失或是违约责任提供了应对之策，其中出现频率最高的概念大概就是“不可抗力”了。

本篇文章将在总结理论探讨的基础上，结合“非典”期间的案例来具体分析适用“不可抗力”时的注意事项，以及在疫情背景下如何辨析“不可抗力”与“情势变更”。

一、何为不可抗力？不可抗力会带来什么后果？

不可抗力作为一个古老的法律概念起源于罗马法，是指人力所不能预见、不能避免、不能克服的客观情况，是一种外来的不可抗拒的力量。诸如地震、台风、海啸等自然现象，以及如战争、暴乱等社会现象，都属于通常意义上不可抗力的范围。

由于不可抗力具有不受当事人意志支配的特点，因而在各国法律中，一般都作为民事责任的免责事由。我国关于不可抗力的规定最早见于 1987 年实施的《民法通则》第 107 条、第 153 条中，2017 年 10 月 1 日开始施行的《民法总则》基本延续了《民法通则》的相关规定，也与大陆法国家民法典中，将不可抗力作为免除民事责任情形的规定相一致。

而在合同关系领域下，1999 年实施的《合同法》在对不可抗力的含义予以重申的基础上，在第 117 条第一款规定：除非法律另有规定，因不可抗力不能履行合同的，根据不可抗力的影响，可以部分或者全部免除当事人的违约责任。

典型案例

例如在(2004)民二终字第163号案中，山东省高院就认为：鉴于九鑫集团履行合同期间，在销售区域内发生了“非典”疫情，其对销售行为的影响，符合不可抗力的构成条件……故九鑫集团依法应免于承担违约责任。

最高院也认为：鉴于在该段时间内发生的“非典”疫情对于众多行业的经营活动均存在负面影响，原审关于九鑫公司应免于承担违约的认定应属妥当。

此外，《合同法》第94条第一项还规定了不可抗力致使合同目的不能实现时可以作为任何一方当事人请求解除合同的法定事由。因此，一旦出现不可抗力，债务人所能获得的不仅仅是合同不能履行的免责抗辩，还包括合同解除请求权。

二、“新冠肺炎疫情”是否属于不可抗力?

在此，我们需要对不可抗力的概念作进一步的解释。通常所称的不可抗力具有两个含义：

一是指不可抗力事件；

二是指不可抗力免责事由(或不可抗力制度)。

关于不可抗力的认定标准，理论上历来存在分歧。对于司法实践中采取的观点，从法院对涉“非典”疫情的案例所做出的判定中可见一斑。

典型案例

以(2005)三亚民一终字第79号为例，该案中法院认为：“非典”疫情的发生是不可预见、不可避免，并且在当时卫生医疗技术条件下为不可克服的，由此导致政府采取必要的行政措施禁止录用岛外民工。而在政府部门发文禁止录用岛外民工的期日之前，长源公司已与多家建筑企业签订施工合同，但由于2003年4月“非典”疫情在全国范围内的大规模暴发，各地均采取措施严格控制大量人员的随意流动，并且客观上本案涉及的标的物施工人员(民工)主要来自岛外，对民工流动的控制客观上导致了各建筑企业进场施工的迟延，应认定“非典”疫情对“天涯一方城”项目各项施工的完成构成不可抗力因素。

在(2005)沪高民二(商)终字第159号案中上海高院同样认为：由于自2003年年初起，我国“非典”疫情流行，海南中和公司生产的“注射用胸腺五肽”紧缺，海南省政府对该产品实行国家调拨，使海南中和公司在对该产品的销售等方面都受到一定的限制，故直接影响海南中和公司对海南万康公司的供货。海南中和公司现辩称因“注射用胸腺五肽”受国家调拨，其没有能力向海南万康公司供货，与事实相符，本院应予采信。考虑到在本案系争《销售代理合同》签订后所出现的“非典”疫情，非海南中和公司所能预料得到，因此应认定海南中和公司对其未按合同约定向海南万康公司供货的行为不存在过错责任，其无法供货的行为不应认定为违约行为。

由此可见，司法实践中采取主客观相结合的标准，凡属于基于外来因素而发生的、当事人以最大谨慎和最大努力仍不能防止的事件应当认定为不可抗力。

此次在我国全国范围内以及其他国家发生的传染性新冠肺炎，世界卫生组织将其命名为“COVID-19”。

尽管医学届对新冠肺炎的症状、成因尚存有不同的看法，但从法律上分析可知，新冠肺炎作为一种突发性的异常事件、一种世界范围内暴发的疫情，不仅当事人不能预见，甚至连具有广博医学知识的医学专家也未必能预见。

从疫情暴发至今，还没有有效的方法阻止其传播，甚至还没有确定确切的传染源。虽然已有许多新冠肺炎病人经过治疗病愈出院，但到目前医学界还没有确定确切有效的治疗药物，因此，这种异常事件在目前看来是人类无法预见、不可避免、不能克服的客观存在，其性质应属于法律规定中的不可抗力事件。

全国人大常委会法工委发言人、研究室主任臧铁伟在 2020 年 2 月 10 日就“近期不少企业反映，受此次疫情影响，很多合同规定的义务不能正常履行，请问法律对此有什么针对性的规定?”的问题进行了如下解答：“当前我国发生新冠肺炎疫情，为了保护公众健康，政府也采取了相应疫情防控措施。对于因此不能履行合同的当事人来说，属于不能预见、不能避免并不能克服的不可抗力。根据合同法的相关规定，因不可抗力不能履行合同的，根据不可抗力的影响，部分或者全部免除责任，但法律另有规定的除外。”

上海高级人民法院在 2 月 8 日出台《关于充分发挥审判职能作用为依法防控疫情提供司法保障的指导意见》，其中第 4 条也提出，对因疫情影响当事人不能履约或履约对当事人权益造成重大影响的，应依照公平、诚实信用等原则，综合考量当事人之间的约定、疫情影响程度等因素，根据不可抗力或情势变更等相关规定妥善处理。

人大法工委的解释可以说对此次疫情给合同履行造成的影响定了性。

至于政府临时出台的防疫政策措施是否属于不可抗力的范畴仍有待进一步讨论，不过最高人民法院曾在 2003 年 6 月 11 日发布的《关于在防治传染性非典型肺炎期间依法做好人民法院相关审判、执行工作的通知》(“非典规定”)中明确“因政府及有关部门为防治‘非典’疫情而采取行政措施直接导致合同不能履行，或者由于‘非典’疫情的影响致使合同当事人根本不能履行而引起的纠纷，按照《合同法》第 117 条和第 118 条的规定妥善处理。”鉴于此次疫情与“非典”疫情具有一定程度的相似性，因此本文暂将政府为控制疫情而采取的具体行政措施归为不可抗力事件之一。

三、不可抗力一定是“免责金牌”吗?

疫情的发生在人们的意料之外,而疫情对合同履行造成的影响正在逐渐显现或者已经实际发生。疫情暴发以来,许多市场主体都希望援引不可抗力制度来减轻自身的损失,但对于不可抗力的运用不能过于乐观,而是应该结合自身实际谨慎判断。

第一,无论是《民法总则》还是《合同法》均明确不可抗力作为免除民事责任的一般情形,适用时还需考察法律是否“另有规定”。

第二,在合同法律关系中,不可抗力事件的存在,不必然导致免责,只有当不可抗力事件导致合同履行不能时,不可抗力事件方成为免责事由。

所以,不可抗力对于责任免除的影响,关键在于其是否直接使得合同履行成为不可能,同时兼顾不可抗力在违约损失中的参与度等因素,而不在于不可抗力本身是否实际发生。前述解答与意见也并未将此次疫情直接认定为免责事由,而是要具体情况具体分析,综合考量政府采取的疫情防控措施、当事人之间约定以及疫情影响程度等因素,具体个案是否适用不可抗力免责,需结合个体情况而定。

典型案例

例如在(2005)沈民(2)房终字第 799 号案中法院认为:虽然 2003 年春夏之间我国暴发“非典”疫情,但新中城公司在与孙秀艳签订《协议书》时(2003 年 6 月 21 日)应当预见“非典”疫情可能对其正常施工造成影响,但其仍然在《协议书》中约定在 2003 年 9 月底将商品房交付孙秀艳,且新中城公司自认“2003 年 9 月初,工程基本完工,只差验收”,其在 2003 年 9 月 28 日与孙秀艳签订的《商品房买卖合同》亦约定“交房日期为 2003 年 9 月 30 日前”,表明“非典”疫情并未对其交付房屋造成影响,故在本案中不能免除新中城公司承担全部逾期交房的违约责任。

在“张某诉饮食公司承包合同解除纠纷一案”中法院也认为:“非典”的发生是不可预见、不可避免的,但在确认它是否可构成不可抗力并豁免当事人的责任时,还应考虑合同是否根本不能履行。张某订立合同时是为了取得大酒店的承包经营权进行经营活动进而获利。由于至今没有出现合同标的灭失或张某的经营行为被禁止,以及其他从根本上阻碍合同目的实现的情况,因此“非典”在本案中不构成不可抗力。

第三,《合同法》第 117 条第二款强调了“当事人迟延履行后发生不可抗力的,不能免除责任。”

典型案例

例如,在(2005)沪一中民二(民)终字第 32 号案中,翊宇公司租赁亿大公司所有的佰威大酒店，租赁期限自 2002 年 1 月 5 日起至 2004 年 1 月 4 日。2002 年 11 月 19 日，翊宇公司因出现特殊情况曾向亿大公司提出申请，亿大公司做出回复：……从 2002 年 11 月 19 日起至 2003 年 2 月 18 日止的 3 个月租期内，翊宇公司保证按时每月支付人民币 20000 元，尚余每月人民币 12000 元欠租暂时挂账。2003 年 4 月 25 日，翊宇公司接到有关主管部门因防治“非典”疫情停业的通知，于次日起停业至 6 月 10 日恢复营业，翊宇公司据此请求考虑“非典”期间应予免租的情况对租金重新予以结算。法院对此认为，双方曾于 2003 年 2 月 18 日达成对翊宇公司所欠租金分期付款及部分租金“暂时挂账”的约定，该约定仅限于 2003 年 2 月 18 日之前，但对其后的租金支付，翊宇公司仍应按约履行。翊宇公司因防治“非典”而实际停业的时间在 2003 年 4 月，故翊宇公司在停业前应履行支付租金之义务不得以不可抗力而免除。

第四，《合同法》第 118 条规定了发生不可抗力时的通知义务及举证责任，当事人一方因不可抗力不能履行合同的，应当及时通知对方，以减轻可能给对方造成的损失，并应当在合理期限内提供证明。

典型案例

在汴民终字第 1073 号案中，法院就以“教育公司对其主张的三种情形的出现，是否造成在建工程必须全面停工、部分停工或不能以正常效率施工的情况，均未提交有效证据证明。另外，当事人一方因不可抗力不能履行合同的，应当及时通知对方，以减轻可能给对方造成的损失。教育公司未提交有效证据证明其履行了告知义务。对此，其应承担举证不能的后果”为由，驳回了教育公司的诉请。在“白伟诉北京华诚房地产开发公司危旧房改造公房房屋拆迁合同纠纷案”中，法院同样以“华诚公司未提供任何证据证明系‘非典疫情’致使其延期交房”为由，认定华诚公司延期交房的行为构成违约，应承担违约责任。

另外，如前所述，根据法律规定，当事人主张不可抗力，可能产生全部或者部分免责的法律后果。同时，因不可抗力致使不能实现合同目的的，当事人可以解除合同。

即使“新冠肺炎疫情”是不可抗力事件，也不必然导致解除合同的法律后果，当事人在援引相关法条时还需证明不可抗力与合同不能履行之间存在因果关系，且该不能履行导致合同目的不能实现，否则解除合同的主张未必能获支持。

典型案例

案例（2013)辽审二民抗字第 14 号案。正典公司租赁鹏程公司所有假日大酒店用于经营名为“大连阿六蛇城酒店”的餐饮业务。正典公司在经营期间提出，受

“非典”疫情影响，大连市林业局、大连市工商行政管理局于2003年5月13日下发《关于严格控制野生动物经营利用和驯养繁殖活动的紧急通知》，大连阿六蛇城酒店被迫停业，据此与鹏程公司协商于2003年5月30日前解除双方签订的房屋租赁协议。

法院认为，正典公司承租的系假日大酒店的全部，租赁期间，作为增项增加蛇餐馆经营项目。假日大酒店的经营范围包括餐饮、客房等，正典公司承租后，实际经营项目也包括以上两部分。大连市林业局和工商行政管理局下发的紧急通知，仅是停止野生动物的经营活动，受到影响的只是正典公司的餐饮部分，客房经营仍可正常进行。此外，经调阅大连市西岗区阿六蛇城酒店的工商档案，其经营范围为“中餐加工零售；烟、酒、饮料零售”，并非专门从事野生动物的餐饮经营，野生动物经营活动的停止，只是对其餐饮经营造成部分影响而不是全部，阿六蛇城酒店还可以正常经营与野生动物无关的其他中餐。由此可见，因“非典”疫情和政府有关部门因此而下发的停止野生动物经营的通知，只是对正典公司的部分经营活动造成影响，尚不足以导致其与鹏程公司之间的租赁合同“直接”或“根本”不能履行，……故不能据此认定为双方合同的解除系不可抗力的原因所致。

四、疫情背景下，不可抗力与情势变更怎么办?

提到引起合同变更或者解除的事由，另一个耳熟能详的概念就是“情势变更”，作为一项与不可抗力同样古老的制度，其内容被各国法律及学理不断丰富并加以完善。

在当今世界的经济动荡中，情势变更的适用为调整经济领域的不平衡发挥了独特的作用。

虽然尚未有上位法的明确规定，但最高人民法院的法律文件和司法解释中已经认可了情势变更原则。

最高院在“非典期间”发布的《非典规定》中即规定“由于‘非典’疫情原因，按原合同履行对一方当事人的权益有重大影响的合同纠纷案件，可以根据具体情况，适用公平原则处理”，实际上暗含着可以适用情势变更原则来处理因非典的暴发而受到重大影响（继续履行将显失公平）的合同。因为情势变更原则就是通过法院或仲裁机构的介入来对合同自由进行一定程度的修正，其目的是为了实现合同正义，这显然是符合公平原则的。

“非典”之后，最高院在《关于适用〈中华人民共和国合同法〉若干问题的解释（二）》（法释〔2009〕5号，《合同法司法解释二》）的第26条明确规定情势变更原则，即“合同成立以后客观情况发生了当事人在订立合同时无法预见的、非不可抗力造成的不属于商业风险的重大变化，继续履行合同对于一方当事人明显不公平或者不能实现合同目的，当事人请求人民法院变更或者解除合同的，人民法院应当根据公平原则，并结合案件的实际情况确定是否变更或者解除。”

随着该司法解释的出台，情势变更原则的适用比此前变得更加明朗并趋于一致。

情势变更原则的规定符合国际上合同法律制度的发展趋势，但在实践中一定要慎重适用。

为了避免在执行中对情势变更的理解不一而出现影响合同履行的情况，情势通常需要加以类型化，才能在具体的判断中得以适用，从而避免对情势变更的恣意扩大。

所谓“情势”，是指客观情况，具体泛指一切与合同有关的客观事实。在英国、美国及德国，针对情势变更原则其类型化都是十分成熟的。关于情势的类型，德国法上总结得较为完整，主要包括以下几类：

- 货币贬值；
- 法律变动与行政行为；
- 灾难；
- 其他经济环境的变化。

其中不能预见、不能避免、不能克服的天灾人祸很容易就联想到不可抗力事件。虽然在《合同法解释（二）》中，突出了情势变更的非不可抗力性，但笔者以为此处是为了将“情势变更”与“不可抗力免责事由”区分，而非完全将“情势”与“不可抗力事件”分割开来。

关于此点，我们可以从两大法系学者的论述和法律实践中找到答案。在大陆法系国家的学者们看来，不可抗力事件是情势变更的原因。

在英美法系国家，没有不可抗力的规定或学说，有关不可抗力的案件，在合同法领域适用于“合同落空”理论，而合同落空理论就是情势变更制度。

因此，可以说，不可抗力事件是情势变更制度发生的原因之一。

既然新冠肺炎疫情的性质是不可抗力事件，而不可抗力事件又是情势变更制度发生的原因，那么，不可抗力制度能否“一刀切”的解决此次涉新冠肺炎疫情的案件呢？

答案自然是否定的。不可抗力与情势变更既然作为两项独立的制度存在，两者必然是有区别的，我们可以通过以下的案例来对这两项制度进行辨析。

典型案例

2002 年 11 月 15 日，张某与饮食公司签订承包合同，约定从 2003 年 1 月 1 日起由张某承包该公司的一家大酒店，合同期为 3 年，年承包费为 32 万元。张某诉称，其经营定位主要是接待旅行社方面的客源。但“非典”的暴发和流行致使外地游客大幅减少，致使酒店的生意大受影响，经营出现极度困难。其与饮食公司的承包合同因遭遇非典不可抗力而无法继续履行，故要求解除合同，饮食公司退还26667元。饮食公司认同“非典”是不可预见的、特殊的突发事件，张某经营受影响也是在所难免，但公司无法接受张某要求解除合同的行为，饮食公司提出可以降低“非典”影响期间的承包费，并可以延期支付下一期的承包费。此外，公司与张某签订的是为期3年的合同，现在疫情已控制住，短暂的特殊事件并不妨碍合同目的的实现。“非典”的暴发和流行并不是不可抗力，故不同意解除合同。

法院经审理认为，相对于本案的承包合同而言，“非典”事件并不构成不可抗力。

诚然，“非典”的发生是不可预见、不可避免的，但在确认它是否可构成不可抗力并豁免当事人的责任时，还应考虑合同是否根本不能履行。

本案中，张某订立合同时是为了取得大酒店的承包经营权进行经营活动进而获利。

由于至今没有出现合同标的灭失或张某的经营行为被禁止，以及其他从根本上阻碍合同目的实现的情况，因此“非典”在本案中不构成不可抗力。

“非典”的发生使得社会、经济等客观情势产生了异常的变化，尤其旅游和就餐人数锐减。而张某作为以旅游团队为主要服务对象的餐饮经营者，遭受的损失是显而易见的。

在此情形下，如果仍按原合同履行，必将导致显失公平的后果。张某由于“非典”引发情势变更，提出解除合同的请求，不应被视为违约。

从这个案例中可以看出不可抗力造成的结果是致使合同无法履行，而情势变更造成的结果尚未达到履行不能的程度，仍属于可以履行只是只是会造成双方利益关系的严重失衡，对于一方当事人明显不公平，或者合同目的不能实现而使履约无意义，两项制度的第一个不同体现在适用用条件上。

在(2006)桂民四终字第1号案中的法院指出：“非典”这一突发事件的发生，虽然给酒店业的经营造成一定的影响，但不能必然导致国航贸易公司承租大厦经营酒店目的的落空……即使“非典”对租赁合同的履行构成情势变更，国航贸易公司有权要求的是对合同作合理的变更，以体现公平原则。

经双方协商，广升公司已经减收国航贸易公司因“非典”停业三个月期间的一半租金并免除派驻人员的全部工资，已合理分担了“非典”事件对上诉人经营带来的不利影响，体现了公平的原则。

相反，如果免除国航贸易公司“非典”三个月期间全部租金，其实质是让广升公司承担“非典”所致的全部不利后果，反而有失公平。

从这个案例则可以看出两个制度发挥着不同作用。

不可抗力作为法定的免责事由，其适用已存在违约事实为前提，功能在于公平分配当事人的违约责任；而情势变更不是法定免责事由，虽然它也能免除当事人变更或解除合同的责任，但其主要作用在于由合同双方共担相应的风险的情况下使合同继续得以顺利履行。

另外，值得注意的是，金钱之债一般不得适用不可抗力。

(2004)昆民四初字第 385 号案中，被告辩称其违约是由于受“非典”疫情及高海公路修建的不可抗力影响和被告自身经营财务状况不好，导致不能还款，故依法不应承担违约责任。

法院则认为“非典”疫情以及高海公路的修建与被告的未能按时还款之间没有必然联系，因此这些情况不属于法定的免责情况。

沪一中民三(商)终字第 8 号案的判决也持同样的观点，上海市一中院认为 2003 年的“非典”疫情，虽对餐饮娱乐场所的经营造成了一定影响，但不能成为被告拖欠货款的理由。

从以上分析可知，那种认为不可抗力制度取代情势变更制度处理涉及新冠肺炎疫情案件的看法是不完全正确的。

考虑到《合同法》中对于不可抗力制度的规定并不能完全覆盖现实中的情形，如不采用公平原则下的情势变更原则，可能无法妥善解决实践中因疫情影响所产生的各种纠纷。

例如(2004)沪二中民二(民)终字第 354 号案中，由于拍谱公司并没有向法院举证证明，拍谱公司在“非典”期间因政府及有关部门采取行政措施而导致合同不能履行，因此，法院认为其不能适用“不可抗力”的免责规定，不能部分或全部免除责任。但法院考虑到基于我国在 2003 年春夏季节发生“非典”疫情一事众所周知，而且当时娱乐行业响应政府部门防治“非典”的要求而停业也是公知的事实，因此，根据公平原则，拍谱提出其停业 3 个月的租金应免除的理由成立，予以支持。

综上，当新冠肺炎疫情构成不可抗力导致合同不能履行时，当事人可以援引不可抗力免责或解除合同；

但当新冠肺炎疫情不可抗力事件并未导致合同履行不能，只是导致继续履行原合同十分困难并显失公平时，则可适用情势变更制度变更或解除合同。

可见，在本次如此严重的疫情之下，无论是不可抗力还是情势变更都存在适用的空间。

“逾期索赔失权”是否适用于因新冠肺炎疫情导致的工程索赔?

《建设工程施工合同示范文本》(GF-2017-0201)(以下简称《建工合同范本》)第19.1条规定:“根据合同约定,承包人认为有权得到追加付款和(或)延长工期的,应按以下程序向发包人提出索赔:(1)承包人应在知道或应当知道索赔事件发生后28天内,向监理人递交索赔意向通知书,并说明发生索赔事件的事由;承包人未在前述28天内发出索赔意向通知书的,丧失要求追加付款和(或)延长工期的权利……”

《建工合同范本》在当事人订立建设工程施工合同时被广泛使用,其中第19条对工程索赔程序进行了详细的约定,并同时约定了逾期索赔失权的内容。实践中,关于逾期索赔失权条款的性质以及逾期索赔是否必然导致失权,存在较大争议。2019年2月1日开始施行的《最高人民法院关于审理建设工程施工合同纠纷案件适用法律问题的解释(二)》(以下简称《建工司法解释二》)对此进行了定调:

《建工司法解释二》第6条第二款:“当事人约定承包人未在约定期限内提出工期顺延申请视为工期不顺延的,按照约定处理,但发包人在约定期限后同意工期顺延或者承包人提出合理抗辩的除外。”

上述规定最大限度地尊重了当事人的意思自治,但同时也考虑到了“发包人同意顺延”的例外情况和承包人的抗辩权。

一、问题的由来

鉴于部分地方政府在发布的通知中明确将此次新冠肺炎疫情列为不可抗力,以及大部分专家学者均将疫情引发的合同履行问题置于不可抗力的范畴中考虑,因政府防疫要求的全面停工以及推迟复工导致的工期延误及相应的施工成本增加,必然会导致承包人以不可抗力或其他合理理由向发包人索赔。

由此引发了法律实务工作者从承包人角度探讨工期延误的情形、索赔注意事项以及逾期索赔是否失权的问题；或从发包人角度探讨审查承包人索赔文件的注意事项。

值得注意的是，这些探讨要么将疫情所致的工程索赔直接适用《建工合同范本》第 19 条的约定并认为逾期索赔失权；要么虽然未明确表明疫情引发的工程索赔适用逾期索赔失权的约定，但仍将其置于逾期索赔失权的语境中予以分析。然而从《建工合同范本》的整体约定以及相关法律规定来看，因疫情所致的工程索赔，是否能直接适用于《建工合同范本》第 19 条的索赔程序以及是否适用“逾期索赔失权”的约定，是有待商榷的。笔者拟在《建工合同范本》的框架范围内并结合法律关于不可抗力和逾期索赔失权的相关规定，通过区分此次疫情导致的工期延误的不同情形，具体分析逾期索赔失权在此次疫情所致的工程索赔中的适用。

二、新冠肺炎疫情导致工期延误的情形

除因当事人原因所致的工期延误外，《建工合同范本》在通用条款中共约定了三种客观原因所致的工期延误，承包人可主张工期顺延并要求发包人承担或共同分担增加的施工费用。具体为：第 7.6 条约定的不利物质条件、第 7.7 条约定的异常恶劣的气候条件以及第 13 条约定的不可抗力。排除恶劣气候条件，此次疫情可认定为不可抗力，同时疫情本身造成的病毒污染物亦符合第 7.6 条约定的不利物质条件的概念。

《建工合同范本》第 7.6 条：承包人遇到不利物质条件时，应采取克服不利物质条件的合理措施继续施工，并及时通知发包人和监理人。通知应载明不利物质条件的内容以及承包人认为不可预见的理由。监理人经发包人同意后应当及时发出指示，指示构成变更的，按第 10 条〔变更〕约定执行。承包人因采取合理措施而增加的费用和(或)延误的工期由发包人承担。

《建工合同范本》第 17.3.2 条：不可抗力导致的人员伤亡、财产损失、费用增加和(或)工期延误等后果，由合同当事人按以下原则承担：……(4)因不可抗力影响承包人履行合同约定的义务，已经引起或将引起工期延误的，应当顺延工期，由此导致承包人停工的费用损失由发包人和承包人合理分担，停工期间必须支付的工人工资由发包人承担……

疫情暴发至今，除受疫情影响严重的湖北等地外，全国其他省市地区已逐步开始复工。基于疫情的发展进程以及各地受影响的程度不同因疫情导致的工期延误也应当区别对待

(一) 全面停工阶段

在全面停工阶段，无论是疫情还是政府发布的停工通知，合同双方均无法预

见,且既不能避免也不能克服,此时因疫情原因停工引起的工期延误,承包人可以援引不可抗力免责,要求工期顺延,并要求发包人支付停工期间的工人工资以及共同分担相应的增加费用(例如停工期间大型机械设备的租赁费、建筑材料的管理费用等)。

(二) 逐步复工阶段

目前,全国大部分地区已经逐步复工复产,因防疫要求而导致工人短缺及机械设备租赁、材料运输难度增大等原因会客观上造成一定的工期延误,且也会相应增加因疫情而加强的工地、工人的卫生安全管理成本。虽然疫情的影响并未完全过去,但是疫情已客观上不构成不可抗力。

此时,在受到或可能受到病毒污染的工地,例如收治确诊病例的医院附近的建筑工地,承包人可以据《建工合同范本》第 7.6 条关于不利物质条件的约定,申请工期顺延及要求发包人承担因克服疫情的不利影响而支出的合理费用。

而其他普通工地,既不存在不可抗力,也不符合不利物质条件,但鉴于疫情的不利影响犹在,当事人可以从实际出发,本着共商共赢的态度,针对疫情对合同约定进行调整或补充约定;而在具体的诉讼或仲裁中,应当根据具体情况认定承包人应承担工期延误的相应责任或者依据情势变更对合同约定的工期、工程价款等内容进行调整。

三、不同情形下逾期索赔的法律后果分析

根据上述分析,由于受疫情影响较小的普通工地或建筑项目,一般不存在承包人因疫情索赔的情形,故因疫情导致工期延误从而引发承包人索赔的情形实际为两种:一种是全面停工阶段疫情作为不可抗力的情形;一种是逐步复工阶段疫情作为不利物质条件的情形。

《建工合同范本》在约定了因当事人违约以及客观原因导致工期延误的情形之后,在第 19 条对工程索赔的程序以及逾期索赔的后果进行了详细的约定。

从这个体例安排上来看,不免让人陷入关于第 19 条系所有工期延误情形的索赔约定以及各种情形下的工期延误逾期索赔均根据约定丧失索赔权的模糊认知。

但是否真的如此呢?让我们分别就不利物质条件和不可抗力这两种情形下所导致的工期延误来具体分析。

(一) 承包人就不利物质条件下的工期延误逾期索赔是否失权?

《建工合同范本》第 19.1 条关于承包人的索赔约定:"根据合同约定,承包人认为有权得到追加付款和(或)延长工期的,应按以下程序向发包人提出索赔……"从措辞来看,这里的索赔范围并未局限于发包人违约的情形,而是根据合同的约

定，承包人认为有权索赔的情形均可。因此，依据《建工合同范本》得出的工程索赔概念并不与违约相挂钩。不利物质条件被规定在通用条款第 7 条“工期和进度”中，因其导致的工期延误情形与第 16 条“违约”中因当事人违约所导致的工期延误，在结构上是并列关系，属于第 19.1 条约定的承包人根据合同约定有权索赔的情形。因此，关于不利物质条件下的工期延误，承包人应严格按照第 19 条约定的程序进行索赔，相应地，承包人逾期索赔的，则会丧失主张工期顺延的权利，除非发包人事后同意工期顺延或者承包人就逾期索赔提出合理的抗辩。

（二）承包人就不可抗力导致的工期延误逾期索赔是否失权？

依照上述逻辑，是否不可抗力导致工期延误的逾期索赔也必然失权呢？笔者认为，答案是否定的。虽然不可抗力亦属于合同约定的承包人有权索赔情形，但是不可抗力本质上仍是法律规定的免责事由。如果认可当事人关于逾期索赔失权的约定适用于因不可抗力引起的索赔，相当于变相承认了当事人可以通过约定排除适用不可抗力免责。而根据我们之前的探讨，不可抗力作为法定免责事由是不能由当事人在合同中约定排除的，且实践中司法机关也认定当事人关于排除不可抗力免责的约定是无效的（参见本公众号文章《当事人能否约定排除适用不可抗力免责？》）。尽管如此，当事人在就不可抗力造成的工期延误进行索赔时，也可参照第 19 条约定的程序进行，以便于证据的固定。

综上所述，在探讨由此次疫情所引起的工程索赔中承包人是否会因为逾期索赔而失权时，不能根据《建工合同范本》第 19 条关于“逾期索赔失权”的约定和《建工司法解释二》第 6 条第二款的规定一概而论，而应当区分疫情作为不利物质条件和作为不可抗力引起的工期延误的不同情形具体分析。对于发包人来说，应注意两种情形下对索赔文件的不同审查标准，当评估疫情作为不利物质条件时，应当特别留意承包人的索赔时限并注意保存相应的证据。对于承包人来说，无论是从避免不同裁判机构对“逾期索赔失权”的认定不一而导致索赔落空的角度，还是从遵从规范程序操作有利于证据固定的角度出发，建议在两种情形下均严格按照《建工合同范本》第 19 条约定的索赔程序进行索赔，如因发包人、第三方原因或客观条件限制导致逾期索赔，尤其应当注意留存证据。

法律法规解读

对《中华人民共和国仲裁法》(征求意见稿)亮点解读及相关建议

一、总体评价

司法部于2021年7月30日在官网发布《中华人民共和国仲裁法》(修订)(征求意见稿),该稿在保持现行仲裁法基本立法体例的前提下,对司法实践中常见的仲裁程序问题进行了完善和修订,体现了政策指引与制度完善的契合、现实性和前瞻性的契合、稳定性与适度创新性的契合,中国特色与国际接轨的契合,为司法实践中具体问题的解决提供了有效的法律依据。仲裁是国际通行的纠纷解决方式,是我国多元化解纠纷机制的重要"一元",在保护当事人的合法权益,保障社会主义市场经济健康发展,促进国际经济交往等方面发挥着不可替代的重要作用。随着经济的不断发展和民商事联系的日益紧密,仲裁作为诉讼以外解决民商事纠纷的方式已经越来越受到认可和关注,在国际商事领域和各国民商事活动中发挥着越来越重要的作用。这一次《仲裁法》的修改和完善正当其时,切合实际。

广州仲裁委员会(以下简称"广仲")是中国最早成立的仲裁机构之一,致力于高效便捷解决商事纠纷,受理仲裁案件数量屡创新高,近三年稳居全国仲裁机构首位,截至今年8月,受理案件11593件,在全国排名第一,总标的达337.2亿元,同比增长80.5%。受理国际商事仲裁案件超300件,国际仲裁业务量跃居全国第二。广仲顺应改革和发展要求,不断自我突破,陆续推出多项全国乃至全球创新举措:首创互联网仲裁"广州标准",全力打造全球互联网仲裁首选地,已促成130家内地仲裁机构和30家境外仲裁机构签约认可并共同推广;首创亚太经合组织跨境商事争议在线解决平台(即APEC-ODR平台),积极代表中国参加国际法律事务;首创"四个共享"区域仲裁合作机制,全力引领仲裁服务跨区域跨国协作,持续增强广州仲裁、中国仲裁的国际影响力、竞争力。

二、亮点解读

1. 仲裁员选定、仲裁协议确定趋于明确

一是增设担任仲裁员的负面清单。禁止过失犯罪以外的受过刑事处罚的人担任仲裁员，对法律规定不能担任仲裁员的其他情形作兜底规定。负面清单的规定对于提高仲裁公信力，巩固仲裁制度的优势特点具有重要意义。

二是明确仲裁机构按照不同专业设仲裁员推荐名册。体现了尊重当事人对仲裁员的选择权，也体现了国家层面倡导支持仲裁机构建立分类别、多层次的仲裁员队伍。以广仲为例，今年新一届广州仲裁委员会在专家咨询委员会下设若干专业委员会，在新修订的《仲裁规则》规定按照不同专业、行业和地域等类别划分设立仲裁员推荐名册，与本次修订的立法理念不谋而合，为仲裁专业化发展做了有益地探索。当事人可以选择仲裁机构仲裁员名册中的仲裁员，也可以在仲裁员名册外选择仲裁员，充分体现了当事人意思自治原则。广仲正开展"四个共享"合作机制的探索实践，其中一项就是仲裁员名册共享。

三是规范仲裁员披露和回避制度。意见稿明确仲裁员应当签署保证独立、公正仲裁的声明书并送达当事人，增加仲裁员披露义务，把披露与回避制度相衔接，进一步规范仲裁员行为。增强了回避制度的透明度，要求仲裁机构对回避决定说明理由。增加诚信要求，对当事人行使回避申请予以合理限制。广仲 2021 年年初刚刚发布的《广州仲裁委员会仲裁规则》（2021 年版）对于仲裁员信息披露和回避制度都已经做出了相关的细化规定，这一点与立法精神也是相契合的。

四是确立以仲裁意思表示为核心的仲裁协议效力制度。为体现对当事人意思自治的尊重，尽可能确保仲裁协议有效性，意见稿从多方面完善了仲裁协议的规定。参考国际惯例，删除仲裁条款需要约定明确的仲裁机构这一生效要件，减少为书面方式和具有请求仲裁的意思表示合意这两个生效要件。删除仲裁条款需要约定明确的仲裁机构的硬性要求，进一步强化仲裁当事人意思自治原则。

2. 仲裁程序选择确认趋于完善

一是增加仲裁方式的自由选择。充分体现当事人的意思自治原则，仲裁可以通过网络方式进行，赋予当事人可以约定书面审理、灵活决定质证方式的权利，并确认了通过网络信息手段送达仲裁文件的合法性，为互联网仲裁提供明确的法律依据，支持、规范互联网仲裁发展。作为国内互联网仲裁的先行者，广仲深耕互联网仲裁，首创全球跨国远程庭审先例，获国内外当事人及仲裁员的一致好评，又创新推出跨境商事争议在线解决平台（ODR 平台），实现了通过"无障碍、无差别、无界限"的渠道解决纠纷的目标。2020 年截至 8 月，广仲已受理线上案件 4453 件，同

比增长455.2%,而通过互联网远程庭审开庭的案件量已经超过去年全年的总和。

二是规范仲裁程序的衔接。允许当事人选择仲裁庭之外的调解员进行单独调解,并规范了与原有仲裁程序的衔接流程。意见稿增设了中间裁决的规定,并与部分裁决规定相匹配。这些创新规定体现了仲裁与调解有机结合的中国特色,有利于发挥仲裁与调解的综合优势,促进纠纷快速解决。

3. 仲裁裁决执行趋于规范

一是删除不予执行仲裁裁决的审查。现行仲裁法虽然明确规定了"一裁终局"的制度,但实际上存在"三审终审"的现象,也即仲裁阶段的审理裁决、仲裁结案后申请撤销裁决、在执行阶段的不予执行审查,且申请撤销裁决与不予执行的事由基本一致,导致现行仲裁程序的繁复,这与高效仲裁的设计初心相悖,也与审执分离的原则不符。意见稿将撤销程序作为司法监督仲裁裁决的一般原则,删除了当事人在执行程序阶段提出不予执行审查的规定。对于申请撤销裁决,增加当事人对撤销裁决裁定可以申请上一级法院复议的规定,也保障了当事人通过申请撤销裁决的救济途径。

二是统一国内外案件的审查标准。在执行阶段,统一了执行法院对国内和涉外案件的执行审查标准,除此之外,对撤销国内和涉外仲裁裁决的情形也进行了整合。就可撤销情形,仲裁程序违反法定程序或约定的,明确了需达到严重损害当事人权利的后果。将隐瞒了足以影响公正裁决的证据改为裁决因恶意串通、伪造证据等欺诈行为取得。更加体现仲裁司法审查过程中法院仅对程序问题进行审查,在实体方面尊重仲裁庭自由裁量权的原则。

三是完善裁决执行管辖确认。意见稿增加了涉外仲裁裁决在外国的执行以及在我国领域外做出的仲裁裁决在国内执行的相关规定,给当事人申请执行提供更明确的指引,适应国际商事仲裁发展的需求。意见稿还删除了当事人在执行程序阶段提出不予执行审查的规定,保障了当事人通过申请撤销裁决的救济途径,有利于纠纷的高效、公正解决。

4. 涉外仲裁效力趋于明确

一是增加"临时仲裁"制度。临时仲裁作为仲裁的"原初"形式和国际通行惯例,但在现行《仲裁法》中则不予承认在我国境内进行临时仲裁的效力。本次修订增加了"临时仲裁"制度的规定,允许当事人在涉外仲裁案件中约定临时仲裁,允许当事人选择将争议提交专设仲裁庭裁判,更加尊重当事人的自主选择权。值得注意的是,这次修改将临时仲裁适用范围限定在"涉外商事纠纷",对临时仲裁的组庭、回避等核心程序规定了必要的规范。将原有的仲裁保全内容与其他临时措施集中整合,增加行为保全和紧急仲裁员制度,明确仲裁庭有权决定临时措施,并统一规范临时措施的行使。这一规定有利于快速推进仲裁程序，提高纠纷解决效率，体现司法对仲裁的支持态度，增强我国作为争议仲裁地的竞争力。

二是扩大可仲裁的范围。意见稿对于可以仲裁的纠纷的范围进行了适当扩大，删去了现行《仲裁法》要求的“平等主体”的规定，将有助于明确以中国为仲裁地的国际投资仲裁和体育仲裁裁决的效力，给予当事人和律师选择在中国进行国际投资仲裁或体育仲裁更加充分的信心，避免当事人在选择国际投资仲裁或体育仲裁时受困于无法律依据的担忧。

三是明确仲裁地标准。国际仲裁普遍采取仲裁地标准。与之相应，仲裁裁决国籍、撤销仲裁裁决的管辖法院等依仲裁地确定。意见稿确立了仲裁地标准，允许当事人可以自行在仲裁协议中约定仲裁地，弥合了立法与司法的断层，并直接与国际商事仲裁接轨。仲裁地区别于仲裁开庭地，是法律意义上的仲裁所在地。根据意见稿，当事人对仲裁庭关于仲裁协议的效力或管辖权的决定有异议的，应提请仲裁地法院审查。此外，仲裁地法院还可以处理保全措施、撤销仲裁裁决的申请，并协助组建临时仲裁庭和处理回避决定。这一规定意味着当事人在拟定仲裁条款时应重视仲裁地的选择，以便较好地实现法院对仲裁的支持与监督。

四是取消仲裁机构双轨制。意见稿新增外国仲裁机构在我国设立业务机构的登记管理规定，取消了国内、涉外仲裁机构设立的双轨制规定。司法部也明确表示，“考虑国务院文件已经允许境外仲裁机构在北京、上海等地设立业务机构，且这一开放政策会逐步扩大的发展趋势，增加了境外仲裁机构在我国设立业务机构的登记管理规定。根据修法后法律制度配套的需要，以及统一规范境内外仲裁机构登记管理的需要，授权国务院制定仲裁机构登记管理办法。”若正式修订的仲裁法保留“办理涉外仲裁业务”的表述，则期待未来立法对于“办理涉外仲裁业务”的内涵进行进一步的细化、解释。

三、优化建议

意见稿较为全面地考虑了近年国际仲裁规则和实践的变化，积极向国际仲裁规则靠拢，做出了很多根本性的改变和尝试。当然，在某些方面还有进一步探讨和修订的空间，具体包括：

1. 首席仲裁员选定、仲裁协议效力认定有待规范

（1）首席仲裁员的选定，意见稿明确可由两位边裁共同选定首席仲裁员，这一规定不一定合适。尤其是一方当事人选定了仲裁员而另一方未选定仲裁员的情况下，如首席仲裁员由被选定和被指定仲裁员共同选定，可能存在对未选定仲裁员一方产生不利的影响。

(2) 意见稿对主从合同纠纷、公司企业代表诉讼等特殊情形下,仲裁协议效力的认定予以明确规定,但对商事主体签订的续期合同、多份源于同一交易或者互不可分的同一系列交易合同(并非主从合同关系)如何进行仲裁申请,则并没有涉及,建议在修订中一并考虑该问题。

2. 仲裁临时措施的选择有待明确

为保障仲裁程序的进行、查明争议事实或者裁决执行,当事人可以请求人民法院或者仲裁庭采取与争议标的相关的临时性、紧急性措施。对临时措施的申请规定不够明确,如果既向人民法院提出申请,又向仲裁庭提出申请,应由哪一方最终决定?如二者分别做出决定,且决定存在冲突,应当如何执行?建议在修订中进一步明确。

3. 涉外仲裁效力界定有待完善

(1) 意见稿第 35 条规定,在约定不明时,当事人可达成补充协议,未能达成一致的,当事人有共同住所地的,可以向共同住所地的仲裁机构提起仲裁,当事人没有共同住所地的,由住所地以外最先立案的第三地仲裁机构受理。对于共同住所地有多个仲裁机构的情形如何处理?仲裁机构是否包括外国仲裁机构设立的业务机构?仍有一定的模糊性,有待完善。

(2) 意见稿第 88 条中,"具有涉外因素"和第 91 条的"涉外因素的商事纠纷"如何具体界定,建议结合国际通行的解释和惯例进一步明确,厘清其外延和内涵。

(3) 意见稿第 92 条中,对专设仲裁庭指定仲裁机构和确定仲裁员人选时,突出了独立、公正、高效的原则,建议总则中也增加"高效"这一基本原则,突出仲裁的相对优势。

(4) 意见稿第 93 条中,对临时仲裁在仲裁地进行备案进行了规定,该备案与裁决效力或裁决的执行有什么关联,值得思考,建议在此做出说明或者在相关的司法解释中予以解释。

《民法典》解读丨关于情势变更的立法沿革和规定变化

持续的新冠肺炎疫情对合同的履行产生了较大的影响，也将原先实务中较少适用的“不可抗力”和“情势变更”制度推入大众的视线。在《中华人民共和国民法典》(以下简称《民法典》)实施以前，根据原先的法律规定，“不可抗力”和“情势变更”的逻辑关系并不清晰，导致司法实践中对“情势变更”的适用情形界定不明。《民法典》第533条则从立法层面确认了情势变更原则并进行了重新界定。

一、情势变更的定义

情势变更，是指合同成立并生效以后，因不可预见或不可归责于合同双方当事人的事情发生，导致合同的基础动摇或者丧失，若继续履行合同将导致显失公平，从而允许当事人变更或者解除合同的一项救济手段。究其根本，该项制度是为了消除合同因情势变更所导致的不公平结果，如一方获得较大利益或/且另一方遭受较大损失。

二、我国情势变更的历史沿袭

情势变更是大陆法系国家的产物，起源于德国民法理论。英美法系与此类似的法律概念被称为“合同落空”，实质上适用的范围可以涵盖大陆法系的“不可抗力”和“情势变更”两种情形，共同目的都是在因客观情况变化致使履行合同对其中一方当事人明显不公平的结果时，可以通过变更或解除合同实现实质的公平。

历史上，“情势变更”制度早已在我国的法律文件或其他规范性文件中多次出现。但该制度直至《民法典》实施以前都未通过正式的立法被确定下来。其从未被规定在《中华人民共和国合同法》(以下简称《合同法》)中，仅是通过《最高人民法院关于适用〈中华人民共和国合同法〉若干问题的解释(二)》(以下简称《合同法解释(二)》)第26条为情势变更原则提供援引的依据。

1981 年

《经济合同法》第 27 条第四款规定："由于一方当事人虽无过失但无法防止的外因，致使经济合同无法履行的，允许变更或解除合同"。有学者认为该条规定是情势变更制度在我国法律中的首次体现，但 1993 年《经济合同法（修正案）》并未保留该条规定。

1992 年

最高院在《关于武汉市煤气公司诉重庆检测仪表厂煤气表装配线技术转让合同购销煤气表散件合同纠纷一案适用法律问题的函》（法函〔1992〕第 27 号）中使用"情事变更"一词。

1993 年

最高院在《关于印发〈全国经济审判工作座谈会纪要〉的通知》（法发〔1993〕第 8 号）中规定："由于不可归责于当事人双方的原因，作为合同基础的客观情况发生了非当事人所能预见的根本性变化，以致按原合同履行显失公平的，可以根据当事人的申请，按情势变更的原则变更或解除合同。"

1999 年

1998 年《合同法（草案）》第 77 条规定了情势变更制度，但 1999 年《合同法》并未纳入该制度，原因在于：(1)情势变更制度较为抽象复杂，实践中难以明确适用；(2)法官基于情势变更制度享有一定的自由裁量权，需考虑被滥用的可能；(3)当时现有的法律足以应对合同基础环境发生变化的情况，无需单列情势变更制度。

2009 年

《合同法解释（二）》第 26 条对情势变更制度做出了规定："合同成立以后客观情况发生了当事人在订立合同时无法预见的、非不可抗力造成的不属于商业风险的重大变化，继续履行合同对于一方当事人明显不公平或者不能实现合同目的，当事人请求人民法院变更或者解除合同的，人民法院应当根据公平原则，并结合案件的实际情况确定是否变更或者解除。"该条明确地规定了情势变更制度，成为情势变更制度在我国得以适用的主要依据，具有里程碑式的意义。

同年，最高院发布《关于正确适用〈中华人民共和国合同法〉若干问题的解释（二）服务党和国家的工作大局的通知》（法〔2009〕165 号）和《关于当前形势下审理民商事合同纠纷案件若干问题的指导意见》（法发〔2009〕40 号），重点强调慎重适用情势变更原则，合理区分情势变更与商业风险，严格履行适用情势变更的相关审核程序。

2020年

《民法典》正式颁布，其中第533条首次在立法层面对情势变更原则加以确认："合同成立后，合同的基础条件发生了当事人在订立合同时无法预见的、不属于商业风险的重大变化，继续履行合同对于当事人一方明显不公平的，受不利影响的当事人可以与对方重新协商；在合理期限内协商不成的，当事人可以请求人民法院或者仲裁机构变更或者解除合同。人民法院或者仲裁机构应当结合案件的实际情况，根据公平原则变更或者解除合同。"

三、《民法典》对情势变更制度的修改

《合同法司法解释（二）》	《民法典》
第26条：合同成立以后客观情况发生了当事人在订立合同时无法预见的、**非不可抗力**造成的不属于商业风险的重大变化，继续履行合同对于一方当事人明显不公平**或者不能实现合同目的**，当事人请求人民法院变更或者解除合同的，人民法院应当根据公平原则，并结合案件的实际情况确定是否变更或者解除。	第533条：合同成立后，合同的基础条件发生了当事人在订立合同时无法预见的、不属于商业风险的重大变化，继续履行合同对于当事人一方明显不公平的，**受不利影响的当事人可以与对方重新协商**；在合理期限内协商不成的，当事人可以请求人民法院或者仲裁机构变更或者解除合同。 人民法院**或者仲裁机构**应当结合案件的实际情况，根据公平原则变更或者解除合同。

（一）删除了"非不可抗力"的限定词

在《民法典》颁布前，我国原通过《合同法解释（二）》将"情势变更"与"不可抗力"严格区分，而实际上司法实践无法真正做到两者泾渭分明。如疫情、新法新规实施、政策颁行等情形，很难判断属于不可抗力还是情势变更。

韩世远教授认为，不可抗力与情势变更并非泾渭分明，二者存在一定共性，即都会规范到当事人没有承受的、支配领域外的风险，而其主要区别在于二者构成履行障碍的程度不同：不可抗力已构成不能履行（广义）；情势变更原则是有的未达到不能履行的程度（可能履行），有的可能达到履行不能的程度（如部分不能或者一时不能），总体言之，如强其履行，将导致显失公平或者不能实现合同目的。

《民法典》第533条则删除了"非不可抗力"这一限缩词，完善了不可抗力与情势变更制度之间的关系，确认了两者存在交叉的可能，也扩大了情势变更制度的适用范围。比如之前因疫情导致租赁合同履行问题的，承租人如通过诉讼或仲裁请求适用情势变更合同的，则有相应的法律依据。

（二）删除了“不能实现合同目的”的情形

“不能实现合同目的”的履行障碍显著高于“继续履行对于一方当事人明显不公平”的情形，后者应该包括了前者。《民法典》删除该情形不仅降低了情势变更的适用门槛，也防止产生适用时标准不清晰的争议。

（三）将“客观情况”修改为“基础条件”

无论是“客观情况”还是“合同基础条件”，在法律上都未赋予明确的内涵或外延，单纯从文义解释的角度出发，“合同基础条件”的可涵盖范围更广。当事人在达成合意并订立合同时，考虑的交易或者合作基础不单只有客观条件，由此有人认为《民法典》是将订立合同时的主观因素也考虑进去，但这种观点存在争议。“合同基础条件”的具体内涵还是需要通过实践探索予以逐渐明确。

（四）明确情势变更应当裁决变更或解除，不能驳回

《合同法解释（二）》规定，人民法院应当根据公平原则，并结合案件的实际情况确定是否变更或者解除，也即法院可以选择驳回当事人变更或者解除合同的请求。而根据《民法典》的规定，一旦认定属于情势变更，人民法院或仲裁机构就应当做出变更或解除的判决或裁决，不能再驳回该项请求，也确保了当事人的救济能够得到实体处理甚至妥善解决。

（五）增加了“在合理期限内先行协商”的前置要求

如前所述，可以预见依据《民法典》的新规定，结合当下的疫情时期，可能会有大量涉及情势变更的案件进入法院或者仲裁机构，《民法典》第533条规定增加“先行协商”这一环节一是鼓励当事人沟通协商，如协商一致可以变更或解除合同而不必耗费司法成本，二是尊重契约自由精神，发挥意思自治原则在合同履行中的作用。

（六）明确增加仲裁的救济途径

虽然以往在实务中，仲裁机构也可以根据当事人的请求处理涉及情势变更的案件，但并没有明确的法律依据。《民法典》将仲裁机构纳入作为处理涉及情势变更的案件的主体，指引当事人除了可以向法院请求变更或解除合同外，还可以通过具有“一裁终局”特色的仲裁途径解决问题，但前提是当事人之间必须约定有仲裁条款，才能向仲裁机构申请仲裁。

四、结语

《民法典》将“情势变更”立法化，完善了“情势变更”与“不可抗力”之间的关系。在新冠肺炎疫情的背景下，纳入“情势变更”不仅明确了合同履行遇到重大不利变

化时当事人的救济渠道，而且化解了“情势变更”在司法适用过程中的尴尬境遇，更实质性保障了当事人的合法权益，促进合同双方当事人之间积极协商和解，促成双方利益平衡。最后还为当事人提供了明确的程序指引，提示当事人除诉讼外还可以通过仲裁途径解决纠纷。

参考文献

韩世远：《合同法总论》(第四版)，法律出版社 2018 年版。

仲裁机构约定不明的情形及解决思路

——兼评《中华人民共和国仲裁法(修订)(征求意见稿)》第35条

2021年7月30日,司法部公布了《中华人民共和国仲裁法(修订)(征求意见稿)》(以下简称《仲裁法修订稿》)。从公布的文本来看,本次仲裁法的修订可谓"大刀阔斧",在多个方面都有重大变化。在这些修改中,《仲裁法修订稿》第35条针对仲裁管辖问题进行了重新规定:仲裁协议无须明确仲裁机构名称,仅需当事人有将争议提交仲裁解决的意思表示即可。该规定参考了国际仲裁惯例,取消了仲裁协议必须要有选定仲裁委员会的条件,同时也规定当事人未约定仲裁机构或者约定不明确情况下的处理办法。《仲裁法修订稿》第35条对仲裁机构约定不明的规定进行了较大程度的修改,一定程度上能缓解因仲裁机构约定不明导致的实践问题。但笔者结合曾经办理仲裁案件的经验,认为该规定仍有待商榷,实践中可能会导致新的管辖纷争,甚至出现两家仲裁机构同时受理案件的"乌龙"场面。

一、对仲裁机构约定不明的情形

笔者通过在中国裁判文书网进行案例检索,总结出如下几种仲裁机构约定不明的情形。

1. 仲裁机构名称约定有瑕疵

此种情形下比较常见的瑕疵是约定为"××市仲裁委员会""××省仲裁委员会""××仲裁中心"等。最高人民法院在(2019)最高法知民终338号民事判决书中确立的裁判思路为:首先,判断双方当事人在签订合同时是否具有将此后产生的纠纷提交仲裁机构仲裁的合意。其次,从合同文字表述的通常含义看,其中的"××市仲裁委员会"是否能指向单一特定的仲裁机构。最后,合同双方并非法律或者纠纷解决专业人士，对其在约定仲裁机构时，不应苛以过高标准，以尊重当事人意思自治为原则，从文字和逻辑上确定仲裁机构，尽量使仲裁协议有效。

2. 只约定仲裁地点未约定仲裁机构

此种情形主要分为两种情况：

第一种情况

仲裁协议约定由“××地仲裁机构”管辖，例如双方约定“在甲方/乙方所在地仲裁”“在合同履行地仲裁”“在工程所在地仲裁”“当地仲裁机构”等。对于此类约定的效力，实践中往往存在争议。首先，“当地”“所在地”等概念具体指代哪一级行政单位尚不明确。目前仲裁机构仅在设区的市可以设立。因此，若认为“当地”“所在地”指代区、县级，则此种协议都会因该地不存在仲裁机构而被认定为无效；若认为“当地”“所在地”指代省级，则此种协议又往往会因为机构数量过多而被认定无效。其次，如确定“当地”“所在地”确实指代市一级，还需确定“当地”“所在地”的仲裁机构数量。

第二种情况

双方约定“在××地仲裁”“仲裁地点为××地”等。这种情况下的仲裁协议存在多种文义解释：既可理解为由 A 仲裁机构进行管辖，也可理解为由 B 仲裁机构受理后在 A 地开庭。

以上两种情况在审查仲裁协议效力时，大部分法院目前的裁判倾向与“××市仲裁委员会”的裁判思路类似，以尊重当事人意思自治为原则，从文字和逻辑上确定具有排他性和特定性的仲裁机构，尽量使仲裁协议有效。

3. 约定两个或两个以上仲裁机构

此种情形主要包括两种情况。

第一种情况

双方在同一份合同中约定两个或两个以上仲裁机构管辖。当前司法实践一般认为，约定选择两个或两个以上仲裁机构管辖，难以探究当事人之间在达成仲裁协议时的真实意思表示，因此被认定为无效。值得注意的是，实践中还存在“先由 A 仲裁委员会管辖，如对 A 仲裁委员会的裁决不符，可向 B 仲裁委员会申请仲裁”的约定，此种情况存在争议，有观点认为该约定违背仲裁“一裁终局”的原则，应属于无效条款，也有观点认为该约定是由于当事人对仲裁制度缺乏了解造成的，此种情况不宜认定为当事人约定了两个以上仲裁机构，而应认定当事人约定的第一个仲裁机构即 A 仲裁委员会为选定的仲裁机构，而关于 B 仲裁委员会的约定因违反法律的强制性规定无效。

第二种情况

当事人在彼此关联的多份合同中约定不同的仲裁机构。对此，司法实践中，法院一般首先判断多个合同是否是主合同的补充：如果相互关联的多份合同是对主合同的补充，则应当视为补充合同变更了主合同的仲裁管辖条款，以补充合同约定的为准。如果多个相互关联的合同不构成补充合同关系，则应当判断多个合同是否可分，如彼此独立且可分，在没有特别约定的情况下，应当根据各自合同的约定适用仲裁条款。

4. 既选择仲裁又选择诉讼

当事人在仲裁协议中约定发生纠纷后既可诉诸法院又可申请仲裁的情况屡见不鲜。按照通常理解，由于仲裁协议未能排除法院管辖权，无法确定当事人有明确而肯定的仲裁意思表示，因此此类仲裁协议在司法实践中往往被认定无效。

二、对《仲裁法修订稿》第35条的理解

第35条 当事人申请仲裁应当符合下列条件：

（一）有仲裁协议；

（二）有具体的仲裁请求和事实、理由；

（三）属于本法规定的仲裁范围。

当事人应当向仲裁协议约定的仲裁机构申请仲裁。

仲裁协议对仲裁机构约定不明确，但约定适用的仲裁规则能够确定仲裁机构的，由该仲裁机构受理；对仲裁规则也没有约定的，当事人可以补充协议；达不成补充协议的，由最先立案的仲裁机构受理。

仲裁协议没有约定仲裁机构，当事人达不成补充协议的，可以向当事人共同住所地的仲裁机构提起仲裁；当事人没有共同住所地的，由当事人住所地以外最先立案的第三地仲裁机构受理。

仲裁程序自仲裁申请提交至仲裁机构之日开始。

《仲裁法修订稿》第35条不再对选择争议解决方式加以更高的标准要求，更加尊重当事人的意思自治，也减少了因仲裁协议效力而产生的纠纷，一定程度上能缓解因仲裁机构约定不明导致的实践问题。但笔者认为，在国内仲裁制度的背景下，第35条的规定仍会导致一系列问题，有待商榷。

如在仲裁协议对仲裁机构约定不明，且当事人间也无法达成补充协议的场合，依第35条的规定，是由最先立案的仲裁机构受理。由于仲裁制度没有地域管辖制度，不遵循民事诉讼制度“原告就被告”的基本原则，申请人可以向其经常居所地的仲裁机构申请仲裁。但“原告就被告”乃是民事诉讼的基本原则。因为试图启动诉讼程序利用司法公共资源，并将被告置于耗费成本进行防御地位的原告，本身必须首先付出一定代价或在某种程度上先行承受诉讼成本的负担。尽管仲裁不存在地域管辖的概念，但由启动仲裁程序的申请人承担诉讼成本，乃是公平公正裁决的应有之意。

在没有约定仲裁机构，且当事人间没有共同居所地的场合，第35条第四款的

规定亦不妥。由“当事人住所地以外最先立案的第三地仲裁机构”管辖意味着当事人需前往既非申请人经常居所地、也非被申请人经常居所地的第三方仲裁机构参加仲裁程序，这无疑大大加重了当事人的仲裁成本，也降低了仲裁的效率。且第三地可能与本案并无任何联系，这同样值得关注。

另外，所谓“由最先立案的仲裁机构管辖”不具备可操作性。国内仲裁机构并未形成信息互通机制，由于仲裁机构无法即时沟通，B 仲裁委员会难以知悉相同案情的案件已在 A 仲裁委员会立案，这就使得同一案情的案件在两个仲裁机构同时立案，产生“乌龙”现象。由于仲裁机构之间并不存在共同的上级单位，如何处理这一现象成为亟待解决的难题。

三、解决困境的建议

针对前文提到的困境，笔者认为，第 35 条第三、四款系为解决当事人未对仲裁机构达成合意时，应如何解释仲裁条款、填补此漏洞。就此可采取的立法方案有三种：第一，认定仲裁协议无效，应通过诉讼解决纠纷；第二，认定仲裁协议有效，排除诉讼，并由《仲裁法》设任意性规范确定具体由哪一仲裁机构受理案件，即此版《仲裁法修订稿》采用的模式；第三，认定仲裁协议有效，排除诉讼，《仲裁法》引入“最密切联系”原则和“原告就被告”原则，有条件的施行地域管辖制度。

笔者认为，方案一因当事人对于仲裁机构约定不明或没有约定仲裁机构而直接否认当事人仲裁合意，未以尊重当事人意思自治为原则，不符合目前尽量使仲裁协议有效的司法倾向。方案二承认了当事人仲裁合意，并拟制当事人对仲裁机构的可能选择，但仍存在诸多问题，前面篇幅已经详细论述，在此不做过多赘述。方案三对仲裁管辖施行一定条件下的地域管辖似与国际仲裁惯例相悖，且由法律拟制强行规定最密切联系地的仲裁机构有管辖权，又与当事人的意思自治相悖。但方案三能较为清晰的确定仲裁机构，避免因管辖问题导致仲裁效率低下、仲裁成本增加等问题，仍然值得借鉴。

此外，由于各地仲裁机构对于立案的标准不统一，仲裁机构收到仲裁申请与立案存在时间间隔，可能出现时间差的问题，为避免该问题，建议将“最先立案”改为“最先提交仲裁申请”。

四、结语

《仲裁法修订稿》第 35 条不再将明确的仲裁机构作为仲裁协议生效的要件之一，无疑是对仲裁制度的一次创新，促进《仲裁法》与国际仲裁接轨。但目前第 35 条的规定并不能很好适用于国内仲裁制度，因此，如何平衡申请人与被申请人的仲裁成本、提高仲裁效率是后续修改过程中应当考虑的问题。

由《民法典》第552条看债务加入与保证担保的区分

现代商业社会中，资金的拆借手法十分多样，伴随而生的则是出于对债务偿还的保障考虑，各种新的履约保障方式的出现，交易各方不断突破传统的担保方式，“债务加入”就是其中之一。在《民法典》正式实施之前，我国现行的民事法律规范并未对债务加入进行明确的规定，但实务中却已经不少见，且司法实践中关于债务加入的纠纷的处理也并不统一，有个别法院也已经出台过相关文件对债务的加入相关定性问题提出自己的意见(《江苏省高级人民法院关于适用〈中华人民共和国合同法〉若干问题的讨论纪要(一)》(苏高法审委〔2005〕16号)第17条“债务加入是指第三人与债权人、债务人达成三方协议或第三人与债权人达成双方协议或第三人向债权人单方承诺由第三人履行债务人的债务，但同时不免除债务人履行义务的债务承担方式”，并根据做出意思表示的主体的不同区分了债务加入的三种具体情形)，加上实务中债务的加入表现形式多样，且其与保证担保、第三人代为履行等制度存在相似之处、较难区分，使得纠纷定性成为难点，并由此引发出后续第三方与原本的债务人之间的责任难以界定的问题。在此背景下，《民法典》第552条“第三人与债务人约定加入债务并通知债权人，或者第三人向债权人表示愿意加入债务，债权人未在合理期限内明确拒绝的，债权人可以请求第三人在其愿意承担的债务范围内和债务人承担连带责任”的规定出台，将债务的加入正式确定为一项民事法律制度，本文将借此对债务加入要件以及其与保证担保制度进行分析。

首先，关于债务加入的构成要件，从《民法典》第552条的规定中，我们可以看出，第三人是否做出明确的意思表示对于债务加入的认定是十分重要的，具体应当如何理解我们可以先看两个司法案例。

案例1

在(2020)沪民终30号案件中，法院认为，本案所涉《还款计划书》中包含两个债权债务关系，一是涉案唐建华和众生公司之间的债权债务关系，二是张志林和金龙公司之间的债权债务关系。虽然众生公司、金龙公司的还款承诺写在同一份《还款计划书》上，但金龙公司并没有为众生公司的债务进行还款的意思表示，故不足以认定众生公司、金龙公司共同承诺对他们的债务共同承担还款义务的意思表示。唐建华主张金龙公司在《还款计划书》上签字、盖章的行为构成债务加入，缺乏事实和法律依据，本院不予支持。

案例 2

在(2019)苏民终 997 号案件中，法院认为，在对账单和还款计划表上，均有星蓍公司的盖章和姜松的签字，姜松的签字覆盖在公司的盖章之上，仅就这两份证据，确实不能得出姜松个人有债务加入的意思表示。2016 年 8 月 19 日，姜松发给华东公司的邮件载明："此两次出货我本人姜松愿对货物进行付款担保，并承诺从下月起，对星蓍所欠华东货款逐步还清……"该邮件文意明确，姜松除愿意对两次出货进行付款担保外，还承诺从下月起对星蓍公司所欠华东公司货款逐步还清。2016 年 8 月 23 日，姜松在打印的纸质邮件上手写："下月起，将按照 2016 年 5 月 20 日起所定还款计划中金额逐步还清。"邮件上的上述两段文字表述表明，姜松做出了以个人名义按还款计划履行债务的意思表示，故姜松对星蓍公司所欠案涉货款应当承担还款责任。

债务加入是指第三人自愿加入原有的债权债务关系，与债务人一起向债权人承担债务清偿的义务。按照《民法典》第 552 条的规定，构成债务加入存在两种情形：

第一种为第三人与原先的债务人约定第三人加入债务，愿意与债务人共同承担债务，并通知债权人；

第二种为拟加入债务的第三人向债权人表示其愿意加入债务，愿意与债务人共同承担债务。

不难看出，这两种情形均要求第三人有明确的债务加入的意思表示。这是债务加入最重要的构成要件，从前文两个案例中我们也可以看出，这也是司法实践中法院认定能够构成债务加入最主要的考虑因素，这是由于债务加入对第三人的切身利益具有重大影响，所以应当由第三人做出明确的意思表示。除此之外，《民法典》第 552 条还要求债权人在得到第三人加入债务的意思表示后未在合理期限内明确拒绝，换句话说，如果债权人明确表示反对，债务加入即使是在第三人有明确意思表示的情况下，债务加入也是有可能无法成立的。另外笔者也注意到，该条规定并未要求债务的加入需要经过债务人的同意。

此外，债的加入与保证担保，特别是连带保证责任，仅从外在特征或者是从责任承担方式来看，是十分相似的，在实践纠纷中，第三人往往主张自己是保证人，进而以保证期间已过为由进行抗辩，债权人则主张第三人构成债务加入以对抗保证期间，因此对债务加入与保证担保加以分析并进行区别具有其必要性。

首先，债务加入与保证担保的最根本的区别在于保证担保具有从属性，后者的发生、转移、消灭均依附于原债权债务合同，而债务加入则不同，第三人负担债务与原债务人的负担则是相对独立的。基于此，我们可以分析出债务加入与保证担保之间的如下区别：

第一，从第三人地位来看，债务加入中第三人享有与原本的债务人同等的债务人的地位，而保证担保中第三人通常处于从属地位，与原本的债务人的地位有着很大的不同。

第二，从二者需要承担的责任来看，第三人在做出债务加入的意思表示时通常同时会表示愿意承担的债务范围，此时司法实践中的做法时债务人只需要承担该范围内的债务责任，而保证担保的范围则在无特殊约定的情况下默认及于主债权及其利息、违约金、损害赔偿金和实现债权的费用。

第三，从债权人向第三人主张权利的时间来看，债务加入与保证担保也存在差异。保证担保中，简单来说，债权人向保证人主张责任的基础是债务人不履行到期债务，具有明显的履行顺位。其中一般保证要求债权人只能在债务人不能履行债务时要求保证人承担保证责任，连带责任保证则一般是在债务人不履行到期债务才时由保证人承担保证责任。但是债务加入却不需要债权人先证明债务人不履行到期债务，只要履行期限届满，无论债务人是否履行债务，债权人均可以第三人按照约定承担相应的债务。

第四，从债权人主张权利的期限来看，在债务加入中向第三人主张权利的期限是普通的诉讼时效，而保证担保的期限则为保证期间，前者存在法定的中止、中断的情形，而后者则为不可改变的除斥期间。

另外需注意的是，就追偿权问题，在保证担保中，一般情况下，保证人承担保证责任后享有法定的对债务人的追偿权，但是在债务加入情形下，第三人履行债务后是否对债务人享有追偿权尚未有明确的法律规定。

尽管存在上述差异，但在复杂的民商事纠纷中，通常由于各方之间的约定不甚明确，导致如何确定第三人做出的意思表示是债务加入还是保证担保成为难点。下面我们将结合典型案例展开分析。

案例1

(2018)最高法民终867号中国城市建设控股集团有限公司与安信信托股份有限公司营业信托纠纷案中，债权人直接起诉第三人、未起诉原债务人。第三人出具的《承诺函》到底是第三人所主张的“一般保证”还是债权人主张的“债务加入”成为本案项下第三人主体是否适格的关键——若是前者“一般保证”，则债权人应当向原债务人主张债权无果后，方可向第三人起诉。最高院认为：“债务加入下第三人的债务，是与原债务并立的自己债务；而保证债务则为保证他人的债务，是附属于主债务的债务。再如，第三人在承担后对债权人有清偿或者其他免责行为时，对于原债务人有无追偿权及其追偿范围，依据第三人与债务人之间内部法律关系而确定；而《中华人民共和国担保法》第 31 条规定，保证人承担保证责任后，有权向债务人追偿。故在当事人意思表示不明时，应斟酌具体情事综合判断，如主要为原债务人的利益而为承担行为的，可以认定为保证，承担人有直接和实际的利益时，可以认定为债务加入。”

案例 2

(2014)民二终字第 138 号云南旺立达矿业有限公司与李俊生、昌吉市益安煤矿企业借贷纠纷案中，最高院认为“在双方约定不明的情况下，应结合合同目的、承担人与合同利益的关联程度综合考虑上述约定的性质。本案中，益安煤矿向中翔集团借款 2000 万元系用于煤矿改造事宜，李俊生作为益安煤矿的实际出资人和控制人，与益安煤矿的经营行为和实际收益存在利害关系，其亦直接参与了本案所涉益安煤矿股权转让和借款过程，并直接向中翔集团支付了 200 万元款项，故其在《借款合同》中承诺的对益安煤矿借款承担连带还款责任，不仅是为了益安煤矿的利益而承担责任，其对此也有直接和实际的利益。因此，李俊生在《借款合同》中做出的还款承诺更符合债务加入的特征。”

案例 3

最高人民法院(2016)最高法民再 322 号再审申请人青岛新华友建工集团股份有限公司、青岛新华友建工集团股份有限公司新泰分公司与被申请人王汉峰，一审被告徐辉、赵兴霞等民间借贷纠纷案中最高人民法院再审认为：王汉峰主张《特别声明》中新泰分公司的真实意思为债务加入，而新泰分公司及新华友公司均主张为连带责任保证。所谓债务加入，是指原债务人并不脱离债的关系，而由第三人加入债的关系中来与原债务人一起承担债务，我国法律对此没有明确规定。连带责任保证是第三人为了确保债权人之债权的实现而为债务人履行债务所提供人的担保。二者均具有为债权人实现债权提供保障的性质和功能，但连带责任保证债务与主债务具有主从关系，而第三人加入债务与原债务则并无主从关系。《特别声明》就新泰分公司对案涉借款债务所承担的连带清偿责任做出了明确承诺，但并未区分新泰分公司所负担债务与案涉借款债务之间的主从关系，王汉峰在一审庭审中所作表述亦对此未予明确。因此,《特别声明》的内容更符合债务加入的特征,二审判决对此认定正确。

上述案例1、2我们可以看出,司法实践中对于约定不明的情况下,一个最主要的判断标准为利益标准,即第三人自身如果对债务履行有直接和实际的利益,则构成债务加入,否则构成保证担保。保证是已经为法律明确规定并为大众知悉的典型人保方式,现行法律中对于保证的期间、范围等都已经做了明确的规定,是相对来说比较容易认定的,从以上几个案例中我们也可以看出,在认定为债务加入时,往往需要存在特别的理由。第三人自身对债务履行具有直接的经济上或法律上的利益,显然足以成为一种特别理由,因为此时第三人通常更愿意承担与利益相应的风险,自然也就无须对其进行如保证人一般的特别保护。笔者倾向于认为,债务加入较之于保证给第三人带来的风险更大,一个理性的第三人通常情况下,在自身对债务履行具有直接和实际的经济利益之时,更有可能愿意加入债务。正因为如此,在当事人的意思表示不明之时,利益标准在德国法和奥地利法上曾一度被作为区分债务加入和保证的决定性因素:如果第三人自身对债务履行存在直接和实际的经济利益,则认定为债务加入;如果不存在此种利益,则认定为保证。

同时,结合案例三与我们此前的分析,笔者认为区分债务加入与保证担保还可以从如下角度出发:

首先,最基础的是要从文义出发根据当事人的意思自治和法律的规定来识别法律行为的性质,如果当事人的意思表示内容包括保证的期间、方式、内容、范围的约定,符合保证的法律规定,应将该行为识别为保证,如果当事人的意思表示内容符合债务加入的法律规定,应将该行为识别为债务加入,而不能随意推定;

其次,从案例三中对主从地位的分析可以看出实践中考虑到的债务加入与保证的一个重要的区别在于债务加入中的第三人并非从债务人,而是共同债务人,与原债务人无主次之分,债权人为实现其债权,可以直接选择由第三人偿还债务,无需待债务人迟延履行,第三人即具有完全清偿债务的义务,其履行的法律效果及于债务人,即实践中可以从是否存在主从地位的角度出发区分债务加入与保证担保;再次,从约定的履行顺位来看承担保证责任的前提是债务到期后,债务人不履行债务,这也是保证从属性的体现。而债务加入在成立后则是独立的,与原债务人处于平等地位,债权人可以直接要求第三人履行还款义务,不以需要确认原债务人是否履行债务为前提,这在承诺函、协议中债务的加入通常表现为承诺"无条件支付"。

最后,从是否享有追偿权来看:对于债务加入而言,新加入的债务人与原债务人两者之间主体平等,新加入的债务人并没有法定追偿权,《民法典》也并未规定债务加入人的追偿权,而保证人享有的追偿权是有法律明确规定的。例如,在上述案例一中,法院论述中还提到"鉴于中城建公司基于何种目的负担回购义务、是否具有实际利益，其是否向河南中城建公司享有求偿权及求偿范围如何，均不甚清晰，难以径直认定成立连带责任保证。综上所述，综合判断《承诺函》的出具过程及约定内容，认定中城建公司构成债务加入更为适宜。”因此在实践中对是否享有追偿权的认定亦是区分债务加入与保证担保的重要因素。

在具体实践中，应结合当事人的真实意思、各方合意、合同法律关系、合同目的、利益关联等多种因素综合进行判断。实际纠纷中更有甚者涉及债权人意思、合同效力、债务转移、代为履行、债务责任承担等问题，更需要从具体案情出发做出审慎判断。

最全的新旧对比｜《最高人民法院关于民事诉讼证据的若干规定》

2019年12月26日，最高人民法院举行新闻发布会，发布《最高人民法院关于修改〈关于民事诉讼证据的若干规定〉的决定》(以下简称《修改决定》)。

根据《修改决定》，重新公布的《最高人民法院关于民事诉讼证据的若干规定》(以下简称《民事证据规定》)共100条。修改后的《民事证据规定》中，保留原《民事证据规定》条文未作修改的11条，对原《民事证据规定》条文修改的41条，新增加条文47条。

一、《修改决定》主要内容包括四个方面：

(1) 完善"书证提出命令"制度，扩展当事人收集证据的途径；

(2) 修改、完善当事人自认规则，更好地平衡当事人处分权行使和人民法院发现真实的需要；

(3) 完善当事人、证人具结和鉴定人承诺制度以及当事人、证人虚假陈述和鉴定人虚假鉴定的制裁措施，推动民事诉讼诚实信用原则的落实；

(4) 补充、完善电子数据范围的规定，明确电子数据的审查判断规则。

二、快速解读

(一)"书证提出命令"制度和自认规则的完善

首先，新《民事证据规定》在《民事诉讼法解释》的基础上，对"书证提出命令"制度进行了完善，同时将视听资料和电子数据纳入"书证提出命令"的适用范围，扩展了当事人收集证据的途径，以尽可能的还原案件真实情况。

其次，新《民事证据规定》对当事人及诉讼代理人的自认规则进行了完善，适当放宽当事人撤销自认的条件，并对共同诉讼人的自认、附条件自认和限制自认做出规定，一方面既可以引导当事人追求客观真实；另一方面又可以较大程度减少证明的环节，提高诉讼效率。

（二）依法诚实举证、电子数据的规定

再次，为促进民事诉讼诚实信用原则的落实，引导当事人正确、合法、诚实地行使举证权利，新《民事证据规定》对当事人的诉讼行为通过事前和事后两种方式进行了规制。一方面对于当事人接受询问时的具结和证人作证时具结的方式、内容进行完善，增加规定了鉴定人签署承诺书的规定，增强对当事人陈述之前的心理约束；另一方面，对于当事人、证人故意作虚假陈述以及鉴定人故意作虚假鉴定的行为，规定了相应的处罚措施，从而更好地规范民事诉讼秩序，促进当事人诚信诉讼，保证人民法院正确的查明事实、分清是非。

最后，随着科学技术的发展和信息化的推进，诉讼中的证据越来越多地以电子数据的形式呈现。修改后的《民事证据规定》除以列举的方式对电子数据的范围做出了比较详细的规定，并规定了当事人提供和人民法院调查收集、保全电子数据的要求，同时还规定了电子数据审查判断规则，完善了电子数据证据规则体系。对于统一法律适用标准，保障当事人诉讼权利具有积极意义。

下文，笔者将通过表格对比的形式，为大家梳理此次《民事证据规定》中新修的条文内容。

最高人民法院关于民事诉讼证据的若干规定（法释〔2001〕33 号）	**最高人民法院关于民事诉讼证据的若干规定（法释〔2019〕19 号）**
第一条　原告向人民法院起诉或者被告提出反诉，应当附有符合起诉条件的相应的证据材料。	**第一条**　原告向人民法院起诉或者被告提出反诉，应当提供符合起诉条件的相应的证据。
第二条　当事人对自己提出的诉讼请求所依据的事实或者反驳对方诉讼请求所依据的事实有责任提供证据加以证明。 没有证据或者证据不足以证明当事人的事实主张的，由负有举证责任的当事人承担不利后果。	删。
第三条　人民法院应当向当事人说明举证的要求及法律后果，促使当事人在合理期限内积极、全面、正确、诚实地完成举证。 当事人因客观原因不能自行收集的证据，可申请人民法院调查收集。	**第二条**　人民法院应当向当事人说明举证的要求及法律后果，促使当事人在合理期限内积极、全面、正确、诚实地完成举证。 当事人因客观原因不能自行收集的证据，可申请人民法院调查收集。

续表

最高人民法院关于民事诉讼证据的若干规定（法释〔2001〕33号）	最高人民法院关于民事诉讼证据的若干规定（法释〔2019〕19号）
第四条　下列侵权诉讼，按照以下规定承担举证责任： （一）因新产品制造方法发明专利引起的专利侵权诉讼，由制造同样产品的单位或者个人对其产品制造方法不同于专利方法承担举证责任； （二）高度危险作业致人损害的侵权诉讼，由加害人就受害人故意造成损害的事实承担举证责任； （三）因环境污染引起的损害赔偿诉讼，由加害人就法律规定的免责事由及其行为与损害结果之间不存在因果关系承担举证责任； （四）建筑物或者其他设施以及建筑物上的搁置物、悬挂物发生倒塌、脱落、坠落致人损害的侵权诉讼，由所有人或者管理人对其无过错承担举证责任； （五）饲养动物致人损害的侵权诉讼，由动物饲养人或者管理人就受害人有过错或者第三人有过错承担举证责任； （六）因缺陷产品致人损害的侵权诉讼，由产品的生产者就法律规定的免责事由承担举证责任； （七）因共同危险行为致人损害的侵权诉讼，由实施危险行为的人就其行为与损害结果之间不存在因果关系承担举证责任； （八）因医疗行为引起的侵权诉讼，由医疗机构就医疗行为与损害结果之间不存在因果关系及不存在医疗过错承担举证责任。 有关法律对侵权诉讼的举证责任有特殊规定的，从其规定。 **第五条**　在合同纠纷案件中，主张合同关系成立并生效的一方当事人对合同订立和生效的事实承担举证责任；主张合同关系变更、解除、终止、撤销的一方当事人对引起合同关系变动的事实承担举证责任。 对合同是否履行发生争议的，由负有履行义务的当事人承担举证责任。 对代理权发生争议的，由主张有代理权一方当事人承担举证责任。 **第六条**　在劳动争议纠纷案件中，因用人单位做出开除、除名、辞退、解除劳动合同、减少劳动报酬、计算劳动者工作年限等决定而发生劳动争议的，由用人单位负举证责任。 **第七条**　在法律没有具体规定，依本规定及其他司法解释无法确定举证责任承担时，人民法院可以根据公平原则和诚实信用原则，综合当事人举证能力等因素确定举证责任的承担。	删。

续表

最高人民法院关于民事诉讼证据的若干规定（法释〔2001〕33号）	最高人民法院关于民事诉讼证据的若干规定（法释〔2019〕19号）
第八条 诉讼过程中，一方当事人对另一方当事人陈述的案件事实明确表示承认的，另一方当事人无需举证。但涉及身份关系的案件除外。	**第三条** 在诉讼过程中，一方当事人陈述的于己不利的事实，或者对于己不利的事实明确表示承认的，另一方当事人无需举证证明。 在证据交换、询问、调查过程中，或者在起诉状、答辩状、代理词等书面材料中，当事人明确承认于己不利的事实的，适用前款规定。
对一方当事人陈述的事实，另一方当事人既未表示承认也未否认，经审判人员充分说明并询问后，其仍不明确表示肯定或者否定的，视为对该项事实的承认。	**第四条** 一方当事人对于另一方当事人主张的于己不利的事实既不承认也不否认，经审判人员说明并询问后，其仍然不明确表示肯定或者否定的，视为对该事实的承认。
当事人委托代理人参加诉讼的，代理人的承认视为当事人的承认。但未经特别授权的代理人对事实的承认直接导致承认对方诉讼请求的除外；当事人在场但对其代理人的承认不作否认表示的，视为当事人的承认。	**第五条** 当事人委托诉讼代理人参加诉讼的，除授权委托书明确排除的事项外，诉讼代理人的自认视为当事人的自认。 当事人在场对诉讼代理人的自认明确否认的，不视为自认。
	第六条 普通共同诉讼中，共同诉讼人中一人或者数人做出的自认，对做出自认的当事人发生效力。 必要共同诉讼中，共同诉讼人中一人或者数人做出自认而其他共同诉讼人予以否认的，不发生自认的效力。其他共同诉讼人既不承认也不否认，经审判人员说明并询问后仍然不明确表示意见的，视为全体共同诉讼人的自认。
	第七条 一方当事人对于另一方当事人主张的于己不利的事实有所限制或者附加条件予以承认的，由人民法院综合案件情况决定是否构成自认。
	第八条 《最高人民法院关于适用〈中华人民共和国民事诉讼法〉的解释》第九十六条第一款规定的事实，不适用有关自认的规定。 自认的事实与已经查明的事实不符的，人民法院不予确认。
当事人在法庭辩论终结前撤回承认并经对方当事人同意，或者有充分证据证明其承认行为是在受胁迫或者重大误解情况下做出且与事实不符的，不能免除对方当事人的举证责任。	**第九条** 有下列情形之一，当事人在法庭辩论终结前撤销自认的，人民法院应当准许： （一）经对方当事人同意的； （二）自认是在受胁迫或者重大误解情况下做出的。 人民法院准许当事人撤销自认的，应当做出口头或者书面裁定。

续表

最高人民法院关于民事诉讼证据的若干规定（法释〔2001〕33号）	最高人民法院关于民事诉讼证据的若干规定（法释〔2019〕19号）
第九条 下列事实，当事人无需举证证明： （一）众所周知的事实； （二）自然规律及定理； （三）根据法律规定或者已知事实和日常生活经验法则，能推定出的另一事实； （四）已为人民法院发生法律效力的裁判所确认的事实； （五）已为仲裁机构的生效裁决所确认的事实； （六）已为有效公证文书所证明的事实。 前款（一）、（三）、（四）、（五）、（六）项，当事人有相反证据足以推翻的除外。	**第十条** 下列事实，当事人无须举证证明： （一）自然规律以及定理、定律； （二）众所周知的事实； （三）根据法律规定推定的事实； （四）根据已知的事实和日常生活经验法则推定出的另一事实； （五）已为仲裁机构的生效裁决所确认的事实； （六）已为人民法院发生法律效力的裁判所确认的基本事实； （七）已为有效公证文书所证明的事实。 前款第二项至第五项事实，当事人有相反证据足以反驳的除外；第六项、第七项事实，当事人有相反证据足以推翻的除外。
第十条 当事人向人民法院提供证据，应当提供原件或者原物。如需自己保存证据原件、原物或者提供原件、原物确有困难的，可以提供经人民法院核对无异的复制件或者复制品。	**第十一条** 当事人向人民法院提供证据，应当提供原件或者原物。如需自己保存证据原件、原物或者提供原件、原物确有困难的，可以提供经人民法院核对无异的复制件或者复制品。
	第十二条 以动产作为证据的，应当将原物提交人民法院。原物不宜搬移或者不宜保存的，当事人可以提供复制品、影像资料或者其他替代品。 人民法院在收到当事人提交的动产或者替代品后，应当及时通知双方当事人到人民法院或者保存现场查验。
	第十三条 当事人以不动产作为证据的，应当向人民法院提供该不动产的影像资料。 人民法院认为有必要的，应当通知双方当事人到场进行查验。
	第十四条 电子数据包括下列信息、电子文件： （一）网页、博客、微博客等网络平台发布的信息； （二）手机短信、电子邮件、即时通信、通讯群组等网络应用服务的通信信息； （三）用户注册信息、身份认证信息、电子交易记录、通信记录、登录日志等信息； （四）文档、图片、音频、视频、数字证书、计算机程序等电子文件； （五）其他以数字化形式存储、处理、传输的能够证明案件事实的信息。

续表

最高人民法院关于民事诉讼证据的若干规定（法释〔2001〕33 号）	最高人民法院关于民事诉讼证据的若干规定（法释〔2019〕19 号）
	第十五条　当事人以视听资料作为证据的，应当提供存储该视听资料的原始载体。 当事人以电子数据作为证据的，应当提供原件。电子数据的制作者制作的与原件一致的副本，或者直接来源于电子数据的打印件或其他可以显示、识别的输出介质，视为电子数据的原件。
第十一条　当事人向人民法院提供的证据系在中华人民共和国领域外形成的，该证据应当经所在国公证机关予以证明，并经中华人民共和国驻该国使领馆予以认证，或者履行中华人民共和国与该所在国订立的有关条约中规定的证明手续。 当事人向人民法院提供的证据是在香港、澳门、台湾地区形成的，应当履行相关的证明手续。	**第十六条**　当事人提供的公文书证系在中华人民共和国领域外形成的，该证据应当经所在国公证机关证明，或者履行中华人民共和国与该所在国订立的有关条约中规定的证明手续。 中华人民共和国领域外形成的涉及身份关系的证据，应当经所在国公证机关证明并经中华人民共和国驻该国使领馆认证，或者履行中华人民共和国与该所在国订立的有关条约中规定的证明手续。 当事人向人民法院提供的证据是在香港、澳门、台湾地区形成的，应当履行相关的证明手续。
第十二条　当事人向人民法院提供外文书证或者外文说明资料，应当附有中文译本。	**第十七条**　当事人向人民法院提供外文书证或者外文说明资料，应当附有中文译本。
第十三条　对双方当事人无争议但涉及国家利益、社会公共利益或者他人合法权益的事实，人民法院可以责令当事人提供有关证据。	**第十八条**　双方当事人无争议的事实符合《最高人民法院关于适用〈中华人民共和国民事诉讼法〉的解释》第九十六条第一款规定情形的，人民法院可以责令当事人提供有关证据。
第十四条　当事人应当对其提交的证据材料逐一分类编号，对证据材料的来源、证明对象和内容作简要说明，签名盖章，注明提交日期，并依照对方当事人人数提出副本。 人民法院收到当事人提交的证据材料，应当出具收据，注明证据的名称、份数和页数以及收到的时间，由经办人员签名或者盖章。	**第十九条**　当事人应当对其提交的证据材料逐一分类编号，对证据材料的来源、证明对象和内容作简要说明，签名盖章，注明提交日期，并依照对方当事人人数提出副本。 人民法院收到当事人提交的证据材料，应当出具收据，注明证据的名称、份数和页数以及收到的时间，由经办人员签名或者盖章。

续表

最高人民法院关于民事诉讼证据的若干规定 （法释〔2001〕33号）	最高人民法院关于民事诉讼证据的若干规定 （法释〔2019〕19号）
第十五条 《民事诉讼法》第六十四条规定的“人民法院认为审理案件需要的证据”，是指以下情形： （一）涉及可能有损国家利益、社会公共利益或者他人合法权益的事实； （二）涉及依职权追加当事人、中止诉讼、终结诉讼、回避等与实体争议无关的程序事项。 **第十六条** 除本规定第十五条规定的情形外，人民法院调查收集证据，应当依当事人的申请进行。 **第十七条** 符合下列条件之一的，当事人及其诉讼代理人可以申请人民法院调查收集证据： （一）申请调查收集的证据属于国家有关部门保存并须人民法院依职权调取的档案材料； （二）涉及国家秘密、商业秘密、个人隐私的材料； （三）当事人及其诉讼代理人确因客观原因不能自行收集的其他材料。	删
第十八条 当事人及其诉讼代理人申请人民法院调查收集证据，应当提交书面申请。申请书应当载明被调查人的姓名或者单位名称、住所地等基本情况、所要调查收集的证据的内容、需要由人民法院调查收集证据的原因及其要证明的事实。 **第十九条** 当事人及其诉讼代理人申请人民法院调查收集证据，不得迟于举证期限届满前七日。 人民法院对当事人及其诉讼代理人的申请不予准许的，应当向当事人或其诉讼代理人送达通知书。当事人及其诉讼代理人可以在收到通知书的次日起三日内向受理申请的人民法院书面申请复议一次。人民法院应当在收到复议申请之日起五日内做出答复。	**第二十条** 当事人及其诉讼代理人申请人民法院调查收集证据，应当在举证期限届满前提交书面申请。 申请书应当载明被调查人的姓名或者单位名称、住所地等基本情况、所要调查收集的证据名称或者内容、需要由人民法院调查收集证据的原因及其要证明的事实以及明确的线索。
第二十条 调查人员调查收集的书证，可以是原件，也可以是经核对无误的副本或者复制件。是副本或者复制件的，应当在调查笔录中说明来源和取证情况。	**第二十一条** 调查人员调查收集的书证，可以是原件，也可以是经核对无误的副本或者复制件。是副本或者复制件的，应当在调查笔录中说明来源和取证情况。
第二十一条 调查人员调查收集的物证应当是原物。被调查人提供原物确有困难的，可以提供复制品或者照片。提供复制品或者照片的，应当在调查笔录中说明取证情况。	**第二十二条** 调查人员调查收集的物证应当是原物。被调查人提供原物确有困难的，可以提供复制品或者影像资料。提供复制品或者影像资料的，应当在调查笔录中说明取证情况。

续表

最高人民法院关于民事诉讼证据的若干规定（法释〔2001〕33 号）	最高人民法院关于民事诉讼证据的若干规定（法释〔2019〕19 号）
第二十二条　调查人员调查收集计算机数据或者录音、录像等视听资料的，应当要求被调查人提供有关资料的原始载体。提供原始载体确有困难的，可以提供复制件。提供复制件的，调查人员应当在调查笔录中说明其来源和制作经过。	**第二十三条**　人民法院调查收集视听资料、电子数据，应当要求被调查人提供原始载体。 提供原始载体确有困难的，可以提供复制件。提供复制件的，人民法院应当在调查笔录中说明其来源和制作经过。 人民法院对视听资料、电子数据采取证据保全措施的，适用前款规定。
	第二十四条　人民法院调查收集可能需要鉴定的证据，应当遵守相关技术规范，确保证据不被污染。
第二十三条　当事人依据《民事诉讼法》第七十四条的规定向人民法院申请保全证据，不得迟于举证期限届满前七日。 当事人申请保全证据的，人民法院可以要求其提供相应的担保。 法律、司法解释规定诉前保全证据的，依照其规定办理。	**第二十五条**　当事人或者利害关系人根据民事诉讼法第八十一条的规定申请证据保全的，申请书应当载明需要保全的证据的基本情况、申请保全的理由以及采取何种保全措施等内容。 当事人根据民事诉讼法第八十一条第一款的规定申请证据保全的，应当在举证期限届满前向人民法院提出。 法律、司法解释对诉前证据保全有规定的，依照其规定办理。
	第二十六条　当事人或者利害关系人申请采取查封、扣押等限制保全标的物使用、流通等保全措施，或者保全可能对证据持有人造成损失的，人民法院应当责令申请人提供相应的担保。 担保方式或者数额由人民法院根据保全措施对证据持有人的影响、保全标的物的价值、当事人或者利害关系人争议的诉讼标的金额等因素综合确定。
第二十四条　人民法院进行证据保全，可以根据具体情况，采取查封、扣押、拍照、录音、录像、复制、鉴定、勘验、制作笔录等方法。 人民法院进行证据保全，可以要求当事人或者诉讼代理人到场。	**第二十七条**　人民法院进行证据保全，可以要求当事人或者诉讼代理人到场。 根据当事人的申请和具体情况，人民法院可以采取查封、扣押、录音、录像、复制、鉴定、勘验等方法进行证据保全，并制作笔录。 在符合证据保全目的的情况下，人民法院应当选择对证据持有人利益影响最小的保全措施。

续表

最高人民法院关于民事诉讼证据的若干规定（法释〔2001〕33号）	最高人民法院关于民事诉讼证据的若干规定（法释〔2019〕19号）
	第二十八条　申请证据保全错误造成财产损失，当事人请求申请人承担赔偿责任的，人民法院应予支持。
	第二十九条　人民法院采取诉前证据保全措施后，当事人向其他有管辖权的人民法院提起诉讼的，采取保全措施的人民法院应当根据当事人的申请，将保全的证据及时移交受理案件的人民法院。
	第三十条　人民法院在审理案件过程中认为待证事实需要通过鉴定意见证明的，应当向当事人释明，并指定提出鉴定申请的期间。 符合《最高人民法院关于适用〈中华人民共和国民事诉讼法〉的解释》第九十六条第一款规定情形的，人民法院应当依职权委托鉴定。
第二十五条　当事人申请鉴定，应当在举证期限内提出。符合本规定第二十七条规定的情形，当事人申请重新鉴定的除外。 对需要鉴定的事项负有举证责任的当事人，在人民法院指定的期限内无正当理由不提出鉴定申请或者不预交鉴定费用或者拒不提供相关材料，致使对案件争议的事实无法通过鉴定结论予以认定的，应当对该事实承担举证不能的法律后果。	**第三十一条**　当事人申请鉴定，应当在人民法院指定期间内提出，并预交鉴定费用。逾期不提出申请或者不预交鉴定费用的，视为放弃申请。 对需要鉴定的待证事实负有举证责任的当事人，在人民法院指定期间内无正当理由不提出鉴定申请或者不预交鉴定费用，或者拒不提供相关材料，致使待证事实无法查明的，应当承担举证不能的法律后果。
第二十六条　当事人申请鉴定经人民法院同意后，由双方当事人协商确定有鉴定资格的鉴定机构、鉴定人员，协商不成的，由人民法院指定。	**第三十二条**　人民法院准许鉴定申请的，应当组织双方当事人协商确定具备相应资格的鉴定人。当事人协商不成的，由人民法院指定。 人民法院依职权委托鉴定的，可以在询问当事人的意见后，指定具备相应资格的鉴定人。 人民法院在确定鉴定人后应当出具委托书，委托书中应当载明鉴定事项、鉴定范围、鉴定目的和鉴定期限。
	第三十三条　鉴定开始之前，人民法院应当要求鉴定人签署承诺书。承诺书中应当载明鉴定人保证客观、公正、诚实地进行鉴定，保证出庭作证，如作虚假鉴定应当承担法律责任等内容。 鉴定人故意作虚假鉴定的，人民法院应当责令其退还鉴定费用，并根据情节，依照民事诉讼法第一百一十一条的规定处理。

续表

最高人民法院关于民事诉讼证据的若干规定（法释〔2001〕33 号）	最高人民法院关于民事诉讼证据的若干规定（法释〔2019〕19 号）
	第三十四条 人民法院应当组织当事人对鉴定材料进行质证。未经质证的材料，不得作为鉴定的根据。 经人民法院准许，鉴定人可以调取证据、勘验物证和现场、询问当事人或者证人。
	第三十五条 鉴定人应当在人民法院确定的期限内完成鉴定，并提交鉴定书。 鉴定人无正当理由未按期提交鉴定书的，当事人可以申请人民法院另行委托鉴定人进行鉴定。人民法院准许的，原鉴定人已经收取的鉴定费用应当退还；拒不退还的，依照本规定第八十一条第二款的规定处理。
第二十七条 当事人对人民法院委托的鉴定部门做出的鉴定结论有异议申请重新鉴定，提出证据证明存在下列情形之一的，人民法院应予准许： (一) 鉴定机构或者鉴定人员不具备相关的鉴定资格的； (二) 鉴定程序严重违法的； (三) 鉴定结论明显依据不足的； (四) 经过质证认定不能作为证据使用的其他情形。 对有缺陷的鉴定结论，可以通过补充鉴定、重新质证或者补充质证等方法解决的，不予重新鉴定。 **第二十八条** 一方当事人自行委托有关部门做出的鉴定结论，另一方当事人有证据足以反驳并申请重新鉴定的，人民法院应予准许。	删。
第二十九条 审判人员对鉴定人出具的鉴定书，应当审查是否具有下列内容： (一) 委托人姓名或者名称、委托鉴定的内容； (二) 委托鉴定的材料； (三) 鉴定的依据及使用的科学技术手段； (四) 对鉴定过程的说明； (五) 明确的鉴定结论； (六) 对鉴定人鉴定资格的说明； (七) 鉴定人员及鉴定机构签名盖章。	**第三十六条** 人民法院对鉴定人出具的鉴定书，应当审查是否具有下列内容： (一) 委托法院的名称； (二) 委托鉴定的内容、要求； (三) 鉴定材料； (四) 鉴定所依据的原理、方法； (五) 对鉴定过程的说明； (六) 鉴定意见； (七) 承诺书。 鉴定书应当由鉴定人签名或者盖章，并附鉴定人相应资格证明。委托机构鉴定的，鉴定书应当由鉴定机构盖章，并由从事鉴定的人员签名。

续表

最高人民法院关于民事诉讼证据的若干规定（法释〔2001〕33 号）	最高人民法院关于民事诉讼证据的若干规定（法释〔2019〕19 号）
	第三十七条 人民法院收到鉴定书后，应当及时将副本送交当事人。 当事人对鉴定书的内容有异议的，应当在人民法院指定期间内以书面方式提出。 对于当事人的异议，人民法院应当要求鉴定人做出解释、说明或者补充。人民法院认为有必要的，可以要求鉴定人对当事人未提出异议的内容进行解释、说明或者补充。
	第三十八条 当事人在收到鉴定人的书面答复后仍有异议的，人民法院应当根据《诉讼费用交纳办法》第十一条的规定，通知有异议的当事人预交鉴定人出庭费用，并通知鉴定人出庭。有异议的当事人不预交鉴定人出庭费用的，视为放弃异议。 双方当事人对鉴定意见均有异议的，分摊预交鉴定人出庭费用。
	第三十九条 鉴定人出庭费用按照证人出庭作证费用的标准计算，由败诉的当事人负担。因鉴定意见不明确或者有瑕疵需要鉴定人出庭的，出庭费用由其自行负担。 人民法院委托鉴定时已经确定鉴定人出庭费用包含在鉴定费用中的，不再通知当事人预交。
第二十七条 当事人对人民法院委托的鉴定部门做出的鉴定结论有异议申请重新鉴定，提出证据证明存在下列情形之一的，人民法院应予准许： （一）鉴定机构或者鉴定人员不具备相关的鉴定资格的； （二）鉴定程序严重违法的； （三）鉴定结论明显依据不足的； （四）经过质证认定不能作为证据使用的其他情形。 对有缺陷的鉴定结论，可以通过补充鉴定、重新质证或者补充质证等方法解决的，不予重新鉴定。	**第四十条** 当事人申请重新鉴定，存在下列情形之一的，人民法院应当准许： （一）鉴定人不具备相应资格的； （二）鉴定程序严重违法的； （三）鉴定意见明显依据不足的； （四）鉴定意见不能作为证据使用的其他情形。 存在前款第一项至第三项情形的，鉴定人已经收取的鉴定费用应当退还。拒不退还的，依照本规定第八十一条第二款的规定处理。 对鉴定意见的瑕疵，可以通过补正、补充鉴定或者补充质证、重新质证等方法解决的，人民法院不予准许重新鉴定的申请。 重新鉴定的，原鉴定意见不得作为认定案件事实的根据。

续表

最高人民法院关于民事诉讼证据的若干规定（法释〔2001〕33 号）	最高人民法院关于民事诉讼证据的若干规定（法释〔2019〕19 号）
第二十八条　一方当事人自行委托有关部门做出的鉴定结论，另一方当事人有证据足以反驳并申请重新鉴定的，人民法院应予准许。	**第四十一条**　对于一方当事人就专门性问题自行委托有关机构或者人员出具的意见，另一方当事人有证据或者理由足以反驳并申请鉴定的，人民法院应予准许。
	第四十二条　鉴定意见被采信后，鉴定人无正当理由撤销鉴定意见的，人民法院应当责令其退还鉴定费用，并可以根据情节，依照民事诉讼法第一百一十一条的规定对鉴定人进行处罚。当事人主张鉴定人负担由此增加的合理费用的，人民法院应予支持。 人民法院采信鉴定意见后准许鉴定人撤销的，应当责令其退还鉴定费用。
第三十条　人民法院勘验物证或者现场，应当制作笔录，记录勘验的时间、地点、勘验人、在场人、勘验的经过、结果，由勘验人、在场人签名或者盖章。对于绘制的现场图应当注明绘制的时间、方位、测绘人姓名、身份等内容。	**第四十三条**　人民法院应当在勘验前将勘验的时间和地点通知当事人。当事人不参加的，不影响勘验进行。 当事人可以就勘验事项向人民法院进行解释和说明，可以请求人民法院注意勘验中的重要事项。 人民法院勘验物证或者现场，应当制作笔录，记录勘验的时间、地点、勘验人、在场人、勘验的经过、结果，由勘验人、在场人签名或者盖章。对于绘制的现场图应当注明绘制的时间、方位、测绘人姓名、身份等内容。
第三十一条　摘录有关单位制作的与案件事实相关的文件、材料，应当注明出处，并加盖制作单位或者保管单位的印章，摘录人和其他调查人员应当在摘录件上签名或者盖章。 摘录文件、材料应当保持内容相应的完整性，不得断章取义。	**第四十四条**　摘录有关单位制作的与案件事实相关的文件、材料，应当注明出处，并加盖制作单位或者保管单位的印章，摘录人和其他调查人员应当在摘录件上签名或者盖章。 摘录文件、材料应当保持内容相应的完整性。
	第四十五条　当事人根据《最高人民法院关于适用〈中华人民共和国民事诉讼法〉的解释》第一百一十二条的规定申请人民法院责令对方当事人提交书证的，申请书应当载明所申请提出的书证名称或者内容、需要以该书证证明的事实及事实的重要性、对方当事人控制该书证的根据以及应当提交该书证的理由。 对方当事人否认控制书证的，人民法院应当根据法律规定、习惯等因素，结合案件的事实、证据，对于书证是否在对方当事人控制之下的事实做出综合判断。

续表

最高人民法院关于民事诉讼证据的若干规定（法释〔2001〕33号）	最高人民法院关于民事诉讼证据的若干规定（法释〔2019〕19号）
	第四十六条 人民法院对当事人提交书证的申请进行审查时，应当听取对方当事人的意见，必要时可以要求双方当事人提供证据、进行辩论。 当事人申请提交的书证不明确、书证对于待证事实的证明无必要、待证事实对于裁判结果无实质性影响、书证未在对方当事人控制之下或者不符合本规定第四十七条情形的，人民法院不予准许。 当事人申请理由成立的，人民法院应当做出裁定，责令对方当事人提交书证；理由不成立的，通知申请人。
	第四十七条 下列情形，控制书证的当事人应当提交书证： （一）控制书证的当事人在诉讼中曾经引用过的书证； （二）为对方当事人的利益制作的书证； （三）对方当事人依照法律规定有权查阅、获取的书证； （四）账簿、记账原始凭证； （五）人民法院认为应当提交书证的其他情形。 前款所列书证，涉及国家秘密、商业秘密、当事人或第三人的隐私，或者存在法律规定应当保密的情形的，提交后不得公开质证。
	第四十八条 控制书证的当事人无正当理由拒不提交书证的，人民法院可以认定对方当事人所主张的书证内容为真实。 控制书证的当事人存在《最高人民法院关于适用〈中华人民共和国民事诉讼法〉的解释》第一百一十三条规定情形的，人民法院可以认定对方当事人主张以该书证证明的事实为真实。
第三十二条 被告应当在答辩期届满前提出书面答辩，阐明其对原告诉讼请求及所依据的事实和理由的意见。	**第四十九条** 被告应当在答辩期届满前提出书面答辩，阐明其对原告诉讼请求及所依据的事实和理由的意见。

续表

最高人民法院关于民事诉讼证据的若干规定（法释〔2001〕33 号）	最高人民法院关于民事诉讼证据的若干规定（法释〔2019〕19 号）
第三十三条 人民法院应当在送达案件受理通知书和应诉通知书的同时向当事人送达举证通知书。举证通知书应当载明举证责任的分配原则与要求、可以向人民法院申请调查取证的情形、人民法院根据案件情况指定的举证期限以及逾期提供证据的法律后果。 举证期限可以由当事人协商一致，并经人民法院认可。 由人民法院指定举证期限的，指定的期限不得少于三十日，自当事人收到案件受理通知书和应诉通知书的次日起计算。	**第五十条** 人民法院应当在审理前的准备阶段向当事人送达举证通知书。 举证通知书应当载明举证责任的分配原则和要求、可以向人民法院申请调查收集证据的情形、人民法院根据案件情况指定的举证期限以及逾期提供证据的法律后果等内容。 **第五十一条** 举证期限可以由当事人协商，并经人民法院准许。 人民法院指定举证期限的，适用第一审普通程序审理的案件不得少于十五日，当事人提供新的证据的第二审案件不得少于十日。适用简易程序审理的案件不得超过十五日，小额诉讼案件的举证期限一般不得超过七日。 举证期限届满后，当事人提供反驳证据或者对已经提供的证据的来源、形式等方面的瑕疵进行补正的，人民法院可以酌情再次确定举证期限，该期限不受前款规定的期间限制。
第三十四条 当事人应当在举证期限内向人民法院提交证据材料，当事人在举证期限内不提交的，视为放弃举证权利。 对于当事人逾期提交的证据材料，人民法院审理时不组织质证。但对方当事人同意质证的除外。 当事人增加、变更诉讼请求或者提起反诉的，应当在举证期限届满前提出。	删。
	第五十二条 当事人在举证期限内提供证据存在客观障碍，属于民事诉讼法第六十五条第二款规定的“当事人在该期限内提供证据确有困难”的情形。 前款情形，人民法院应当根据当事人的举证能力、不能在举证期限内提供证据的原因等因素综合判断。必要时，可以听取对方当事人的意见。

续表

最高人民法院关于民事诉讼证据的若干规定（法释〔2001〕33号）	最高人民法院关于民事诉讼证据的若干规定（法释〔2019〕19号）
第三十五条 诉讼过程中，当事人主张的法律关系的性质或者民事行为的效力与人民法院根据案件事实做出的认定不一致的，不受本规定第三十四条规定的限制，人民法院应当告知当事人可以变更诉讼请求。 当事人变更诉讼请求的，人民法院应当重新指定举证期限。	**第五十三条** 诉讼过程中，当事人主张的法律关系性质或者民事行为效力与人民法院根据案件事实做出的认定不一致的，人民法院应当将法律关系性质或者民事行为效力作为焦点问题进行审理。但法律关系性质对裁判理由及结果没有影响，或者有关问题已经当事人充分辩论的除外。 存在前款情形，当事人根据法庭审理情况变更诉讼请求的，人民法院应当准许并可以根据案件的具体情况重新指定举证期限。
第三十六条 当事人在举证期限内提交证据材料确有困难的，应当在举证期限内向人民法院申请延期举证，经人民法院准许，可以适当延长举证期限。当事人在延长的举证期限内提交证据材料仍有困难的，可以再次提出延期申请，是否准许由人民法院决定	**第五十四条** 当事人申请延长举证期限的，应当在举证期限届满前向人民法院提出书面申请。 申请理由成立的，人民法院应当准许，适当延长举证期限，并通知其他当事人。延长的举证期限适用于其他当事人。 申请理由不成立的，人民法院不予准许，并通知申请人。
	第五十五条 存在下列情形的，举证期限按照如下方式确定： （一）当事人依照民事诉讼法第一百二十七条规定提出管辖权异议的，举证期限中止，自驳回管辖权异议的裁定生效之日起恢复计算； （二）追加当事人、有独立请求权的第三人参加诉讼或者无独立请求权的第三人经人民法院通知参加诉讼的，人民法院应当依照本规定第五十一条的规定为新参加诉讼的当事人确定举证期限，该举证期限适用于其他当事人； （三）发回重审的案件，第一审人民法院可以结合案件具体情况和发回重审的原因，酌情确定举证期限； （四）当事人增加、变更诉讼请求或者提出反诉的，人民法院应当根据案件具体情况重新确定举证期限； （五）公告送达的，举证期限自公告期届满之次日起计算。

续表

最高人民法院关于民事诉讼证据的若干规定（法释〔2001〕33 号）	最高人民法院关于民事诉讼证据的若干规定（法释〔2019〕19 号）
第三十七条　经当事人申请，人民法院可以组织当事人在开庭审理前交换证据。 人民法院对于证据较多或者复杂疑难的案件，应当组织当事人在答辩期届满后、开庭审理前交换证据。	删。
第三十八条　交换证据的时间可以由当事人协商一致并经人民法院认可，也可以由人民法院指定。 人民法院组织当事人交换证据的，交换证据之日举证期限届满。当事人申请延期举证经人民法院准许的，证据交换日相应顺延。	**第五十六条**　人民法院依照民事诉讼法第一百三十三条第四项的规定，通过组织证据交换进行审理前准备的，证据交换之日举证期限届满。 证据交换的时间可以由当事人协商一致并经人民法院认可，也可以由人民法院指定。当事人申请延期举证经人民法院准许的，证据交换日相应顺延。
第三十九条　证据交换应当在审判人员的主持下进行。 在证据交换的过程中，审判人员对当事人无异议的事实、证据应当记录在卷；对有异议的证据，按照需要证明的事实分类记录在卷，并记载异议的理由。通过证据交换，确定双方当事人争议的主要问题。	**第五十七条**　证据交换应当在审判人员的主持下进行。 在证据交换的过程中，审判人员对当事人无异议的事实、证据应当记录在卷；对有异议的证据，按照需要证明的事实分类记录在卷，并记载异议的理由。通过证据交换，确定双方当事人争议的主要问题。
第四十条　当事人收到对方交换的证据后提出反驳并提出新证据的，人民法院应当通知当事人在指定的时间进行交换。 证据交换一般不超过两次。但重大、疑难和案情特别复杂的案件，人民法院认为确有必要再次进行证据交换的除外。	**第五十八条**　当事人收到对方的证据后有反驳证据需要提交的，人民法院应当再次组织证据交换。
第四十一条　《民事诉讼法》第一百二十五条第一款规定的“新的证据”，是指以下情形： （一）一审程序中的新的证据包括：当事人在一审举证期限届满后新发现的证据；当事人确因客观原因无法在举证期限内提供，经人民法院准许，在延长的期限内仍无法提供的证据； （二）二审程序中的新的证据包括：一审庭审结束后新发现的证据；当事人在一审举证期限届满前申请人民法院调查取证未获准许，二审法院经审查认为应当准许并依当事人申请调取的证据。	删。

续表

最高人民法院关于民事诉讼证据的若干规定（法释〔2001〕33号）	最高人民法院关于民事诉讼证据的若干规定（法释〔2019〕19号）
第四十二条 当事人在一审程序中提供新的证据的，应当在一审开庭前或者开庭审理时提出。 当事人在二审程序中提供新的证据的，应当在二审开庭前或者开庭审理时提出；二审不需要开庭审理的，应当在人民法院指定的期限内提出。 **第四十三条** 当事人举证期限届满后提供的证据不是新的证据的，人民法院不予采纳。 当事人经人民法院准许延期举证，但因客观原因未能在准许的期限内提供，且不审理该证据可能导致裁判明显不公的，其提供的证据可视为新的证据。 **第四十四条** 《民事诉讼法》第一百七十九条第一款第（一）项规定的“新的证据”，是指原审庭审结束后新发现的证据。 当事人在再审程序中提供新的证据的，应当在申请再审时提出。 **第四十五条** 一方当事人提出新的证据的，人民法院应当通知对方当事人在合理期限内提出意见或者举证。 **第四十六条** 由于当事人的原因未能在指定期限内举证，致使案件在二审或者再审期间因提出新的证据被人民法院发回重审或者改判的，原审裁判不属于错误裁判案件。 一方当事人请求提出新的证据的另一方当事人负担由此增加的差旅、误工、证人出庭作证、诉讼等合理费用以及由此扩大的直接损失，人民法院应予支持。	
	第五十九条 人民法院对逾期提供证据的当事人处以罚款的，可以结合当事人逾期提供证据的主观过错程度、导致诉讼迟延的情况、诉讼标的金额等因素，确定罚款数额。
第四十七条 证据应当在法庭上出示，由当事人质证。未经质证的证据，不能作为认定案件事实的依据。 当事人在证据交换过程中认可并记录在卷的证据，经审判人员在庭审中说明后，可以作为认定案件事实的依据。	**第六十条** 当事人在审理前的准备阶段或者人民法院调查、询问过程中发表过质证意见的证据，视为质证过的证据。 当事人要求以书面方式发表质证意见，人民法院在听取对方当事人意见后认为有必要的，可以准许。人民法院应当及时将书面质证意见送交对方当事人。

续表

最高人民法院关于民事诉讼证据的若干规定（法释〔2001〕33 号）	最高人民法院关于民事诉讼证据的若干规定（法释〔2019〕19 号）
第四十八条 涉及国家秘密、商业秘密和个人隐私或者法律规定的其他应当保密的证据，不得在开庭时公开质证。	删。
第四十九条 对书证、物证、视听资料进行质证时，当事人有权要求出示证据的原件或者原物。但有下列情况之一的除外： （一）出示原件或者原物确有困难并经人民法院准许出示复制件或者复制品的； （二）原件或者原物已不存在，但有证据证明复制件、复制品与原件或原物一致的。	**第六十一条** 对书证、物证、视听资料进行质证时，当事人应当出示证据的原件或者原物。但有下列情形之一的除外： （一）出示原件或者原物确有困难并经人民法院准许出示复制件或者复制品的； （二）原件或者原物已不存在，但有证据证明复制件、复制品与原件或者原物一致的。
第五十条 质证时，当事人应当围绕证据的真实性、关联性、合法性，针对证据证明力有无以及证明力大小，进行质疑、说明与辩驳。	删。
第五十一条 质证按下列顺序进行： （一）原告出示证据，被告、第三人与原告进行质证； （二）被告出示证据，原告、第三人与被告进行质证； （三）第三人出示证据，原告、被告与第三人进行质证。 人民法院依照当事人申请调查收集的证据，作为提出申请的一方当事人提供的证据。 人民法院依照职权调查收集的证据应当在庭审时出示，听取当事人意见，并可就调查收集该证据的情况予以说明。	**第六十二条** 质证一般按下列顺序进行： （一）原告出示证据，被告、第三人与原告进行质证； （二）被告出示证据，原告、第三人与被告进行质证； （三）第三人出示证据，原告、被告与第三人进行质证。 人民法院根据当事人申请调查收集的证据，审判人员对调查收集证据的情况进行说明后，由提出申请的当事人与对方当事人、第三人进行质证。 人民法院依职权调查收集的证据，由审判人员对调查收集证据的情况进行说明后，听取当事人的意见。
第五十二条 案件有两个以上独立的诉讼请求的，当事人可以逐个出示证据进行质证。	删。
	第六十三条 当事人应当就案件事实作真实、完整的陈述。 当事人的陈述与此前陈述不一致的，人民法院应当责令其说明理由，并结合当事人的诉讼能力、证据和案件具体情况进行审查认定。 当事人故意作虚假陈述妨碍人民法院审理的，人民法院应当根据情节，依照民事诉讼法第一百一十一条的规定进行处罚。

续表

最高人民法院关于民事诉讼证据的若干规定（法释〔2001〕33 号）	最高人民法院关于民事诉讼证据的若干规定（法释〔2019〕19 号）
	第六十四条 人民法院认为有必要的，可以要求当事人本人到场，就案件的有关事实接受询问。 人民法院要求当事人到场接受询问的，应当通知当事人询问的时间、地点、拒不到场的后果等内容。
	第六十五条 人民法院应当在询问前责令当事人签署保证书并宣读保证书的内容。 保证书应当载明保证据实陈述，绝无隐瞒、歪曲、增减，如有虚假陈述应当接受处罚等内容。当事人应当在保证书上签名、捺印。 当事人有正当理由不能宣读保证书的，由书记员宣读并进行说明。
	第六十六条 当事人无正当理由拒不到场、拒不签署或宣读保证书或者拒不接受询问的，人民法院应当综合案件情况，判断待证事实的真伪。待证事实无其他证据证明的，人民法院应当做出不利于该当事人的认定。
第五十三条 不能正确表达意志的人，不能作为证人。 待证事实与其年龄、智力状况或者精神健康状况相适应的无民事行为能力人和限制民事行为能力人，可以作为证人。	**第六十七条** 不能正确表达意思的人，不能作为证人。 待证事实与其年龄、智力状况或者精神健康状况相适应的无民事行为能力人和限制民事行为能力人，可以作为证人。
第五十五条 证人应当出庭作证，接受当事人的质询。 证人在人民法院组织双方当事人交换证据时出席陈述证言的，可视为出庭作证。	**第六十八条** 人民法院应当要求证人出庭作证，接受审判人员和当事人的询问。证人在审理前的准备阶段或者人民法院调查、询问等双方当事人在场时陈述证言的，视为出庭作证。 双方当事人同意证人以其他方式作证并经人民法院准许的，证人可以不出庭作证。 无正当理由未出庭的证人以书面等方式提供的证言，不得作为认定案件事实的根据。

续表

最高人民法院关于民事诉讼证据的若干规定（法释〔2001〕33 号）	最高人民法院关于民事诉讼证据的若干规定（法释〔2019〕19 号）
	第六十九条 当事人申请证人出庭作证的，应当在举证期限届满前向人民法院提交申请书。 申请书应当载明证人的姓名、职业、住所、联系方式，作证的主要内容，作证内容与待证事实的关联性，以及证人出庭作证的必要性。 符合《最高人民法院关于适用〈中华人民共和国民事诉讼法〉的解释》第九十六条第一款规定情形的，人民法院应当依职权通知证人出庭作证。
第五十四条 当事人申请证人出庭作证，应当在举证期限届满十日前提出，并经人民法院许可。 人民法院对当事人的申请予以准许的，应当在开庭审理前通知证人出庭作证，并告知其应当如实作证及作伪证的法律后果。 证人因出庭作证而支出的合理费用，由提供证人的一方当事人先行支付，由败诉一方当事人承担。	**第七十条** 人民法院准许证人出庭作证申请的，应当向证人送达通知书并告知双方当事人。通知书中应当载明证人作证的时间、地点，作证的事项、要求以及作伪证的法律后果等内容。 当事人申请证人出庭作证的事项与待证事实无关，或者没有通知证人出庭作证必要的，人民法院不予准许当事人的申请。
	第七十一条 人民法院应当要求证人在作证之前签署保证书，并在法庭上宣读保证书的内容。但无民事行为能力人和限制民事行为能力人作为证人的除外。 证人确有正当理由不能宣读保证书的，由书记员代为宣读并进行说明。 证人拒绝签署或者宣读保证书的，不得作证，并自行承担相关费用。 证人保证书的内容适用当事人保证书的规定。
第五十六条 《民事诉讼法》第七十条规定的“证人确有困难不能出庭”，是指有下列情形： （一）年迈体弱或者行动不便无法出庭的； （二）特殊岗位确实无法离开的； （三）路途特别遥远，交通不便难以出庭的； （四）因自然灾害等不可抗力的原因无法出庭的； （五）其他无法出庭的特殊情况。 前款情形，经人民法院许可，证人可以提交书面证言或者视听资料或者通过双向视听传输技术手段作证。	删。

续表

最高人民法院关于民事诉讼证据的若干规定（法释〔2001〕33号）	最高人民法院关于民事诉讼证据的若干规定（法释〔2019〕19号）
第五十七条　出庭作证的证人应当客观陈述其亲身感知的事实。证人为聋哑人的，可以其他表达方式作证。 证人作证时，不得使用猜测、推断或者评论性的语言。	**第七十二条**　证人应当客观陈述其亲身感知的事实，作证时不得使用猜测、推断或者评论性语言。 证人作证前不得旁听法庭审理，作证时不得以宣读事先准备的书面材料的方式陈述证言。 证人言辞表达有障碍的，可以通过其他表达方式作证。
	第七十三条　证人应当就其作证的事项进行连续陈述。 当事人及其法定代理人、诉讼代理人或者旁听人员干扰证人陈述的，人民法院应当及时制止，必要时可以依照民事诉讼法第一百一十条的规定进行处罚。
第五十八条　审判人员和当事人可以对证人进行询问。证人不得旁听法庭审理；询问证人时，其他证人不得在场。人民法院认为有必要的，可以让证人进行对质。	**第七十四条**　审判人员可以对证人进行询问。当事人及其诉讼代理人经审判人员许可后可以询问证人。 询问证人时其他证人不得在场。 人民法院认为有必要的，可以要求证人之间进行对质。
	第七十五条　证人出庭作证后，可以向人民法院申请支付证人出庭作证费用。证人有困难需要预先支取出庭作证费用的，人民法院可以根据证人的申请在出庭作证前支付。
	第七十六条　证人确有困难不能出庭作证，申请以书面证言、视听传输技术或者视听资料等方式作证的，应当向人民法院提交申请书。申请书中应当载明不能出庭的具体原因。 符合民事诉讼法第七十三条规定情形的，人民法院应当准许。
	第七十七条　证人经人民法院准许，以书面证言方式作证的，应当签署保证书；以视听传输技术或者视听资料方式作证的，应当签署保证书并宣读保证书的内容。

续表

最高人民法院关于民事诉讼证据的若干规定（法释〔2001〕33 号）	最高人民法院关于民事诉讼证据的若干规定（法释〔2019〕19 号）
	第七十八条 当事人及其诉讼代理人对证人的询问与待证事实无关，或者存在威胁、侮辱证人或不适当引导等情形的，审判人员应当及时制止。必要时可以依照民事诉讼法第一百一十条、第一百一十一条的规定进行处罚。 证人故意作虚假陈述，诉讼参与人或者其他人以暴力、威胁、贿买等方法妨碍证人作证，或者在证人作证后以侮辱、诽谤、诬陷、恐吓、殴打等方式对证人打击报复的，人民法院应当根据情节，依照民事诉讼法第一百一十一条的规定，对行为人予以处罚。
	第七十九条 鉴定人依照民事诉讼法第七十八条的规定出庭作证的，人民法院应当在开庭审理三日前将出庭的时间、地点及要求通知鉴定人。 委托机构鉴定的，应当由从事鉴定的人员代表机构出庭。
第五十九条 鉴定人应当出庭接受当事人质询。 鉴定人确因特殊原因无法出庭的，经人民法院准许，可以书面答复当事人的质询。	**第八十条** 鉴定人应当就鉴定事项如实答复当事人的异议和审判人员的询问。当庭答复确有困难的，经人民法院准许，可以在庭审结束后书面答复。 人民法院应当及时将书面答复送交当事人，并听取当事人的意见。必要时，可以再次组织质证。
	第八十一条 鉴定人拒不出庭作证的，鉴定意见不得作为认定案件事实的根据。人民法院应当建议有关主管部门或者组织对拒不出庭作证的鉴定人予以处罚。 当事人要求退还鉴定费用的，人民法院应当在三日内做出裁定，责令鉴定人退还；拒不退还的，由人民法院依法执行。 当事人因鉴定人拒不出庭作证申请重新鉴定的，人民法院应当准许。
第六十条 经法庭许可，当事人可以向证人、鉴定人、勘验人发问。 询问证人、鉴定人、勘验人不得使用威胁、侮辱及不适当引导证人的言语和方式。	**第八十二条** 经法庭许可，当事人可以询问鉴定人、勘验人。 询问鉴定人、勘验人不得使用威胁、侮辱等不适当的言语和方式。

续表

最高人民法院关于民事诉讼证据的若干规定（法释〔2001〕33号）	最高人民法院关于民事诉讼证据的若干规定（法释〔2019〕19号）
第六十一条 当事人可以向人民法院申请由一至二名具有专门知识的人员出庭就案件的专门性问题进行说明。人民法院准许其申请的，有关费用由提出申请的当事人负担。 审判人员和当事人可以对出庭的具有专门知识的人员进行询问。 经人民法院准许，可以由当事人各自申请的具有专门知识的人员就有案件中的问题进行对质。 具有专门知识的人员可以对鉴定人进行询问。	删。
	第八十三条 当事人依照民事诉讼法第七十九条和《最高人民法院关于适用〈中华人民共和国民事诉讼法〉的解释》第一百二十二条的规定，申请有专门知识的人出庭的，申请书中应当载明有专门知识的人的基本情况和申请的目的。 人民法院准许当事人申请的，应当通知双方当事人。
	第八十四条 审判人员可以对有专门知识的人进行询问。经法庭准许，当事人可以对有专门知识的人进行询问，当事人各自申请的有专门知识的人可以就案件中的有关问题进行对质。 有专门知识的人不得参与对鉴定意见质证或者就专业问题发表意见之外的法庭审理活动。
第六十二条 法庭应当将当事人的质证情况记入笔录，并由当事人核对后签名或者盖章。	删。
第六十三条 人民法院应当以证据能够证明的案件事实为依据依法做出裁判。 **第六十四条** 审判人员应当依照法定程序，全面、客观地审核证据，依据法律的规定，遵循法官职业道德，运用逻辑推理和日常生活经验，对证据有无证明力和证明力大小独立进行判断，并公开判断的理由和结果。	**第八十五条** 人民法院应当以证据能够证明的案件事实为根据依法做出裁判。 审判人员应当依照法定程序，全面、客观地审核证据，依据法律的规定，遵循法官职业道德，运用逻辑推理和日常生活经验，对证据有无证明力和证明力大小独立进行判断，并公开判断的理由和结果。

续表

最高人民法院关于民事诉讼证据的若干规定（法释〔2001〕33 号）	最高人民法院关于民事诉讼证据的若干规定（法释〔2019〕19 号）
	第八十六条　当事人对于欺诈、胁迫、恶意串通事实的证明，以及对于口头遗嘱或赠与事实的证明，人民法院确信该待证事实存在的可能性能够排除合理怀疑的，应当认定该事实存在。 与诉讼保全、回避等程序事项有关的事实，人民法院结合当事人的说明及相关证据，认为有关事实存在的可能性较大的，可以认定该事实存在。
第六十五条　审判人员对单一证据可以从下列方面进行审核认定： （一）证据是否原件、原物，复印件、复制品与原件、原物是否相符； （二）证据与本案事实是否相关； （三）证据的形式、来源是否符合法律规定； （四）证据的内容是否真实； （五）证人或者提供证据的人，与当事人有无利害关系。	**第八十七条**　审判人员对单一证据可以从下列方面进行审核认定： （一）证据是否为原件、原物，复制件、复制品与原件、原物是否相符； （二）证据与本案事实是否相关； （三）证据的形式、来源是否符合法律规定； （四）证据的内容是否真实； （五）证人或者提供证据的人与当事人有无利害关系。
第六十六条　审判人员对案件的全部证据，应当从各证据与案件事实的关联程度、各证据之间的联系等方面进行综合审查判断。	**第八十八条**　审判人员对案件的全部证据，应当从各证据与案件事实的关联程度、各证据之间的联系等方面进行综合审查判断。
	第八十九条　当事人在诉讼过程中认可的证据，人民法院应当予以确认。但法律、司法解释另有规定的除外。 当事人对认可的证据反悔的，参照《最高人民法院关于适用〈中华人民共和国民事诉讼法〉的解释》第二百二十九条的规定处理。
第六十七条　在诉讼中，当事人为达成调解协议或者和解的目的做出妥协所涉及的对案件事实的认可，不得在其后的诉讼中作为对其不利的证据。 **第六十八条**　以侵害他人合法权益或者违反法律禁止性规定的方法取得的证据，不能作为认定案件事实的依据。	删。

续表

最高人民法院关于民事诉讼证据的若干规定（法释〔2001〕33 号）	最高人民法院关于民事诉讼证据的若干规定（法释〔2019〕19 号）
第六十九条 下列证据不能单独作为认定案件事实的依据： （一）未成年人所做的与其年龄和智力状况不相当的证言； （二）与一方当事人或者其代理人有利害关系的证人出具的证言； （三）存有疑点的视听资料； （四）无法与原件、原物核对的复印件、复制品； （五）无正当理由未出庭作证的证人证言。	**第九十条** 下列证据不能单独作为认定案件事实的根据： （一）当事人的陈述； （二）无民事行为能力人或者限制民事行为能力人所做的与其年龄、智力状况或者精神健康状况不相当的证言； （三）与一方当事人或者其代理人有利害关系的证人陈述的证言； （四）存有疑点的视听资料、电子数据； （五）无法与原件、原物核对的复印件、复制品。
	第九十一条 公文书证的制作者根据文书原件制作的载有部分或者全部内容的副本，与正本具有相同的证明力。 在国家机关存档的文件，其复制件、副本、节录本经档案部门或者制作原本的机关证明其内容与原本一致的，该复制件、副本、节录本具有与原本相同的证明力。
	第九十二条 私文书证的真实性，由主张以私文书证证明案件事实的当事人承担举证责任。 私文书证由制作者或者其代理人签名、盖章或捺印的，推定为真实。 私文书证上有删除、涂改、增添或者其他形式瑕疵的，人民法院应当综合案件的具体情况判断其证明力。
	第九十三条 人民法院对于电子数据的真实性，应当结合下列因素综合判断： （一）电子数据的生成、存储、传输所依赖的计算机系统的硬件、软件环境是否完整、可靠； （二）电子数据的生成、存储、传输所依赖的计算机系统的硬件、软件环境是否处于正常运行状态，或者不处于正常运行状态时对电子数据的生成、存储、传输是否有影响； （三）电子数据的生成、存储、传输所依赖的计算机系统的硬件、软件环境是否具备有效地防止出错的监测、核查手段； （四）电子数据是否被完整地保存、传输、提取，保存、传输、提取的方法是否可靠； （五）电子数据是否在正常的往来活动中形成和存储； （六）保存、传输、提取电子数据的主体是否适当； （七）影响电子数据完整性和可靠性的其他因素。 人民法院认为有必要的，可以通过鉴定或者勘验等方法，审查判断电子数据的真实性。

续表

最高人民法院关于民事诉讼证据的若干规定（法释〔2001〕33 号）	最高人民法院关于民事诉讼证据的若干规定（法释〔2019〕19 号）
	第九十四条　电子数据存在下列情形的，人民法院可以确认其真实性，但有足以反驳的相反证据的除外： （一）由当事人提交或者保管的于己不利的电子数据； （二）由记录和保存电子数据的中立第三方平台提供或者确认的； （三）在正常业务活动中形成的； （四）以档案管理方式保管的； （五）以当事人约定的方式保存、传输、提取的。 电子数据的内容经公证机关公证的，人民法院应当确认其真实性，但有相反证据足以推翻的除外。
第七十条　一方当事人提出的下列证据，对方当事人提出异议但没有足以反驳的相反证据的，人民法院应当确认其证明力： （一）书证原件或者与书证原件核对无误的复印件、照片、副本、节录本； （二）物证原物或者与物证原物核对无误的复制件、照片、录像资料等； （三）有其他证据佐证并以合法手段取得的、无疑点的视听资料或者与视听资料核对无误的复制件； （四）一方当事人申请人民法院依照法定程序制作的对物证或者现场的勘验笔录。 **第七十一条**　人民法院委托鉴定部门做出的鉴定结论，当事人没有足以反驳的相反证据和理由的，可以认定其证明力 **第七十二条**　一方当事人提出的证据，另一方当事人认可或者提出的相反证据不足以反驳的，人民法院可以确认其证明力。 一方当事人提出的证据，另一方当事人有异议并提出反驳证据，对方当事人对反驳证据认可的，可以确认反驳证据的证明力。 **第七十三条**　双方当事人对同一事实分别举出相反的证据，但都没有足够的依据否定对方证据的，人民法院应当结合案件情况，判断一方提供证据的证明力是否明显大于另一方提供证据的证明力，并对证明力较大的证据予以确认。 因证据的证明力无法判断导致争议事实难以认定的，人民法院应当依据举证责任分配的规则做出裁判。 **第七十四条**　诉讼过程中，当事人在起诉状、答辩状、陈述及其委托代理人的代理词中承认的对己方不利的事实和认可的证据，人民法院应当予以确认，但当事人反悔并有相反证据足以推翻的除外。	删。

续表

最高人民法院关于民事诉讼证据的若干规定（法释〔2001〕33号）	最高人民法院关于民事诉讼证据的若干规定（法释〔2019〕19号）
第七十五条　有证据证明一方当事人持有证据无正当理由拒不提供，如果对方当事人主张该证据的内容不利于证据持有人，可以推定该主张成立。	**第九十五条**　一方当事人控制证据无正当理由拒不提交，对待证事实负有举证责任的当事人主张该证据的内容不利于控制人的，人民法院可以认定该主张成立。
第七十六条　当事人对自己的主张，只有本人陈述而不能提出其他相关证据的，其主张不予支持。但对方当事人认可的除外。 **第七十七条**　人民法院就数个证据对同一事实的证明力，可以依照下列原则认定： （一）国家机关、社会团体依职权制作的公文书证的证明力一般大于其他书证； （二）物证、档案、鉴定结论、勘验笔录或者经过公证、登记的书证，其证明力一般大于其他书证、视听资料和证人证言； （三）原始证据的证明力一般大于传来证据； （四）直接证据的证明力一般大于间接证据； （五）证人提供的对与其有亲属或者其他密切关系的当事人有利的证言，其证明力一般小于其他证人证言。	删。
第七十八条　人民法院认定证人证言，可以通过对证人的智力状况、品德、知识、经验、法律意识和专业技能等的综合分析做出判断。	**第九十六条**　人民法院认定证人证言，可以通过对证人的智力状况、品德、知识、经验、法律意识和专业技能等的综合分析做出判断。
第七十九条　人民法院应当在裁判文书中阐明证据是否采纳的理由。 对当事人无争议的证据，是否采纳的理由可以不在裁判文书中表述。	**第九十七条**　人民法院应当在裁判文书中阐明证据是否采纳的理由。 对当事人无争议的证据，是否采纳的理由可以不在裁判文书中表述。
第八十条　对证人、鉴定人、勘验人的合法权益依法予以保护。 当事人或者其他诉讼参与人伪造、毁灭证据，提供假证据，阻止证人作证，指使、贿买、胁迫他人作伪证，或者对证人、鉴定人、勘验人打击报复的，依照《民事诉讼法》第一百〇二条的规定处理。	**第九十八条**　对证人、鉴定人、勘验人的合法权益依法予以保护。 当事人或者其他诉讼参与人伪造、毁灭证据，提供虚假证据，阻止证人作证，指使、贿买、胁迫他人作伪证，或者对证人、鉴定人、勘验人打击报复的，依照民事诉讼法第一百一十条、第一百一十一条的规定处理。
	第九十九条　本规定对证据保全没有规定的，参照适用法律、司法解释关于财产保全的规定。 除法律、司法解释另有规定外，对当事人、鉴定人、有专门知识的人的询问参照适用本规定中关于询问证人的规定；关于书证的规定适用于视听资料、电子数据；存储在电子计算机等电子介质中的视听资料，适用电子数据的规定。

续表

最高人民法院关于民事诉讼证据的若干规定 （法释〔2001〕33 号）	最高人民法院关于民事诉讼证据的若干规定 （法释〔2019〕19 号）
第八十一条 人民法院适用简易程序审理案件，不受本解释中第三十二条、第三十三条第三款和第七十九条规定的限制。 **第八十二条** 本院过去的司法解释，与本规定不一致的，以本规定为准。	删。
第八十三条 本规定自 2002 年 4 月 1 日起施行。2002 年 4 月 1 日尚未审结的一审、二审和再审民事案件不适用本规定。 本规定施行前已经审理终结的民事案件，当事人以违反本规定为由申请再审的，人民法院不予支持。 本规定施行后受理的再审民事案件，人民法院依据《民事诉讼法》第一百八十六条的规定进行审理的，适用本规定。	**第一百条** 本规定自 2020 年 5 月 1 日起施行。 本规定公布施行后，最高人民法院以前发布的司法解释与本规定不一致的，不再适用。

除了“996”，还应关注《上市公司章程指引》的“338”

2019 年 4 月 17 日，中国证监会发布《关于修改〈上市公司章程指引〉的决定》，并自发布之日起实施。此次修改的目的主要有三个：(1)促进上市公司科学制定公司章程，提升公司治理水平；(2)保护投资者合法权益；(3)进一步优化营商环境。此次修改，对《上市公司章程指引》中八条法律条文进行了修订，修改内容主要围绕“特别表决权上市公司章程的规范”“上市公司股份回购”和“完善上市公司治理”三个方面。因此笔者从此次修改的目的、内容和条文，将其称为《上市公司章程指引》的“338”。接下来笔者主要从 2019 年《上市公司章程指引》(以下简称《指引》)中 8 条法律条文的修订展开介绍，并与 2016 年《上市公司章程指引》的原法律条文进行对比和解读。

1. 明确特别表决权上市公司章程的规范

原条文	现条文
第十五条 公司股份的发行，实行公开、公平、公正的原则，同种类的每一股份应当具有同等权利。 同次发行的同种类股票，每股的发行条件和价格应当相同；任何单位或者个人所认购的股份，每股应当支付相同价额。	**第十五条** 公司股份的发行，实行公开、公平、公正的原则，同种类的每一股份应当具有同等权利。 存在特别表决权股份的上市公司，应当在公司章程中规定特别表决权股份的持有人资格、特别表决权股份拥有的表决权数量与普通股份拥有的表决权数量的比例安排、持有人所持特别表决权股份能够参与表决的股东大会事项范围、特别表决权股份锁定安排及转让限制、特别表决权股份与普通股份的转换情形等事项。公司章程有关上述事项的规定，应当符合交易所的有关规定。 同次发行的同种类股票，每股的发行条件和价格应当相同；任何单位或者个人所认购的股份，每股应当支付相同价额。

续表

解读：特别表决权，又称“双重股权结构”“同股不同权”，一般指公司分别发行两种具有不同表决权的股份，即特别表决权股和普通表决权股，两种股份的区别主要体现在表决权大小、持有主体和可转让性三个方面。阿里巴巴、京东、百度、新浪赴美上市，均采用的是“同股不同权”的股权结构。

该条修改对应科创板相关业务规则中的特别表决权规则，要求有表决权差异安排的公司在公司章程中明确相关安排。而在此之前，我国境内对上市企业在表决权方面坚持“同股同权”原则，此次新增条款，可以说是境内上市企业采用同股不同权结构的发展上的一次重大进步。

2. 明确上市公司股份回购情形

原条文	现条文
第二十三条　公司在下列情况下，可以依照法律、行政法规、部门规章和本章程的规定，收购本公司的股份： （一）减少公司注册资本； （二）与持有本公司股票的其他公司合并； （三）将股份奖励给本公司职工； （四）股东因对股东大会做出的公司合并、分立决议持异议，要求公司收购其股份的。 除上述情形外，公司不进行买卖本公司股份的活动。 注释：发行优先股的公司，还应当在公司章程中对回购优先股的选择权由发行人或股东行使、回购的条件、价格和比例等做出具体规定。发行人按章程规定要求回购优先股的，必须完全支付所欠股息，但商业银行发行优先股补充资本的除外。	**第二十三条**　公司在下列情况下，可以依照法律、行政法规、部门规章和本章程的规定，收购本公司的股份： （一）减少公司注册资本； （二）与持有本公司股份的其他公司合并； （三）将股份用于员工持股计划或者股权激励； （四）股东因对股东大会做出的公司合并、分立决议持异议，要求公司收购其股份； （五）将股份用于转换上市公司发行的可转换为股票的公司债券； （六）上市公司为维护公司价值及股东权益所必需。 除上述情形外，公司不进行收购本公司股份的活动。 注释：发行优先股的公司，还应当在公司章程中对回购优先股的选择权由发行人或股东行使、回购的条件、价格和比例等做出具体规定。发行人按章程规定要求回购优先股的，必须完全支付所欠股息，但商业银行发行优先股补充资本的除外。

续表

原条文	现条文
第二十四条　公司收购本公司股份，可以选择下列方式之一进行：（一）证券交易所集中竞价交易方式；（二）要约方式；（三）中国证监会认可的其他方式。	**第二十四条**　公司收购本公司股份，可以通过公开的集中交易方式，或者法律法规和中国证监会认可的其他方式进行。公司因本章程第二十三条第一款第（三）项、第（五）项、第（六）项规定的情形收购本公司股份的，应当通过公开的集中交易方式进行。
第二十五条　公司因本章程第二十三条第（一）项至第（三）项的原因收购本公司股份的，应当经股东大会决议。公司依照第二十三条规定收购本公司股份后，属于第（一）项情形的，应当自收购之日起 10 日内注销；属于第（二）项、第（四）项情形的，应当在 6 个月内转让或者注销。公司依照第二十三条第（三）项规定收购的本公司股份，将不超过本公司已发行股份总额的 5%；用于收购的资金应当从公司的税后利润中支出；所收购的股份应当 1 年内转让给职工。 注释：公司按本条规定回购优先股后，应当相应减记发行在外的优先股股份总数。	**第二十五条**　公司因本章程第二十三条第一款第（一）项、第（二）项规定的情形收购本公司股份的，应当经股东大会决议；公司因本章程第二十三条第一款第（三）项、第（五）项、第（六）项规定的情形收购本公司股份的，可以依照本章程的规定或者股东大会的授权，经三分之二以上董事出席的董事会会议决议。 公司依照本章程第二十三条第一款规定收购本公司股份后，属于第（一）项情形的，应当自收购之日起 10 日内注销；属于第（二）项、第（四）项情形的，应当在 6 个月内转让或者注销；属于第（三）项、第（五）项、第（六）项情形的，公司合计持有的本公司股份数不得超过本公司已发行股份总额的 10%，并应当在 3 年内转让或者注销。 注释：公司按本条规定回购优先股后，应当相应减记发行在外的优先股股份总数。

解读：此次指引第 23、24、25 条的修改，对应了《公司法》第 142 条有关上市公司股份回购的新规定，对上市公司股份回购的方式、决策程序和股份处理进行了完善。

结合 2018 年《公司法》第 142 条的内容，上市公司股份回购的规定，体现了“资本维持原则”的例外。

第 23 条增修了三类允许上市公司股份回购的情况，其中第一款第 3 项是现在许多大型企业为激励员工的常用做法，第 5 项实际上是“债转股”的规定，第 6 项的规定则是出于对上市公司弥补损失、维护投资者信心的考虑。

第 24 条取消了要约收购本公司股份的方式，明确了第 23 条第一款第 3 项、第 5 项、第 6 项的情形必须通过公开的集中交易方式进行，从而保证上市公司的信息公开，防止上市公司滥用股份回购制度，引发操纵市场、内幕交易等利益输送行为。

第 25 条简化了因第 23 条第一款第 3 项、第 5 项、第 6 项的情形股份回购前的决议程序（不再要求必须经股东大会决议），和放宽了此情形公司持有本公司已发行股份的额度和持有期限。需要注意的是，此处与董事会一般决议不同，一般决议要求过半数的全体董事出席，过半数的全体董事通过，而此处决议要求三分之二以上的全体董事出席，但决议依然需要过半数的全体董事通过。

3. 进一步完善上市公司治理要求

<table>
<tr><th>原条文</th><th>现条文</th></tr>
<tr><td>第四十四条　本公司召开股东大会的地点为：【具体地点】。股东大会将设置会场，以现场会议形式召开。公司还将提供【网络或其他方式】为股东参加股东大会提供便利。股东通过上述方式参加股东大会的，视为出席。
注释：公司章程可以规定召开股东大会的地点为公司住所地或其他明确地点。召开股东大会公司采用其他参加股东大会方式的，必须在公司章程中予以明确，并明确合法有效的股东身份确认方式。</td><td>第四十四条　本公司召开股东大会的地点为：【具体地点】。股东大会将设置会场，以现场会议形式召开。公司还将提供网络投票的方式为股东参加股东大会提供便利。股东通过上述方式参加股东大会的，视为出席。
注释：公司章程可以规定召开股东大会的地点为公司住所地或其他明确地点。现场会议时间、地点的选择应当便于股东参加。发出股东大会通知后，无正当理由，股东大会现场会议召开地点不得变更。确需变更的，召集人应当在现场会议召开日前至少 2 个工作日公告并说明原因。</td></tr>
<tr><td colspan="2">解读：第 44 条规定了上市公司股东大会召开的形式为“现场会议＋网络投票”，删除了原条文中的“其他方式”，明确了股东大会必须提供网络投票方式，从而有利于保护中小股东的表决权。</td></tr>
<tr><td>第九十六条　董事由股东大会选举或更换，任期【年数】。董事任期届满，可连选连任。董事在任期届满以前，股东大会不能无故解除其职务。
董事任期从就任之日起计算，至本届董事会任期届满时为止。董事任期届满未及时改选，在改选出的董事就任前，原董事仍应当依照法律、行政法规、部门规章和本章程的规定，履行董事职务。
董事可以由经理或者其他高级管理人员兼任，但兼任经理或者其他高级管理人员职务的董事以及由职工代表担任的董事，总计不得超过公司董事总数的 1/2。</td><td>第九十六条　董事由股东大会选举或者更换，并可在任期届满前由股东大会解除其职务。董事任期【年数】，任期届满可连选连任。
董事任期从就任之日起计算，至本届董事会任期届满时为止。董事任期届满未及时改选，在改选出的董事就任前，原董事仍应当依照法律、行政法规、部门规章和本章程的规定，履行董事职务。
董事可以由经理或者其他高级管理人员兼任，但兼任经理或者其他高级管理人员职务的董事以及由职工代表担任的董事，总计不得超过公司董事总数的 1/2。</td></tr>
<tr><td colspan="2">解读：第 96 条删除了董事任期内股东大会不能无故解除其职务的规定。原条文中“不得无故解除其职务”中的“故”，通常主要指董事出现失职行为或任职资格障碍，但在现实生活中却较难判定，尤其是，由于董事作为管理层主要负责公司的日常运作，充分掌握公司的信息，要求股东说明罢免董事的理由，董事可能会有千万种辩解。此外，无须说明理由而解除董事职务，也可以警示董事并不享有任职期间的既得权利，避免董事“安枕无忧”的消极和不作为心态。事实上，股东出于自身利益考虑，为了维护公司的正常运作，一般也不会无“故”罢免董事。因此，从本次修改上看，只要股东大会表决通过便可解除任期内的董事职务，不可谓不是对公司利益和股东利益的一种保护。</td></tr>
</table>

续表

原条文	现条文
第一百零七条 董事会行使下列职权： （一）召集股东大会，并向股东大会报告工作； （二）执行股东大会的决议； （三）决定公司的经营计划和投资方案； （四）制订公司的年度财务预算方案、决算方案； （五）制订公司的利润分配方案和弥补亏损方案； （六）制订公司增加或者减少注册资本、发行债券或其他证券及上市方案； （七）拟订公司重大收购、收购本公司股票或者合并、分立、解散及变更公司形式的方案； （八）在股东大会授权范围内，决定公司对外投资、收购出售资产、资产抵押、对外担保事项、委托理财、关联交易等事项； （九）决定公司内部管理机构的设置； （十）聘任或者解聘公司经理、董事会秘书；根据经理的提名，聘任或者解聘公司副经理、财务负责人等高级管理人员，并决定其报酬事项和奖惩事项； （十一）制订公司的基本管理制度； （十二）制订本章程的修改方案； （十三）管理公司信息披露事项； （十四）向股东大会提请聘请或更换为公司审计的会计师事务所； （十五）听取公司经理的工作汇报并检查经理的工作； （十六）法律、行政法规、部门规章或本章程授予的其他职权。	**第一百零七条** 董事会行使下列职权： （一）召集股东大会，并向股东大会报告工作； （二）执行股东大会的决议； （三）决定公司的经营计划和投资方案； （四）制订公司的年度财务预算方案、决算方案； （五）制订公司的利润分配方案和弥补亏损方案； （六）制订公司增加或者减少注册资本、发行债券或其他证券及上市方案； （七）拟订公司重大收购、收购本公司股票或者合并、分立、解散及变更公司形式的方案； （八）在股东大会授权范围内，决定公司对外投资、收购出售资产、资产抵押、对外担保事项、委托理财、关联交易等事项； （九）决定公司内部管理机构的设置； （十）聘任或者解聘公司经理、董事会秘书；根据经理的提名，聘任或者解聘公司副经理、财务负责人等高级管理人员，并决定其报酬事项和奖惩事项； （十一）制订公司的基本管理制度； （十二）制订本章程的修改方案； （十三）管理公司信息披露事项； （十四）向股东大会提请聘请或更换为公司审计的会计师事务所； （十五）听取公司经理的工作汇报并检查经理的工作； （十六）法律、行政法规、部门规章或本章程授予的其他职权。 公司董事会设立审计委员会，并根据需要设立【战略】、【提名】、【薪酬与考核】等相关专门委员会。专门委员会对董事会负责，依照本章程和董事会授权履行职责，提案应当提交董事会审议决定。专门委员会成员全部由董事组成，其中审计委员会、【提名委员会】、【薪酬与考核委员会】中独立董事占多数并担任召集人，审计委员会的召集人为会计专业人士。董事会负责制定专门委员会工作规程，规范专门委员会的运作。

续表

<table>
<tr><th>原条文</th><th>现条文</th></tr>
<tr><td colspan="2">解读：第 107 条明确了董事会设置专门委员会的要求，其中“审计委员会”的设立为强制要求，“战略”“提名”“薪酬与考核”等视情况而定。其中，审计委员会、提名委员会、薪酬与考核委员会要求独立董事过半，对于战略委员会是否要求独立董事过半并未说明。笔者认为，从字面上理解，战略委员会仅要求全部由董事组成，可以不适用独立董事占多数的规定。
由于不同公司经营各有特点，通常专门委员会的成员在特定方面具有一定的专长和经验，因此公司根据自身实际情况设置专门委员会以优化公司决策程序、改善公司运作效率。但专门委员会过多的设置也会造成管理不便、加大董事会矛盾等问题的出现。</td></tr>
<tr><td>第一百二十六条　在公司控股股东、实际控制人单位担任除董事以外其他职务的人员，不得担任公司的高级管理人员。</td><td>第一百二十六条　在公司控股股东单位担任除董事、监事以外其他行政职务的人员，不得担任公司的高级管理人员。</td></tr>
<tr><td colspan="2">解读：上市公司的独立性是上市公司法人治理结构的基础和核心。上市公司人员的独立性要求，具体可参见 2018 年《上市公司治理准则》（以下简称《治理准则》）第六十九条的规定。上市公司人员独立性要求的目的主要是为了防止因人员交叉任职而影响决策的中立性以及出现财务交叉、资产交叉等情形，对上市公司的治理和经营造成不良影响。
《指引》第 126 条与《治理准则》的要求保持一致，删除了对实际控制人单位的任职人员担任公司高管的限制，明确了控股股东及实际控制人的职责边界，允许上市公司高管在控股股东单位担任监事，放宽了上市公司人员独立性的要求。
笔者认为，人员独立性要求在此有所放宽存在合理性。通常控股股东、实际控制人为了实现其对上市公司的股东权利，会委派自己信任了解的优秀的管理层人员担任上市公司的董事或监事，如果一味地严格要求控股股东和实际控制人用其认为的非优秀高级管理人员出任上市公司的董事或监事去管理上市公司，必然也不利于上市公司与控股股东之间资源互补的良性关系，从而影响上市公司的长远发展。</td></tr>
</table>

结语

《上市公司章程指引》（下文简称《指引》）作为规范性文件，具有法律拘束力。境内发行上市的公司应当按照《指引》的要求（包括正文和注释）制定和修改公司章程，也可根本自身具体情况，在不违反强制法律法规的前提下，在章程中增加《指引》规定外的内容。对于在境内首次公开发行股票的公司，发行人在向证监会报送申请材料时，其公司章程应当按照《章程指引》的要求起草或修订。对于已经上市的公司，公司应当按照《指引》对原公司章程进行修改，并向证监会报批，在工商部门办理变更登记。

此次《上市公司章程指引》的修订，特别表决权的规定为一大亮点，为存在特别表决权公司的章程做出了科学指引，同时也落实了《公司法》关于上市公司股份回购的新规定，进一步完善公司治理相关要求。在当前科创板如火如荼推进的背景下，此次修订可谓是顺势而上，对吸引优秀的科技创新型企业在境内上市乃至整个 A 股市场的发展必然起到一定的促进作用。

从《九民会议纪要》看上市公司对外担保规则

上市公司在公司类别上虽然属于股份有限公司，但因其股票在证券交易所公开进行交易，使其区别与普通的股份有限公司。同样地，在法律规制和监管方面，也存在一些区别于普通股份有限公司的特殊规则，其中就存在对外担保规则。与普通股份有限公司不同，上市公司对外担保涉及广大股民的利益以及股市的稳定性。因此，《公司法》对上市公司对外担保进行了更加严格的限制规定，同时，关于公司对外担保的规则还散见于《证券法》《上市公司信息披露办法》《关于规范上市公司对外担保行为的通知》等一系列法律法规及其他规范性文件中。一方面，如此之多的规定，缺乏系统的整合；另一方面，《公司法》在公司为他人提供担保方面的法律规定不能满足现实法律实践的需求。这造成实践中上市公司对外担保法律适用的困难。

2019 年 11 月 8 日，最高人民法院印发的《全国民商事审判工作会议纪要》(以下简称《九民会议纪要》)在《公司法》第 16 条规定的公司对外担保规定的基础上，对公司法定代表人越权代表对外签订担保合同所引发的一系列实务问题进行了系统的规定，同时也对上市公司为他人担保进行了特别规定。借此契机，我们来系统梳理上市公司对外担保的规则。

一、关于法定代表人越权代表公司对外提供担保的裁判规则

从《公司法》及《九民会议纪要》的体系看，对上市公司存在特别规定的，优先适用该特别规定，在此之外，上市公司适用其他一般规定。因此，让我们首先来厘清《公司法》及《九民会议纪要》对公司为他人提供担保的一般规定。

《公司法》第 16 条：

公司向其他企业投资或者为他人提供担保，依照公司章程的规定，由董事会或

者股东会、股东大会决议；公司章程对投资或者担保的总额及单项投资或者担保的数额有限额规定的，不得超过规定的限额。

公司为公司股东或者实际控制人提供担保的，必须经股东会或者股东大会决议。

前款规定的股东或者受前款规定的实际控制人支配的股东，不得参加前款规定事项的表决。该项表决由出席会议的其他股东所持表决权的过半数通过。

《公司法》第 16 条规定公司对外担保需经公司机关决议，其中关联担保即公司为股东或实际控制人提供担保必须由股东(大)会决议，而非关联担保的决议机关及程序由公司章程规定。《九民会议纪要》在此基础上，区别关联担保与非关联担保，对公司法定代表人越权代表对外签订担保合同的效力、债权人善意的认定及公司应承担何种责任进行了详细规定。具体总结如下：

第一，法定代表人未经公司机关合法有效的决议，越权代表公司对外签订的担保合同，债权人善意，合同有效；反之，合同无效。

《九民会议纪要》第 17 条：法定代表人未经授权擅自为他人提供担保的，构成越权代表，人民法院应当根据《合同法》第 50 条关于法定代表人越权代表的规定，区分订立合同是债权人是否善意分别认定合同效力：债权人善意的，合同有效；反之，合同无效。

第二，债权人善意的认定。

1. 债权人对公司机关决议文件进行了符合要求的审查，属于善意债权人。《九民会议纪要》根据《公司法》第 16 条的规定，区分关联担保和非关联担保，对债权人的审查内容进行了区别规定。具体如下：

<table>
<tr><th></th><th>关联担保</th><th>非关联担保</th></tr>
<tr><td rowspan="3">审查内容</td><td>股东或实际控制人有无参与表决</td><td></td></tr>
<tr><td>是否由出席会议的其他股东所持表决权的过半数通过。</td><td>是否由出席会议的股东所持表决权的过半数通过。</td></tr>
<tr><td colspan="2">签字人员是否符合公司章程的规定。</td></tr>
<tr><td>审查要求</td><td colspan="2">仅作形式审查，尽到必要的注意义务即可，例如股东或者董事的身份是否属实；应当回避的股东是否参与了表决。</td></tr>
</table>

2. 债权人非善意的情况：

(1) 债权人未审查有无决议。

(2) 债权人未尽到符合要求的形式审查义务。

(3) 非关联担保中，公司有证据证明债权人明知公司章程对决议机关有规定，但却未尽到审查义务(注意：原则上，非关联担保的债权人无需对决议机关进行审查)。

(4) 债权人主观恶意，即其明知决议系伪造、变造的。

第三，债权人善意，担保合同有效，公司承担担保责任；债权人非善意，但主观非恶意，公司承担合同无效的民事责任；债权人主观恶意，公司不承担责任。

《九民会议纪要》第 20 条：担保合同有效，债权人请求公司承担担保责任的，人民法院依法予以支持；担保合同无效，债权人请求公司承担担保责任的，人民法院不予支持，但可以按照担保法及有关司法解释关于担保无效的规定处理。公司举证证明债权人明知法定代表人超越权限或者机关决议系伪造或者变造，债权人请求公司承担合同无效后的民事责任，人民法院不予支持。

二、《九民会议纪要》关于上市公司为他人担保的特别规定

《九民会议纪要》第 22 条：债权人根据上市公司公开披露的关于担保事项已经董事会或者股东大会决议通过的信息订立的担保合同，人民法院应当认定有效。

第一，《九民会议纪要》第 22 条的指引作用。

上述规定的特别之处不是其为上市公司规定了一种新的担保规则，而在于其强调债权人应当根据"上市公司公开披露的关于担保事项已经董事会或者股东大会决议通过的信息"与公司订立担保合同。由此可知，该条规定的指引作用大于规范作用。从"人民法院应当认定有效"来看，《九民会议纪要》希望从正面指引债权人在与上市公司订立担保合同时对上市公司签约代表违规担保提高警惕，同时也对债权人的善意提出了更高的要求。

第二，为何要单独对上市公司进行指引性的规定？

实践中，上市公司违规担保屡禁不止，而一经发生往往造成股市较大波动甚至震荡，对上市公司加强监管力度虽然必要，但提高其交易相对方的法律意识也很重要。故最高院借《九民会议纪要》对此予以重申，指引债权人应当根据上市公司披露的担保信息签订合同。

根据《证券法》及相关法规的规定，上市公司负有信息披露义务，披露要求根据信息的不同而有所不同。其中对于重大交易信息要求立即公开。上市公司对外提供担保，可能造成未来公司资产变动，进而引起股市变动，故法律规定对于重大担保信息强制要求进行披露。因此，上市公司对外签订担保合同时，关于机关决议担保的信息往往都已经事先进行了披露。据此，善意的债权人在与上市公司签订担保合同时应当知道根据披露的信息签订担保合同。

综上所述，《九民会议纪要》规定的公司为他人提供担保的裁判规则同样适用于上市公司对外担保。因法律法规对上市公司的规制更加严格(例如对于非关联

担保，法律规定其决议机关由公司章程规定即可，但上市公司的某些非关联担保，法律规定必须由股东大会决议），故对于债权人善意的认定，也应当更加严格，并且根据法律法规的不同规定区别判断。接下来我们将继续围绕《九民会议纪要》并结合《证券法》《上市公司信息披露管理办法》以及《上海证券交易所股票上市规则》关于上市公司对外担保的特殊规则，对上市公司违规对外担保下担保合同的效力认定以及债权人的善意标准等问题一一展开论述。

三、上市公司对外担保合同效力裁判规则梳理

（一）公司对外担保的判断逻辑

上市公司虽然具有其特殊性，但是就公司对外担保的判断逻辑而言，上市公司与其他类型公司的判断逻辑基本保持一致。《九民会议纪要》依据《公司法》第 16 条以及《合同法》第 50 条（《民法典》第 504 条）建立起以越权代表理论为基础的越权代表效力认定规则，法院裁判不再拘泥于《公司法》第 16 条是否是效力性强制规则的问题，而是将目光聚焦于公司法定代表人或其他人员超越章程或者法定授权代表公司对外担保的效力判断及归属问题。在这种效力认定规则的指引下，公司对外担保合同是否生效的判断逻辑较为清晰。首先是审查签订担保合同的公司代表是否超越了权限？如果没有超越权限，合同在不违反法律法规的情况下效力自不待言。如果超越了权限，则需要审查公司是否应该受到表见代表的约束，此时判断焦点就转移到相对人是否构成善意？如果构成善意，则公司需要承担合同责任；反之则不承担。

（二）对《九民会议纪要》第 22 条的解读

如前文所述，上市公司对外担保的合同有效性裁判逻辑其他公司对外担保基本一致。但是上市公司是公众公司，有对外披露信息的义务，投资者可以轻易获取上市公司的相关信息。根据《九民会议纪要》第 22 条，债权人根据上市公司公开披露的关于担保事项已经董事会或者股东大会决议通过的信息订立的担保合同，人民法院应当认定有效。在最高院民二庭编著的《〈全国法院民商审判工作会议纪要〉理解与适用》一书中，最高院民二庭认为上市公司只要进行合规担保，都会进行公告。在《九民会议纪要》第 22 条的逻辑下，对于债权人而言，上市公司对外披露的信息是必须审查的重点事项。

但是在司法实践中，大量担保合同往往在订立之后才进行信息披露。《九民会议纪要》第 22 条的倡导作用在于，一方面督促上市公司积极将对外披露拟担保事项，警示提醒投资者；另一方面提示债权人必须以上市公司的公告作为签订担保协议的基础。但是否可以就该条进一步推论，披露信息之前签订的担保合同或者根

本没有披露的担保合同就必然无效呢？按最高院民二庭的观点，其赞同“凡是上市公司没有公开披露的担保，债权人都不构成善意”的观点。但单从逻辑推理而言并不周延，最高院亦有相反判决，在(2019)最高法民终1529号案中，法院认为“虽然上市公司对外担保必须对社会公众披露，但涉案《保证合同》签订后担保人应履行而未履行该义务，是债权人在合同签订时无法预见、不能预见的事项，不影响其基于善意信赖与担保人签订保证合同。”按照最高院在该案中的论述逻辑，上市公司在担保合同订立之后才予以公告或者不予公告并不必然是上市公司对外担保合同生效的要件，仍需要结合具体案件情况进行适用。

四、越权代表视野下上市公司对外担保的效力认定规则

上市公司对外提供担保，有其特殊的裁判思路。因为上市公司的公众属性，在上市公司对外提供担保之时不仅要遵守《公司法》《担保法》《物权法》等相关规定，亦需要遵守《证券法》及相关证券监管机关以及证券交易所对上市公司的特殊规定。这也导致了上市公司对外担保协议效力的认定非常严格，债权人在签订担保之时需要履行比非上市公司更高的注意义务。

（一）上市公司对外担保的特殊限制

1. 上市公司对外担保的决议机关

《公司法》第16条赋予了公司通过章程自由安排对外担保的决议机关，即公司可以自行选择由董事会或由股东大会决议对外担保事项。但《公司法》第121条以及《上海证券交易所股票上市规则》《深圳证券交易所股票上市规则》第9.11条规定上市公司某些特殊的担保事项必须由股东大会决议，而不允许由章程授权董事会决议。

《公司法》第121条：上市公司在一年内购买、出售重大资产或者担保金额超过公司资产总额百分之三十的，应当由股东大会做出决议，并经出席会议的股东所持表决权三分之二以上通过。

《上海证券交易所股票上市规则》《深圳证券交易所股票上市规则》第9.11条：“(一)单笔担保额超过公司最近一期经审计净资产10%的担保；(二)公司及其控股子公司的对外担保总额，超过公司最近一期经审计净资产50%以后提供的任何担保；(三)为资产负债率超过70%的担保对象提供的担保；(四)按照担保金额连续12个月内累计计算原则，超过公司最近一期经审计总资产30%的担保；(五)按照担保金额连续12个月内累计计算原则，超过公司最近一期经审计净资产的50%，且绝对金额超过5000万元以上；(六)本所或者公司章程规定的其他担保。”则应该在通过董事会审议之后提交股东大会审议。

从上述规定可以看出，上市公司对外担保决议既可以由董事会决议也可以由股东大会决议。但由于上市公司的公众属性，重大数额的担保会影响投资者利益，故对一些可能影响上市公司市值的担保事项必须由股东大会决议。

2. 上市公司对外担保的披露义务

和非上市公司不同的是，上市公司必须充分履行其披露义务。《证券法》第 80 条、《上市公司信息披露管理办法》第 30 条都将对公司有重大影响的公司担保明确为必须披露的事项，而《上海证券交易所股票上市规则》《深圳证券交易所股票上市规则》则设置了更为严格的标准，两部交易所规则在第 9.11 条明确规定上市公司发生提供担保的交易事项都需要向外披露。故最高院民二庭也在《〈全国法院民商审判工作会议纪要〉理解与适用》中指出“凡是合规的担保，都必须公告”。

（二）上市公司违规担保情况下债权人善意的认定

结合上述对于上市公司对外担保的特殊规则，笔者认为对于不同类型的担保事项的效力有着不同的认定标准。笔者初步将上市公司对外担保分为两类，一类是经由股东大会决议的对外担保；一类是由董事会决议的对外担保。

1. 经由股东大会决议的担保

《上市公司股东大会规则》第 5 条规定，上市公司召开股东大会应当对会议表决程序、表决结果是否合法有效出具法律意见并公告，即上市公司召开股东大会必有公告。另外，如前所述，担保事项亦是上市公司必须向外披露的事项。故上市公司若做出需要经由股东大会决议的担保，必须对外披露相关事项，债权人在明知交易对手是上市公司的情况下，有义务亦有能力审查上市公司的相关决议。

如若债权人在没有合法股东会决议情形下接受担保合同，则显然不存在善意的情形，即不构成“不知道且不应当知道”，根据《合同法》第 50 条（《民法典》第 504）之规定，并不构成表见代表的情形。换句话说，在此类担保中实际上并不存在债权人“善意认定”的空间，债权人必须要以上市公司的公告作为签订担保合同的前提。此种观点在最近案例中也得到印证，在（2019）年沪民终 274 号案中，法院认为，本案诉争担保是关联担保且被告是上市公司，对于原告而言随时可以查阅该公司章程对法定代表人的限制以及相关公告，故原告并非善意相对人。

2. 仅需董事会决议的担保

根据《九民会议纪要》第 22 条的立法意图，笔者认为如若债权人以上市公司对外公告为合同签订的基础，担保合同的效力自不待言。关键在于，在没有公告的前提下所做出的违规担保合同的效力应该如何认定？债权人在此种情形应当履行何种注意义务？最高院民二庭认为，此时债权人应当履行的审查义务是实质审查义务。笔者认为，结合具体实务以及立法精神，应当推定债权人是非善意的，而债权人则若需要证明自己是善意，至少需要履行以下义务：一是需要审查是否有合法有效的董事会决议作支撑；二是需要审查董事会决议的具体内容、董事人数、董事签名、章程的相关限制。且这些审查义务均为实质审查，而非形式审查。

五、结语

上市公司对外担保涉及了多方的利益，一旦出现纠纷，处理起来异常棘手。《九民会议纪要》建立起了较为详细的规则，一方面引导债权人以上市公司公开披露的信息作为签订担保合同的基础；另一方面对债权人苛以实质审查义务，从而平衡了交易安全与维护投资者利益之间的冲突。对于债权人而言，在接受上市公司的担保之时，应当充分认识到上市公司对外担保是上市公司重大交易事项而非一般交易事项，除了审查公司签约人的身份外还需要审查其签署合同的授权来源。同时，债权人还需要额外了解交易对手的公司章程、相关法律法规以及交易所规则，从而避免担保合同效力被否认的情况。